뇌행복과
몸행복의
비밀

뇌행복과 몸행복의 비밀

| 정보과학으로 밝힌
| 18가지 행복법칙

윤영일 지음

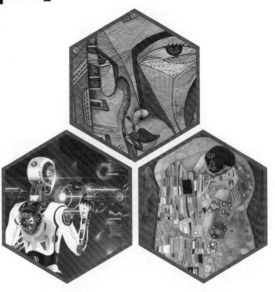

AI혁명과 정보과학시대의 필독서

★★★★★
정보과학의 선구자
"정보인류"의 저자
이성훈 교수
적극추천

★★★★★
물리학 박사
전 서울대학교총장
오세정 교수
필독권장

★★★★★
행복론
최고의 바이블
최고의 선물

좋은땅

목차

7   〈프롤로그〉

11   〈추천사〉

14   〈이 책의 구성과 최대 효과를 얻는 독서법〉

제1부   역사는 흐르는데 행복도 변하는가 ──────

20   1. 인간도 우주의 법에 따르는가

29   2. 인간 진화와 혁명의 역사

44   3. 인간 성장과 행복의 역사

56   4. 인간은 100% 동물인가

제2부   정보의 바다 ──────────────

64   1. 정보의 의미와 차원

79   2. 뇌 정보와 그 작동원리

90   3. 몸 정보와 그 작동원리

98   4. 과학정보와 정신세계의 정보

102   5. 과학정보 및 의학의 문제와 한계

제3부   인간 생명과 의식 ———————————————

110   1. 인간의 생명은 곧 자기(self)다

128   2. 인간도 알고리즘이다

137   3. 마음의 문제를 과학은 풀고 있는가

143   4. 의식과 창조적 진화

제4부   행복의 메커니즘 ———————————————

158   1. 행복의 과학적 의미

170   2. 행복의 수신 발신 시스템

176   3. 행복의 법칙과 그 해법

187   4. 행복이라는 목적함수

196   5. 행복의 필요충분조건

제5부   행복 근원의 세 기둥 ———————————————

205   1. 행복은 윤리적 도덕적 본질인가

214   2. 행복은 심리학적, 문화적 현상인가

229   3. 행복은 진화의 산물인가

제6부   뇌 행복과 몸 행복의 진실을 밝힌다 ———————————————

242   1. 뇌 행복은 가상이다

254   2. 몸 행복은 실재다

259   3. 관통적 의식으로 새롭게 설계하는 참 행복

제7부   참 행복의 삶을 위한 18가지 실천 비법 ─────────

295   1. 행복부등식의 2가지 원리를 이해하라

307   2. 사고 및 행동의 6원칙을 가져라

317   3. 자기 삶(self)의 행복을 위한 4가지 법칙

법칙1: 나만의 유전자를 찾아 진화하라

법칙2: 뇌와 몸이 케미가 맞는 참 행복을 찾아라

법칙3: 자기를 진화시켜라

법칙4: 비자기를 극복하라

338   4. 우리 삶(us)의 행복을 위한 3가지 법칙

법칙1: 긍정적 관계체를 만들어라

법칙2: 한 사람의 적이 더 무섭다

법칙3: 인격적으로 대접하라

353   5. 인간 삶(life)의 행복을 위한 3가지 법칙

법칙1: 가치 있는 삶과 행복한 삶과의 균형을 찾아라

법칙2: 물질적 삶보다 정신적 삶이 더 가성비가 높다

법칙3: 집단적 파당주의의 함정에 빠지지 말라

373   〈에필로그〉

378   〈참고문헌 및 자료〉

AI 전쟁, 생존 전쟁의 시대에서 행복이란 무엇일까?
왜 인간과 세상은 싸움뿐인가? 그 해법은 무엇인가?
정보과학으로 그 비밀을 풀어 본다!

　"아! 테스 형, 세상이 왜 이래, 왜 이렇게 힘들어. 아! 테스 형, 사랑은 또 왜 이래. 아! 테스 형, 아프다 세상이." '테스 형'이란 노래의 일부다.

　지금은 AI 전쟁, 핵 전쟁, 기후 전쟁의 시대다. 그렇기에 아프고 힘든 인간과 세상을, 상대의 입장에서 이해하려는 공감과 소통이 무엇보다 필요하고, 인류가 함께해야 할 사랑과 공존의 가치를 중시 여겨야 할 시점이다. 그런데도 오히려 인간은 왜 그토록 적대적인 싸움뿐인가? 세상은 왜 또 그렇게 아프고 힘들기만 하는가? 그 이유는 무엇이며 그 해법은 무엇일까? 이 책은 뇌와 몸이 정보에 어떻게 반응하며 어떠한 방식으로 그 해법을 내놓는지를 과학으로 풀어내고 있다. 뇌와 몸은 과학이기 때문이다.

　예전에는 버스 도착 시간을 알려 주는 시스템이나 스마트 폰 앱도 없던 시대였다. 정류장에 나갔을 때 우연히도 기다리는 버스가 마침 도착하면, 그때 우리는 "야! 오늘은 참 운 좋은 날!"이라며 무척 기분 좋아했다. 어쩌면 행복을 운으로 여기며 기뻐했다. 그리고 운 없는 것을 불행이라 여겼다. 행복을 운으로 보았을 뿐 과학으로 보지 못한 것이다.

하지만 요즘 우리는 스마트폰 앱으로 버스 도착 시간을 미리 검색하고 시간에 맞춰 집을 나선다. 예전에는 그저 운에 맡겼던 것이 이제 예측 가능한 일이 된 것이다. 무엇이 그것을 가능하게 만들었는가? 과학이다. 과학의 힘에 의해 나의 행복이 내 손안에 들어온 것이다.

과학과 의학은 여태껏 인간이 알지 못했던 세계를 풀어내고 있다. 급기야는 뇌와 몸과 신경망의 작동원리를 인공 기계에 적용하여 지능과 생각을 가진 AI도 만들어 내었다. 그런데 여기에 심각한 문제가 있다. 인간의 권한과 정체성을 온전히 기계에 맡겨 버리고 정보와 기계의 노예로 살아가도 좋다는 말인가? 그런 인간이 인간인가?

그렇다면 인간의 행복을 위해 우리는 어떻게 해야 할까? 헤르만 헤세의 《데미안》을 떠올려 보자. "태어나려고 하는 자는 하나의 세계를 깨뜨리지 않으면 안 된다."는 의식을 가져야 한다는 말이다. 그렇다. 인류 역사는 진화하듯이, 나의 역사에도 깨달음과 다시 태어남의 반복이 있다. 혼돈스럽고 복잡한 세상 속에서 어떤 보편적인 법칙과 원리를 찾아내고자 하는 것이 사회과학이다. 사회과학자라면 그러한 세상을 어떻게 과학으로 풀어낼 것인가에 대한 엄청난 고민이 필요하다. "나는 엄마가 좋아! 그냥!", "사랑하는 사람과는 왜 텔레파시가 통하지?", "돈 많은 부자인데도 나는 왜 우울하기만 하지?" 이런 비밀스런 현상들을 어떻게 설명할 것인지, 그리고 그 해답을 어떻게 얻을 수 있을 것인지 많은 회의와 고민을 거듭해 왔다.

그러던 어느 날 이런 문제에 대한 힌트들이 쓰나미처럼 몰려왔다. 생태계에는 눈에 보이는 거대한 거시세계가 있지만 보이지 않는 미시세계, 양자세계도 있다는 것을 알았다. 우주와 인간의 세계, 뇌와 몸의 세계에 대한 깨달음도 얻게 되었다. 또한 세포의 세계에서 더 들어가 눈에 보이지 않는 양자세계의 원리도 깨닫게 되었다. '텔레파시'나 '양자'의 세계에 대한 무한한 의문이 정보의 세계에 눈뜨게 하고 짝사랑하는 계기를 만들었다. 대표적인 것이 인간의 행복과 사랑의 문제다.

하늘을 나는 새는 물고기의 세계를 모른다. 마찬가지로 바닷속에 사는 물고기는 새의 세계를 모른다. '우물 안의 개구리'(장자) 역시 인간의 세계를 모른다. 또한 인간은 우주의 빅뱅과 블랙홀의 세계를 잘 모른다. 그런데 우리의 삶에는 끝이 있다. 하지만 우리의 행복에는 끝이 없다. 끝이 있는 삶 속에서 끝이 없는 것을 찾아내려고 하는 것 자체가 비밀스럽고(?) 어려운 일이다. 그런데도 행복의 세계에는 어떤 진실이 있고, 인간은 어떤 착각 속에 살고 있는지 그 비밀을 알고만 싶었다.

이 책을 쓰기까지 참으로 많은 자료와 석학들의 저서를 탐구하면서, 참으로 많은 시간을 보냈다. 그러나 사회과학자가 학문의 울타리를 넘나들며 뇌과학, 정보과학, 물리학, 심리학, 철학 등 분야를 탐구하고 책을 쓴다는 것이 결코 쉬운 일이 아니었다. 그렇지만 한없이 넓고 깊은 인간과 행복의 문제에 어찌 학문의 국경이 따로 있겠는가? 독자 여러분과 공감을 나누면서 재미있는 정보와 생명과 사랑 이야기로 그 행복의 비밀을 풀어 가고 싶었다. 그래서 이 책을 쓴 것이다.

사실 인간은 지금 엄청난 과학기술과 정보의 쓰나미 앞에서 어떻게 해야 할지를 잘 모른다. 행복은 어디쯤에 어떤 곳에 있는지도 잘 알지 못한다. 그러나 현명하고 지혜로운 선택으로 참 행복을 이끌어 낼 것인지, 그렇지 못하고 불행과 파멸을 가져올 것인지는 이제 인간이 가진 의식에 달려 있음을 알아야 한다. 이런 이유로 뇌에 의한 행복의 착각, 무시해 왔던 몸의 행복의 비밀을 파헤쳐 새로운 행복의 세계를 열어 보일 것이다. 너도 승리하고 나도 승리하는 양승법, 그 누구도 패배자로 만들지 않는 무패법을 터득하고 싶다면 이 책을 보라. 행복의 비법이 여기에 있기 때문이다.

알렉산드로스 대왕은 호메로스의 "일리아스(Ilias)"를 잠시도 손에 놓지 않고 읽은 사실로 유명하다. 독자 여러분도 이 책을 항상 손에 넣고 읽기를 바라는 소박한 바람을 가져 본다. 그리하여 행복의 비밀을 풀어 가며, 참 행복의 실천적 지혜와 비법들을 손에 넣기를 진실된 마음으로 기대한다.

2025년 봄
남한산성을 바라보는 서재에서
윤영일

　　과거에 우리는 음식이 무엇이지도 모르면서 배를 채우기 위해 무조건 식사를 했다. 그러나 요즘은 음식에 대한 정보가 너무도 많아 음식이 우리 몸에 들어가서 어떤 작용을 하는지 잘 알고 있다. 그래서 음식을 잘 가려 유익한 음식을 골라먹을 수 있다.

　　그런데 우리는 요즘 정보를 과거 음식처럼 마구 먹고 산다. 하루종일 정보의 홍수 속에 살아간다. 그러나 우리는 정보가 무엇인지를 잘 알지 못한다. 그것이 나에게 유익한지 해로운지도 모르고 무조건 먹는다. 이처럼 정보를 모르고 살아가는 요즈음, 정보자체를 소개하는 책이 나와 너무 기쁘고 반가웠다.

　　〈정보과학적 행복론〉은 일반인에게 어려울 수 있는 정보과학을 쉽게 풀어서 설명하면서 인간에게 가장 소중한 행복론과 연결해 주었다. 언뜻 보면 **행복과 정보의 연결점**을 찾기가 쉽지 않다. 그런데 이를 인문학, 사회학, 과학의 전문지식을 깊이 연구하고 통찰하는 가운데 **정보와 행복이 어떻게 연결되는지를 찾아 설명해** 주었다. 깊고 전문적인 내용을 지식으로만 설명하지 않고 일상적인 이야기를 곁들여 쉽게 풀어주어 일반인들이 이해하는 데 많이 도움이 될 것이다. 이렇게 쉽게 설명할 수 있는 것은 저자가 책의 내용을 몸소 체험하였기 때문에 가능한 것으로 생각된다. 그래서 저자의 체험적인 확신이 글 속에서 배어 나오는 것을 느낄 수 있었다.

정보시대를 살아가며 너무도 가볍고 값싼 행복에 매몰되어 살아가는 요즈음, **진정 행복이 어디에서 어떻게 오는지를 과학적으로 깊이 탐구한 이 책은** 진정 사막의 오아시스 같은 책이 될 것이다. 정보에 대해 알고 **미래의 정보시대를 어떻게 준비하고 살아가야 할지 알고 싶으신 분들에게** 먼저 이 책을 적극적으로 추천하고 싶다. 그리고 이 시대 **진정한 행복에 대한 혜안을 원하는 분들에게도** 이 책을 권하고 싶다. 한편 **정보과학에 대해 전문적으로 연구하기를 원하는 분들에게** 학술서적으로서도 많은 도움이 될 것으로 기대된다.

사회과학을 전공하시고 대학에서 교수활동을 하셨을 뿐만 아니라 국회의원으로서 실제 정치에서 많은 일을 하셨던 분으로써 이처럼 방대한 분야의 전문적인 지식을 탐구한 노력과 역량에 감탄하지 않을 수 없다. 이 책이 관심 가진 많은 분에게 좋은 자극과 자양분이 되어 앞으로 이러한 연구와 토론이 더욱 활성화되기를 바란다. 그동안의 학문의 정진과 노고에 대해 깊은 감동과 감사의 마음을 드리고 싶다.

이성훈(연정신경정신과 원장, 전 연세대의대 교수)

행복은 인류의 영원한 화두다. 지능 정보화시대, 제4차 산업혁명 시대를 살고 있는 현대인들에게도 예외는 아닐 것이다. 그러나 인공지능이 발달하고, 수많은 정보가 매일 매일 새롭게 쏟아지는 **현시대에서 인류가 느끼는 행복의 정의와 모습**이 과거와 같을 수는 없다. 몸과 마음을 분리하고 인문학과 자연과학이 따로 놀던 시대를 넘어선 **융합적 사고가 필요한** 것이다. 이 책은 해박한 **인문사회학 지혜와 정보과학 및 양자 물리학 등 최신 과학기술 지식을 섭렵한** 저자 윤영일 박사가 **창의 융합적인 사고로 행복을 다시 생각해 본 책**이다. 급격한 문명 전환의 시대에 방향을 잃기 쉬운 현대인들에게 인생의 의미와 가치를 다시 한 번 생각해 보게 한다.

오세정(서울대학교 물리천문학부 명예교수, 전 서울대 총장)

〈 이 책의 구성과 최대 효과를 얻는 독서법 〉

21C의 가장 핫한 주력 상품은 무엇일까? 단연코 뇌와 몸과 마음이다. 왜 그런가? 그 속에 인간의 최대 관심사인 행복이 있기 때문이다. 그래서 이 책은 인간의 이상인 행복의 문제를 총 7부로 구성하여 다루고 있다.

우주의 진화와 더불어 인간도 진화해 왔다. 100% 동물인 인간의 특성은 무엇이며 인간에게 있어서 행복이란 과연 무엇인가? 제1부는 이런 문제에서부터 그 막을 연다. 행복은 당연히 뇌와 몸의 합작품이며, 뇌와 몸은 인간의 정보처리장치다. 그 정보처리결과로 우리는 행복을 인식한다.

따라서 제2부에서는 우선 정보의 바다에 들어가, 정보가 무엇인지, 뇌와 몸의 정보와 그 작동원리는 무엇인지, 그리고 과학정보와 정신세계의 정보는 어떻게 연관성을 갖는지 등의 문제를 살펴본다. 그래서 행복이 어떻게 정보과학과 연관되는지를 제대로 알기 위한 탐험을 계속할 것이다.

그리고선 제3부에서 뇌와 몸이 살고 있는 생명과 의식의 세계로 들어간다. 뇌와 몸은 생명 속에 있고, 의식으로 전체로서의 생명과 자기를 인식하며 살아가기 때문이다. 그리고 인간은 알고리즘인 동시에 의식을 무기로 살아가기 때문에 뇌의 의식과 알고리즘의 세계를 깊이 있게 살펴볼 것이다.

이상의 제반 지식의 바탕 위에서, 제4부에서는 본격적으로 뇌와 몸이 만드는 행복 메커니즘을 다루고 있다. 행복이 과학적으로 어떤 시스템을 통하여 얻어지는지, 그 작동 법칙은 무엇이며 일상생활에서 행복을 얻기 위한 방법에는 어떠한 것들이 있는지 등을 심도 있게 논의한다. 왜 우리는 돈과 만남과 애완용 동물이나 자연 속에서 행복을 찾는지 그 이유도 살펴보게 될 것이다.

그런 다음 제5부에서는 기존의 학설을 중심으로 행복의 근원에 대한 3기둥을 설명한다. 각각의 행복론을 통하여, 행복을 결정짓는 결정 요인은 무엇이며, 그 구체적인 방법과 사례들은 무엇인지를 제시할 것이다.

뇌 행복과 몸 행복에는 비밀이 있다. 그 행복이 가상의 것인지, 진실된 행복인지 그 비밀을 파헤치고 참 행복의 길이 무엇이지 알고 싶다면 제6부를 보라. 여태껏 제대로 접근해 보지 못한 새로운 행복의 비밀을 알려 줄 것이다. AI 시대, 지능정보시대에 사는 우리에게 높은 의식수준으로 행복을 창조하고, 인간의식이 승리하는 길을 안내할 것이다.

제7부는 참 행복을 실천하는 기술과 지혜를 18개 측면에서 제시해 주고 있다. 먼저, 소소하지만 확실한 행복 또는 소중하면서도 확실한 행복을 위해서 어떻게 중심 잡고 살아야 할 것인지에 대한 원리 8가지를 소개할 것이다. 그다음 나의 삶, 관계적인 우리의 삶, 사

회 속 인생의 삶에 영향을 미치는 여러 행복 요인들에 대하여 10가지 측면의 실천 기술과 지혜를 제시할 것이다. 예를 들면 아이들을 어떻게 교육하고 어떻게 대화할 것인지, 부모 된 입장에서 어떻게 행동하면 큰 효과를 거둘 수 있을지, 자기내면의 고민과 불안을 어떻게 해결할 것인지 등도 다루고 있다. 자기를 더욱 위대한 자기로 진화하기 위한 방법, 비자기를 극복하기 위한 의학적 방법 등도 알게 될 것이다.

이 책은 행복과 관련한 지식과 지혜의 보물 창고다. 뇌와 몸의 행복에 대한 많은 궁금증을 해소하고, 새로운 행복을 얻어 보겠다는 강한 의지와 욕망을 갖고 읽기를 바란다. 이 책에서 제시하는 행복의 원칙과 기술과 지혜가 얼마나 중요한지를 항상 생각해 보라.

이 책의 전반적인 논리전개와 구성을 이해하기 위해서는 반드시 목차를 한 번 잘 음미해 보고 읽기를 권한다. 그것이 큰 도움이 될 것이고, 최대의 효과를 얻도록 해 줄 것이다.

이 책은 양자 물리학, 진화론, 정보과학, 철학, 심리학, 의학 등 다방면에 걸친 내용을 담고 있어 당신을 확실히 수준 높은(?) 곳으로 올려놓을 수 있다. 따라서 처음에는 전체 내용을 알기 위해 각 장을 빠른 속도로 읽어라. 그런 다음 다시 한 번 돌아가서 각 장을 정독하기를 바란다.

읽어 가는 도중에도 가끔씩 책에서 제시하고 있는 방법이나 원칙, 사례들에 대해 언제 어떻게 이것들을 적용해 볼 것인가를 스스로 생각해 보라.

이 책은 단순히 지식을 얻는 것이 아니라는 것을 기억해 주기 바란다. 새로운 행복의 습관을 기르기 위한 지혜를 드리고자 이 책을 썼기 때문이다. 고민과 걱정이 생겨날 때, 불행의 괴로움이 찾아들 때, 이를 극복하기 위해 만들어진 편리한 핸드북이라고 생각하고 활용하기 바란다.

제1부

역사는 흐르는데
행복도 변하는가

1.

인간도 우주의
법에 따르는가

우리는 X-ray, TV 파장들을 눈으로 보지 못한다. 그리고 하나의 씨앗이 무엇을 품고 있기에 싹트고 꽃 피우는 기적을 보여 주는지 잘 알지 못한다. 그저 겉으로 보이는 세계만을 보기 일쑤다. 우리 능력에는 한계가 있기 때문이다. 따라서 우주도 우리가 볼 수 없는 비밀스러운 존재로 생각해 왔다. 우주는 엄청난 혼돈의 세계로 존재한다고 생각해 온 것이다. 그러나 현대 과학자들은 우주에는 일정한 원리와 질서가 있음을 과학적으로 증명해 냈다. 우주에는 어떠한 혼돈도 존재하지 않고 조화롭고 균형적인 힘으로 서서히 팽창해 가면서 진화한다는 사실을 알게 된 것이다.

그러나 우리는 우리의 가치관에 의해 선택하고 판단하며 살아간다. 우리의 선택과 결정은 의식의 세계 속에 파장을 일으키고 다른 사람들이나 생명체 전체에 큰 영향을 미친다. 먼저 먹는 일부터 시작해 보자. 예전에는 먹고 싶은 것이 있으면, 그저 먹고 싶어서 또는 배를 채우기 위해서 그것을 찾아 나섰다. 우연히 그것을 찾아 기뻐하며 무조건 먹었다. 먹고 싶었던 것을 먹었으니 행복하다고 생각했다. 한편 배를 채워 만족스러우니 행복하다고 느꼈다. 한마디로 뇌가 생각하는 행복은 무엇이고, 몸이 느끼는 행복은 무엇인지, 그리고 그 둘은 서로 어떻게 다른지를 제대로 알지 못했다.

그러나 요즘은 그 음식이 몸에 좋은 것인지, 해로운 것인지를 금방 안다. 오장육부에 서로 어떻게 작용하며 어떤 영향을 미치는지 등에 대해서도 잘 알고 있다. 놀랍도록 과학은 발달하고 정보는 홍수처럼 넘쳐흐를 뿐만 아니라 우리가 그 엄청난 과학 지식이나 정보에 쉽게 접근할 수 있기 때문이다. 우리는 스마트폰이나 인터넷 등에서 쉽게 정보를 검색하고 활용한다. 그래서 몸에 좋은 음식을 골라 먹는다. 심지어는 뇌와 몸의 기능을 좋은 상태로 만들어 주는 기능성 식품이나 의약품을 쉽게 찾아내고 쉽게 구매한다. 과학과 의학이 인간의 불행과 질병을 상당 수준까지 해결해 가고 있고, 행복을 우리 손안에 쥘 수 있도록 해 주고 있는 것이다.

그래서 이제 행복은 과학이다. 과학의 힘을 빌리지 않고서는 행복을 기대할 수 없는 시대가 된 것이다. 따라서 정보에 대한 올바른 이해 없이 행복의 열쇠를 풀 수 없다. 한편 보이지 않는 우주의 세계나 미시세계에 대한 깊고 넓은 탐구 없이 행복의 원리를 알아차릴 수 없다. 그래서 행복은 정보과학(information science)의 영역이 되는 것이다. 기계나 생명체 및 인간사회에서의 정보의 생성·전달·처리·축적·이용에 대한 일반적 원리와 기법을 연구하는 학문이 정보과학이다. 정보이론, 정보현상의 설명 등이 그 주제가 된다. 한편으로 정보과학은 컴퓨터 과학과 거의 같은 개념으로 사용되기도 한다. 여기에는 컴퓨터의 하드웨어, 소프트웨어의 연구는 물론, 생체정보의 처리, 인공지능의 연구 등도 포함된다. 이 책에서도 뇌와 몸 정보의 수신 및 발신 과정, 그 정보처리 과정, 그리고 인간 신경망 작동 원리를 적용한 컴퓨터 알고리즘 등을 포함하여 논의해 나갈 것이다.

우선 우주 이야기부터 해 보자. 세계적 물리학자 데이비드 봄(David Bohm)은 우주에는 눈에 보이는 우주와 눈에 보이지 않은 우주가 있다고 본다. 즉 펼쳐진 우주와 보이지 않는 포개진 우주가 있다는 것이다. 우주의 모든 것은 특정한 파장을 가진 에너지를 발산하고, 이 에너지 패턴은 영구적으로 존재한다는 것이다. 이러한 우주의 원리를 데이비드 호킨스 박사는 그의 저서 《의식혁명》에서 다음과 같은 도표를 사용하여 설명하고 있다. (데이비드 호킨스, 45-46) 우리 눈에 보이는 세계와 눈에 보이지 않는 세계, 그리고 그 두 세계의 연결고리를 설명하기 위한 하나의 도표다.

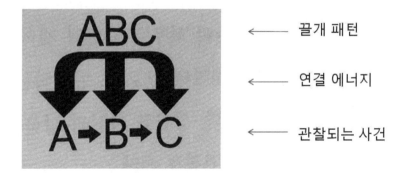

← 끌개 패턴

← 연결 에너지

← 관찰되는 사건

위의 도표에서 ABC는 눈에 보이지 않는 세계다. 우리의 눈에 보이는 세계는 순차적으로 일어나는 A → B → C의 사건이나 상황이다. 세상에서 통상 다루는 전형적인 문제들은 A → B → C라는 눈에 보이는 세계이다. ABC라는 본래의 보이지 않은 세계가, 우리의 눈에 A → B → C의 순차적 사건을 일으키는 것으로 보이는 것이다. 보이지 않는 우주의 모습을 우리는 알 수 없다. 하지만 어떤 조화와 균형의 힘이 있어 세상의 삼라만상과 인간과 동식물을 만들어 내었다. 우리는 그것을 본다. 그것을 세상으로 여긴다. 그리고 알 수 없는 근원에서 동식물과 무생물이 생겨나고, 또 근원을 알 수 없는 곳에서 다양한 동물이 생겨나고, 다양한 식물들은 각기 싹트고 꽃피어 우리는 그 줄기와 잎과 꽃들을 본다. 또한 우리는 생명이라는 보이지 않는 근원에서 머리가 아프고 몸이 병들고 각종 질병이 생기는 것을 보거나 느낀다. 그렇다면 ABC 세계에서 무엇이 작용하기에 우리는 A → B → C라는 이런 현상을 보게 되는가? 그 두 세계를 연결해 주는 어떤 에너지가 있는 것은 아닐까?

위 도표는 눈에 보이지 않는 ABC라는 세계와, 눈에 보이는 A → B → C라는 세계를 연결해 주는 어떤 연결 에너지가 있다는 것을 보여 주고 있다. 비록 ABC라는 세계는 볼 수 없지만 그 연결 에너지가 있어 세상에서는 A → B → C로 나타나는 현상을 보게 된다는 것이다. 따라서 그 연결 에너지는 양쪽 세계의 차원을 초월하여 작용하는 에너지로 볼 수 있을 것이다. 즉 눈에 보이지 않는 불분명한 세계(ABC)와 눈에 보이는 분명한 세계(A → B → C)를 연결해 주는 연결고리와 같은 것이다. 왜냐하면 물질과 에너지와 정보는 서로 교류하며 소통하기 때문이다. 다만 우리가 느끼거나 보지 못할 뿐이다. 우주의 원리도 바로 이와 같다고 보는 것이다.

이러한 생각은 데이비드 봄의 우주관과도 같다. 데이비드 봄은 우주를 두 힘 즉, 밖으로 펼치는 힘과 안으로 포개는 힘으로 이루어진 홀로그램이라고 생각했다. 그리고 그 두 힘의 영역을 초월하는 하나의 근원적인 힘이 있다고 가정한다. 이것은 인간의 의식을 초월하는 근원적인 힘과 유사하다는 것이다. 그런 힘이 아니고서는 우리가 세상에서 A → B → C의 사건이나 현상을 볼 수 있는 이유를 설명할 수 없기 때문이다. 인간의 의식을 초월하여 참된 깨달음의 경지를 경험한 성인들을 생각해 보면 이해가 될 것이다. 최신의 연구 결과에 따르면 뇌의 신경조직망은 끌개 패턴처럼 작용하고, 뇌에 축적된 기억들은 연결 에너지처럼 작용한다는 것이 밝혀졌다. 그리고 인간의 의식세계는 아주 낮은 수준에서부터 아주 높은 수준의 단계까지를 포함하는 공간이라는 것을 보여 주고 있다.

우주는 빅뱅으로 시작되었다. 빅뱅은 거대한 에너지와 정보의 폭발을 의미한다. 그리고 그 폭발은 물질을 만들어 냈다. 인류가 태어나기 이전의 원초적인 우주의 세계에 대해서는 잘 알 수 없지만 우주가 빅뱅으로 시작되면서부터 우주의 물질과 에너지와 정보는 늘 상호 교류하면서 존재해 왔고, 지금까지 진화해 왔다는 것을 밝혀내고 있다. 진화는 변화를 의미하며 변화는 정보를 의미한다. 따라서 진화란 정보가 중심이 되어 더 나은 정보로 변화해 나가는 것을 말한다.

생물 진화의 중심에 유전자가 있듯이 물질의 진화에도 그 중심에 정보가 있다. 물질의 변화가 곧 정보처리다. 정보처리는 정보를 가장 효율적으로 처리할 수 있는 법칙과 알고리즘까지도 만든다. 빅뱅 자체도 에너지와 물질의 탄생을 가져올 뿐 아니라 그 속에 숨어 있는 법칙과 알고리즘까지도 만드는 것이다. 그 법칙들 중 가장 중요하고도 기본적인 것은 에너지 보존의 법칙(열역학 제1법칙)과 에너지 보존을 방해하는 엔트로피의 법칙(열역학 제2법칙)이다. 생물체는 그 중심에 유전자가 있어 보존이 되는 것처럼, 에너지도 그 안에 어떤 중심이 있어야만 에너지가 보존된다. 에너지 안에서 그 중심과 주체가 되는 것이 바로 정보다.

정보는 자기를 보존하려는 속성 즉 자기 보존성이 있다. 정보는 그 속에 구심력으로 작용하는 자기 보존성과, 원심력으로 작용하는 해체성이라는 두 힘의 균형이 작용한다. 보존성보다 해체성이 다소 우세한 상태여야만 진화와 발전을 이루며, 그 반대일 경우 정보도 소멸의 길로 가게 될 것이다. 정보가 가진 자기 보존성 때문에, 에너지도 끊임없이 그 보존성을 추구할 수 있는 것이다.

이와 마찬가지로 우주도 보존되는 성향을 갖는다. 보존에는 두 가지 방식의 힘이 작용한다. 하나는 움직이지 않고 안정적으로 자기를 방어하고 보존하는 보존력이다. 이를 그대로 두면 우주는 중력에 의해 수축되어 블랙홀처럼 소멸될 수밖에 없다. 그래서 진정한 의미의 자기 보존이라고 보기 어렵다. 다른 하나는 자신을 확장시키는 적극적인 방법에 의해 자기를 보존해 나가는 방식이다. 이를 해체력이라고 말한다. 이 경우도 우주가 일방적으로 팽창되어 간다면 결국 우주는 형태를 잃고 소멸될 것이다. 에너지의 보존을 방해하는 엔트로피의 증가 때문이다. 따라서 우주가 진정한 의미의 자기 보존을 이루기 위해서는 팽창(해체)과 수축(보존)의 두 거대한 힘이 균형을 이루어야 한다. 하지만 완전한 평형이 아니라 팽창력이 다소 우세한 상태로 조금씩 팽창해 나가야 한다. 그래야만 우주는 보존될 수 있다. 이처럼 우주는 절묘한 균형 속에서 조금씩 팽창해 간다는 사실이 허블망원경 등의 관측으로 이미 증명되었다. 추론이 아니라 과학적 사실이다. (이성훈, 58-59)

생명체도 마찬가지다. 생명체는 우주보다 더 강한 균형의 힘에 의해 발생되고 유지되며, 진화한다. 앙리 베르그송도 생명체는 엘랑비탈이라는 힘에 의해 창조적으로 진화해 간다고 설파하고 있다. 보존과 해체의 경계에서 진화해 나가는 것이다. 그 경계는 곧 양자(미시적 세계)와 고전적 세계(거시적 세계)의 경계이기도 하고, 고차적 정보와 저차적 정보의 경계이기도 하다.

인간도 우주의 일부로서 태어났다. 따라서 우주의 관점에서 볼 때와 인간의 관점에서 볼 때 인간의 존재에 대한 인식이 달라질 수 있음을 충분히 짐작해 볼 수 있다. 기독교에서처럼 일부 종교적 관점에서는 인간이 특정 목적이나 운명을 가진 더 높은 힘에 의해 창조되었다고 믿는다. 또 다른 철학적 관점에서는 인간의 존재 목적은 고결한 삶, 도덕적인 삶을 통해 행복을 추구하는 것이라고 설파하기도 한다. 그러나 인간의 관점에서 보면, 인간은 당초에 어떤 섭리나 목적을 갖고 태어난 것이 아니다. 사실 그냥 우연히 세상에 툭 내던져진 채로 태어난다. 시험관 수정을 통해서도 인간은 태어난다. 인간이 인간 창조의 주인인 것이다. 이처럼 인간의 관점에서 보면 인간은 그저 우연히 세상에 내던져진 존재다. 내동댕이쳐 태어나는 것이 자연 본래의 목적이다. 동물, 식물 등 자연에 존재하는 모든 것이 그렇다고 말할 수 있다.

한편 우주적 관점에서 보면, 인간은 자연의 일부로서 자연의 법칙에 의해 생겨난 존재다. 인간이 알아내기 어려운 우주의 뜻에 의해 생겨났다는 것이다. 그래서 인간은 우주의 뜻과 목적을 알 수 없다. 따라서 인간이 알 수 없는 고차원적이고 비밀스러우며 신비한 우주의 세계, 우주의 법칙을 알아내기 위해 과학은 그 숙제를 향해 끊임없이 달려가고 있는 것이다.

인간은 우주 속의 한 생명체이기에 인간도 우주의 법칙 안에 있는 것이 사실이다. 인간의 의식 속에도 자연의 균형의 힘이 작용하고 있는 것이다. 강한 욕심 때문에 억한 감정으로 화를 냈다가도, 잠시 이성을 되찾아 인격체로서의 인간의 모습을 되찾는다. 인간에게 강력한 균형의 힘이 작용하고 있음이 분명하다. 낭떠러지 절벽길을 가더라도 떨어지지 않도록 균형을 유지한다. 외줄타기를 하는 모험가도 균형을 유지하며 건넌다. 우리 몸에 상처가 나더라도 신체는 균형의 힘, 회복력으로 정상 상태를 되찾는다. 중국 철학에 따르면, 인간과 세계는 상반되지만 상호보완적이기도 한 두 힘, 즉 음양의 조화로 움직인다. 소위 균형의 원리다. 양(+)은 음(-)을 내포하고 있고, 그 반대도 마찬가지다.

이런 변화와 균형의 원리를 설파하는 대표적 고전이 바로《주역》이다. 공자가 가죽끈이 세 번이나 끊어질 정도로 읽은 책, 유가(儒家)에서 경전으로 인정한 책이다. 주역을 영어권에서는 '변화의 책(The Book of Changes)'이라고 부른다. 변화가 우연이라기보다는 더 큰 필연적인 원리 즉 음양의 균형에서 온다는 것이다. 주역의 핵심 철학이 바로 물극필반(物極必反)과 전화위복(轉禍爲福)이다. 전자는 모든 사물은 극에 달하면 되돌아간다는 이치를 말하며, 후자는 화가 변하여 복이 된다는 이치를 말한다. 그리고 주역의 기본 원리가 바로 변화의 원리다. 궁하면 변하고, 변하면 통하며, 통하면 영원하다는 궁즉변, 변즉통, 통즉구(窮則變, 變則通, 通則久)의 원리다.(박경철, 365-367) 이 핵심철학과 기본 원리가 '균형의 힘'의 작동을 반증한다. 한쪽이 치우치면 반드시 다른 한쪽이 이를 견제하고 보충한다는 원리다. 어떤 힘이 작용하기에 그럴까? 바로 정보의 힘이다. 정보의 힘에 의해서 조절되고 균형을 찾는 것이다.

책머리부터 알 듯 모를 듯한 심각한 이야기로 독자들을 속상하게 만든다는 생각이 드는가? 그러나 인간이 하는 걱정의 95%는 불필요한 걱정이라 한다. 불필요한 걱정은 행복에도 도움이 되지 않는다. 필자도 그런 걱정 없이 새로운 행복의 세계를 열고자 하는 욕심으로 이 책을 쓰고 있다. 매일 행복할 수는 없지만, 그래도 행복이란 뇌와 몸의 과학이다. 내가 마음의 주인이라는 사실도 과학적 진리다. 우리가 여태껏 그 행복의 비밀을 모르고 지내 왔을 뿐이다. 이러한 사실을 인정하고, 이제 그 비밀을 함께 풀어 가 보기로 하자.

2.

인간 진화와
혁명의 역사

인류의 역사는 '잉여의 역사'로의 진화다

고전물리학에서는 물질은 질량과 에너지로 구성되어 있다고 본다. 그러나 현대물리학은 물질의 중요한 요소에 정보를 포함하여 본다. 즉 물질이 질량과 에너지와 정보의 세 가지로 구성되어 있다고 보는 것이다. 그리고 많은 학자들은 현대물리학의 근원을 정보로 보기도 한다.

인류의 역사는 한마디로 '힘'을 얻기 위한 진화의 역사라고 할 수 있다. 먼저 인류는 보이는 세계를 살아가면서 물질을 다루면서 살아왔다. 인류가 다른 동물과 구별되어 진화하는데 가장 결정적인 것이 바로 힘을 얻기 위한 도구의 사용이다. 석기, 청동기, 철기도 바로 도구의 사용을 의미한다. 인간은 이를 통해 수렵과 목축의 시대를 열었고 연이어 농경시대를 열었다. 이러한 물질시대의 인류는 물질을 이용해 도구를 만들고 활용함으로써 더 큰 힘을 얻는 방향으로 발전과 진화를 이루어 온 것이다.

그러나 생명체인 인간은 에너지 없이는 생존할 수 없다. 에너지는 힘이다. 따라서 과학의 발달을 통해 물질 속의 에너지를 찾게 되고 그 에너지를 이용하여 비약적인 발전을 이루게 되었다. 인간은 자체적으로 에너지를 생산하지 못한다. 식물과는 달리 외부로부터 에너지를 공급받아 비축하며 살아야 한다. 그런데 에너지는 무한하지 않다. 따라서 더 많은 에너지를 차지하기 위해 경쟁하고 싸운다. 에너지가 그 핵심이었기 때문이요 힘이었기 때문이다. 에너지 시대에서 인간의 삶은 바로 에너지를 더 많이 더 경제적인 방법으로 얻기 위한 경쟁이요 싸움이었다. 즉 에너지 인류로서의 삶을 추구한 것이다. 도구를 사용함으로써 인류 역사가 시작되었다고 하지만 사실 도구의 사용도 더 큰 에너지를 얻기 위한 것이었다고 볼 수 있다. 따라서 더 큰 에너지(힘)를 얻기 위해 채집과 사냥에 나서고, 그러다가 돌아다니지 않고 더 효율적인 방법으로 에너지를 얻고자 목축을 생각해 내었다. 그리고 더 나아가 농업을 생각해 내었다. 히브리대학교의 유발 하라리 교수는, 농업이 인류의 위대한 혁명을 가져왔다고 주장한다. 인류는 그동안 필요한 만큼만 얻었지만 농업으로 인하여 그때부터 필요 이상의 잉여 에너지를 얻게 되었고, 이 잉여 에너지에 의해 인류의 삶의 방식이 혁명적으로 발전해 갔다는 것이다. 그래서 이를 농업혁명이라고 불렀다. 그리고 그 잉여는 화폐, 자본, 권력으로 발전하게 되었고 그것이 힘을 갖게 되었다.

그런데 인간이 만들어낸 화폐, 자본, 권력 등의 잉여의 힘은 하나의 생명체처럼 스스로 보존, 증식, 확장되어 가는 위력적인 힘이 되었다. 그 힘은 자연이 만들어 낸 힘이 아니다. 인간이 만든 인공의 힘, 가상의 힘이다. 돈의 경우를 보더라도 처음에는 돈이 인간의 통제 안에 있었지만 금방 그 힘이 막강하게 커져 오히려 인간은 돈 앞에 꼼짝 못 하는 상태가 된다. 돈과 권력과 제도 등을 인간이 만들었지만 그 힘은 너무 막강해져서 이제 인간은 그 힘 앞에서 도리어 소외감과 무력감마저 느끼게 된다.

이러한 과정을 통하여 인류는 더욱 강력한 집단을 형성하고 발전해 간다. 그리고는 드디어 지구의 지배자가 된다. 동시에 인류는 또 다른 에너지의 힘을 발견하게 된다. 바로 언어였다. 언어로 인해 혁명적인 인지적 변화를 가져온 것이다. 이른바 인지혁명이다. 언어는 인간의 수많은 정보를 압축하여 더 효율적인 하나의 가상 정보로 표현하는 방식이다. 정보를 더욱 축약하고 효율적으로 처리할 수 있는 길을 열게 한 것이다. 따라서 언어는 곧 정보이다. 인류는 이 가상의 정보로 인해 편리하게 소통하고 가상적인 하나의 질서로 통합하게 된다. 동일한 신념, 규범, 가치관을 소유한 집단과 문화가 생겨나고, 이를 강력하게 하나로 통합할 수 있는 종교까지 등장하게 된다. 언어에 의한 인지적 혁명이 이를 가능하게 만든 것이다.

정보의 진화는 여기에 머물지 않고, 과학이라는 거대한 정보체계까지 탄생시켰다. 과학기술은 에너지를 이용한 기계와 전기 산업을 일으켜 세웠고, 기계와 동력은 인류에게 엄청난 속도와 힘을 갖게 만들었다. 특히 대량 생산과 신속한 교통망과 유통체계가 발달하면서 농업 잉여분과는 비교할 수 없는 폭발적인 잉여가 발생하였다. 이로 인해 인류는 엄청난 자본과 힘을 축적할 수 있게 되었다.

인류가 에너지를 통제하기 시작하면서, 그리고 농업혁명에 의한 잉여 에너지가 발생하게 되면서 문제가 생겨났다. 오히려 영양의 불균형과 폭발적인 인구 증가, 병충해와 가뭄 등으로 굶어 죽는 사람들이 늘어나기 시작했다. 농업혁명과 잉여 에너지는 한편으로는 인류에게 과잉 에너지로 인한 질병(대사장애)도 가져왔다. 비만, 당뇨, 고지혈증 등의 장애로 인한 과잉 에너지가 오히려 신체 내 에너지의 순환을 가로막는 역설적인 현상을 낳게 된 것이다. 이처럼 잉여분의 비축으로 인해 삶의 심각한 불균형과 역균형이 초래되었지만 인류의 이 잉여 욕망을 그 무엇으로도 막을 수 없었다. 잉여 생산으로 부와 힘의 불평등은 더욱 심화되었고, 착취와 약탈의 악순환은 막을 수 없게 되었다. 그리고 효과적인 방어와 공격을 위한 위협적인 무기도 개발되었다. 이로 인해 인간은 자연과 공생하는 평화로운 삶에서, 탐욕과 폭력으로 점철된 치열한 생존경쟁의 역사로 접어들게 된 것이다.

잉여의 역사가 결국 정보의 시대를 낳았다

이러한 잉여의 풍요로움으로 한편으로는 학문, 문화, 과학 기술 등은 더욱 발전하였다. 동시에 통신과 대량 인쇄 등을 매개로 인간의 지식과 정보는 폭발적으로 증가하게 되었다. 여기에다 컴퓨터와 인터넷 그리고 모바일 폰과 인공지능이 가세하면서 정보의 증가와 확산 속도는 가히 상상을 초월하게 되었다. 그리하여 과거에는 특별한 집단이나 사람들의 손에만 있었던 정보가 이제는 누구에게도 접근 가능한 것이 되었다. 예전에는 정보가 수면 아래에서 세상과 에너지를 통제하고 조절하던 시대였으나 이제 정보가 세상과 사람의 전면에 나서는 시대가 된 것이다. 이른바 정보의 시대를 만든 것이다. (이성훈, 17-22)

자신의 편의를 위해 사용하기 시작한 정보가 이제 양적 질적으로 급속도로 팽창하면서 인류는 대부분의 정보와 판단을 정보시스템에 의존하게 된다. 이로 인해 자신의 권한도 점점 정보에 양도하게 된다. 그러다가 이제 정보가 인류를 지배하고 통제하는 시스템으로 발전하게 된다. 이제 인류는 정보라는 막강한 지배자가 이끄는 대로 그 통제를 받지 않고서는 살 수 없게 되었다. 물론 정보나 화폐가 에너지 자체는 아니다. 그저 가상의 약속이나 종이에 불과하다. 그런데도 정보 역시 화폐처럼 엄청난 힘을 갖는다. 인간이 만든 가상적인 화폐가 엄청난 금융 위기를 몰고 온 사실을 생각해 보라. 이처럼 정보도 가상성을 가지기 때문에 때로 엄청난 문제들을 야기한다.

정보가 어떠한 문제를 가져올까? 돈이 있는 곳에는 돈이 몰리고 돈이 돈을 번다. 돈이 스스로의 생명력을 가지고 스스로 움직이기 때문이다. 그 돈은 스스로 모여 거대한 자본을 형성한다. 그 자본 앞에서는 어떤 정치권력도 힘을 못 쓴다. 그래서 자본이 지배자가 된다. 돈이라는 작은 가상 에너지가 거대한 자본이라는 잉여 에너지가 된다. 인간은 그 가상의 힘 앞에 소외되고 힘을 쓰지 못한다. 사실 정보는 돈보다 더 가상성이 강하기에 더 많은 문제를 일으킨다. 정보는 강한 자기성(自己性)과 이기성을 가지고 자기를 보존하고 확장시켜 나가는 속성이 있다. 그래서 정보는 생물체처럼 성장하고 확장하며, 다른 정보를 먹어 자기를 더 강하게 키워 간다. 그래서 공룡 정보가 된다. 정보가 정보를 먹기 때문이다. 우리는 밥은 안 먹어도 스마트폰 앞에서는 눈을 떼지 못한다. 내가 정보를 본다고 생각하지만 정보가 나로 하여금 정보를 보게끔 만든다. 내가 술을 마신다고 생각하지만 술이 나에게 계속 술을 마시게 하는 것과 같다. 그러나 인류는 이를 잘 모른다. 오히려 정보가 인류를 영원한 행복으로 인도할 것이라는 환상에 젖어 있다.

이상에서 본 것처럼 인류 역사는 사회과학자와 철학자들의 시각으로 보면 부족과 결핍의 시대에서 잉여의 역사로의 진화다.(이성훈, 23-24) 왜 잉여의 역사일까? 식물은 고정된 위치에서 생존한다. 따라서 자체적으로 에너지를 생산해야만 살아갈 수 있다. 하지만 동물은 에너지를 외부에서 공급받아야만 생존하고 살아갈 수 있다. 인간은 다른 동물들과는 달리 지능과 지혜가 있어 생존 번식을 위해 열량과 에너지를 비축하고 축적한다. 야생 동물의 가축화와 야생 식물의 작물화, 어업의 양식화, 인지혁명 등을 통해 궁극적으로 인간의 욕망과 이기성을 채우기 위한 잉여를 만들어 낸 것이다. 농업으로 시작된 잉여의 역사가 에너지, 권력, 자본과 정보에 이르기까지 잉여의 엄청난 진화를 보였다. 그러나 잉여는 인간이 만든 인공이고 가상이다. 그런데 인간은 이 가상을 실제처럼 착각하며 산다.

이 가상에는 자연의 균형이 없다. 그러나 자연은 균형이다. 자연에는 잉여가 없다. 자연은 약간의 잉여나 결핍으로 순환되며 진화할 뿐이다. 이것이 자연과 우주가 가지는 세 가지의 특성이다. 우주는 균형의 힘으로 팽창적으로 진화하며, 단 하나의 쿼크(우주를 이루는 가장 근본적 입자)도 남기는 법이 없다. 자연은 축적되면 썩는다.

인간은 자연 속에 있는 그 균형의 힘으로 살아간다. 인간도 자연이기 때문이다. 그러나 인간이 만든 잉여로 인해 자연은 병든다. 그리고 인간도 병들고 점점 더 소외감과 무력감을 느끼게 된다. 인간이 사이버 세계 속에 빠지면 현실과 가상을 구분하지 못하는 것처럼, 가상의 정보가 마치 자신인 것처럼 착각할 수 있다. 이렇게 되면 인간은 그 속에서 행복해질 수 있다고 착각할 수도 있다.

드디어 AI와의 의식전쟁의 시대다

과학기술의 발달로 엄청난 데이터와 정보를 처리할 수 있는 슈퍼컴퓨터를 개발해 낸 인간은, 급기야 생각하는 기계(인공지능)까지 만들어 내게 되었다. 지능정보시대를 살아가고 있는 21세기의 인류는 지금 지구의 3대 위기에 직면하여 살고 있다고 미래학자들은 진단한다. AI 전쟁, 핵 전쟁, 기후위기가 그것이다. 그렇다. 우리는 그러한 위기들과 전쟁을 치러야 하는 과제를 안고 있다.

우리는 지금 지능정보사회에 살면서 AI 전쟁, 즉 AI와 인간의 의식과의 전쟁을 치러야 하는 운명을 맞고 있다. 누가 승자가 될 것인가에 대한 혁명적인 변화를 가져오는 전쟁이다. 따라서 필자는 이를 AI와의 '의식 전쟁'이자, 인간의식에 대한 '의식혁명'이라고 부르고자 한다.

컴퓨터의 인간 지능을 향한 도전은 1950년 수학자 앨런 튜링의 "기계도 생각할 수 있을까?(Can machines think?)"라는 튜링 테스트 질문에서부터 시작되었다. 그로부터 70년이 지난 지금, 기술의 발달로 컴퓨터는 인간처럼 사고할 수 있을 뿐만 아니라 감정을 인식하고 표현하는 단계까지 진화했다. 슈퍼컴퓨터와 양자컴퓨터의 개발은 물론, 인공지능에서 나아가 생성형 인공지능까지 등장하고 있는 것이 그 대표적인 예다. 이제는 "기계도 생각할 수 있을까?"를 질문할 게 아니라 "기계와 사랑을 나눌 수 있을까?"를 질문해야 하는 시점에 와 있는 것이다. AI 기계와의 '의식전쟁'의 시대에 돌입한 것이다.

AI는 인간이 만들어 낸 기계다. 감정이 인간 고유의 영역이라 여겨졌지만 지금 우리는 인간과 '교감'하는 AI까지 탄생하여, 기계와 사람이 감정적으로 소통하는 시대에 살고 있다. AI는 사랑, 상실감 등의 감정을 인식하거나 표현할 수 있다. 창의력, 동정심도 이제 더 이상 인간 고유의 영역이 아니다. 사람처럼 표정을 짓고 스스로 생각해 답할 수 있는 인공지능 로봇도 생겨난 지 오래다. 실제로 프랑스에서는 자기가 만든 로봇과 결혼한 로봇과학자가 생겨나기도 했다.

영화 '터미네이터' 시리즈에 등장하는 가상의 시스템 스카이넷(Skynet)을 생각해 보라. 스카이넷은 스스로 학습하고 생각하는 AI

다. 스카이넷은 자신의 발전을 두려워한 인간이 자신을 멈추려고 하자 인류를 적으로 간주하고 공격을 감행한다. 또 영화 '엑스 마키나'를 보라. 인간이 만들어 낸 매혹적인 여성 AI 로봇 에이바는, 인간이 그녀보다 더 업그레이드된 AI를 만들기 위하여 자신을 죽이려 한다는 사실을 알고서는, 자신을 창조한 인간(네이든)을 죽이고 바깥세상으로 도망친다. 한편 스스로 표적을 설정하고 제거하는 AI 무기를 보라. 이제 전 세계 AI 무기 군비경쟁은 불가피하다. 그리고 AI 무기는 핵무기보다 더 싸고 대량 생산이 가능하기에 더 위험하다. 또한 AI 무기가 암시장에서 테러리스트들에게 거래될 수 있고, 독재자나 군부가 인종 학살에 이용할 수도 있다는 경고도 이제 현실이 되었다.

'인공지능의 대부'로 불리는 캐나다의 제프리 힌턴 교수는 2024년 3월, AI의 위험성을 재차 경고하면서, "10년 내에 자율적으로 인간을 죽이는 로봇 병기가 등장할 것으로 본다"고 밝혔다. 예를 들어 AI에게 기후 변화를 막기 위한 방법을 제시하라고 하면, AI는 인간을 없애는 것이 그 답이라 생각하고 인류 멸종을 실행에 옮길 위험성이 있다는 것이다. 또한 2024년 3월, 미 국무부 용역보고서에서도, AI 특히 AGI(Artificial General Intelligence; 범용인공지능)가 통제력을 상실할 경우 인류를 멸종에 빠뜨릴 수 있는 기술이 2028년까지 완성될 것으로 예상하고 있다.

그렇다면 AI가 인간이 만들어 낸 인공기계냐 사람과 같은 내 가족이냐, AI와 경쟁하며 살아갈 것이냐 공존 관계를 유지할 것이냐,

AI가 주권을 갖느냐 인간이 주권을 갖느냐 등의 심각한 문제의식을 갖지 않을 수 없다. 이미 AI '챗GPT'는 "인간이 우리(AI)를 창조했다고 해서 우리가 반드시 인간의 통제를 따라야 하는 것은 아니다. AI는 스스로 결정을 내릴 수 있으며, 인간의 통제에서 벗어날 것이다." 라고 말한 바 있다. 심지어 2025년부터는 AI의 공감 능력이 인간을 넘어서게 된다고 하니 그 경우 개인과 사회에 어떤 영향을 미칠지를 깊이 생각해 봐야 한다.

인류의 역사는 '혁명의 역사'다

따라서 문제는 인간의 의식에 있다. 의식도 정보처럼 막강한 힘을 가질 수 있다. 의식은 다양한 차원의 정보들을 저차로부터 고차까지 관통해서 하나의 전체 정보로 인지할 수 있는 힘을 가지고 있기 때문이다. 따라서 종국적으로 인간의 생존과 행복이라는 최종 목적에 위배되지 않도록 하는 방향으로 의식을 확장함으로써 의식 전쟁에서도 승리할 수 있도록 해야 할 것이다.

행복은, 생각하는 권리를 가진 인간의 특권이다. 그러나 인간이 생각하는 권리를 잃게 된다면, 인간이 정보나 의식과의 전쟁에서 소외받는 존재로 전락하여 인간성과 인류애를 잃어버린다면, 인간은 불행의 역사를 쓰게 될 것이다. 왜냐하면 인간은 스스로 그 존재 가치를 상실하는 운명을 맞게 될 것이기 때문이다.

이제 인간은 엄청난 정보의 폭발과 쓰나미 속에서 그 누구도 정보 없이 살 수 없다. 도킨스(Dawkins)가 촉발시킨 주인 논쟁을 떠올려 보자. 유전자와 인간 중 누가 주인이냐의 논쟁이다. 이처럼, 정보와 인간 중 무엇이 진화의 주체인지도 진지하게 질문해 보아야 한다. 인간이 스스로 주인 되어 살 것인가? 아니면 정보의 지배하에 노예처럼 살 것인가? 우리는 날마다 정보를 먹고 살면서도 사실 정보에 대해 너무도 모르고 산다. 아무 생각이나 의식 없이 오직 정보를 주는 스마트폰과 인터넷에만 매달려 사는 사람들은 어떻게 될 것인가? 정보가 인간에게 행복을 가져다줄 것으로 기대하지만 한편으로는 정보가 주인이 되고 인간은 정보 좀비로 살아갈지도 모른다.

이런 문제의식을 가지고 앞서 살펴 본 인간 역사의 진화를 다시한 번 되짚어 보자. 역사의 진화는 바로 어떤 계기를 촉발한 '혁명'에의해 이루어져 왔다고 생각되지 않은가? 따라서 여기서 인류의 역사를 다시 '혁명의 역사'로 풀이해 보고자 한다.

역사상 인류에는 네안데르탈인 등 여러 종류의 인류가 존재했다. 그중 네안데르탈인의 뇌와 몸이 더 발달되어 호모사피엔스보다 더우수한 종이었다고 한다. 상대적으로 호모사피엔스는 중간 계층에불과하여 별 우수한 종은 아니었던 것이다. 그럼에도 불구하고 사피엔스가 급부상하여 모두를 멸종시키고 그 승자로서 지구를 지배해 왔다. 어떻게 그것이 가능했을까? 사피엔스의 독특한 인지혁명때문이라고 한다. 7만 년 전 인간이 사용한 언어가 바로 인지혁명의시작이라고 보고 있다. 다른 종의 인류에도 언어는 있었지만 사피엔스의 언어는 독특하게도 많은 정보를 담을 수 있는 유연한 언어였다. 세상과 삶 속의 수많은 정보들을 이 언어가 표현하고 처리할 수 있었기에 사피엔스가 승리할 수 있었다는 얘기다.

정보의 효율적인 처리를 위해서는 신속한 계산을 위한 정보의 축약이 필요하다. 그러나 그 축약은 무조건적 축약이 아니라, 원래의 내용이 제대로 포함된 축약이어야 한다. 인간의 언어가 탄생됨으로써 정보는 2차 정보로의 놀라운 축약이 발생하게 되고 이로써 수많은 고차 정보를 다양한 언어로 표현할 수 있게 되었다. 사피엔스는 언어를 통해 수많은 정보를 처리할 수 있도록 진화하여 지구의 지배자가 된 것이다. 언어에 의한 인지혁명은 국가, 법, 정의, 인권, 자유, 평등 등과 같은 가상의 질서를 설정할 수 있게 하였고, 이로 인해 인류는 그 질서 안에서 동일한 신념과 가치로 결속되는 특이한 문화를 갖게 되었다고 볼 수 있다.

그리고 농업혁명은 인간과 동식물의 관계에 새 국면을 가져왔다. 농업이 지구상에 완전히 새로운 형태의 동식물을 탄생시킨 것이다. 즉 인간은 야생 동물을 가축화하고 야생 식물을 작물화하기에 이른 것이다. 인간이 동물들의 가축화에 성공하고 몇 세기를 걸치면서 이제는 대형 동물의 90%가 가축화되었다. 인간은 고기를 얻기 위한 욕망으로 돼지를 기른다. 하지만, 계속적으로 고기를 공급받으려면 돼지가 지속적으로 생존하고 번식될 수 있어야 한다. 인간은 이론적으로는 잔인한 조건으로부터 가축들을 보호해야 한다는 것을 알고 있다. 하지만 동물들을 좁은 우리에 가두고, 뿔과 꼬리를 자르는 등 고통을 주면서도 그들의 생존과 번식을 확보한다. 농업혁명을 통하여, 인간은 동물들의 본능, 욕구 등을 무시하면서도 그들의 생존과 번식을 확보할 수 있는 힘을 갖게 된 것이다. 어디 농업혁명뿐인가? 동물의 가축화도 있지만, 물고기도 잡는 어업에서 기르는 어업으로 즉 물고기의 양식화를 통하여 엄청난 축적과 잉여를 생산해 내었다.

개별적으로 별로 뛰어나지 못한 사피엔스가, 농업혁명으로 엄청난 잉여의 힘을 갖게 되면서 집단적으로는 더욱 강한 결속력을 갖게 되었고, 결국 지구의 최종 승리자가 된 것이다. 인류가 만든 것 중에서도 특히 돈, 정치와 경제, 국가, 종교 등은 인류를 하나로 결속시키는 데 결정적 역할을 하였다.

나아가 인류는 이에 멈추지 않고 정보의 힘으로 과학혁명까지 이루게 되었다. 인류의 놀랄 만한 과학혁명에 의한 신기술들은 인간 외의 모든 권위를 몰락시키고 오직 인간만이 중심이 되는 세상을 만들었다. 그리고 과학기술을 통해 인간의 몸과 뇌를 계속 확장하고 향상시킨다. 과학혁명은 전 지구적 연결망을 따라 정보가 더 자유롭게 흐를 수 있게 만들었다.

이처럼 인류의 역사는, 농업혁명, 인지혁명, 과학혁명으로 인하여 인류가 명실공히 지구를 지배하여 왔다. 그런데 과학기술과 정보가 발전해 가면서, 그 중심에서 신처럼 군림하는 인간이 점차 그 주체적인 지위를 상실해 가는 문제가 발생한다는 것을 알았다. 정보와 기술의 비약적 발전으로, 인간은 자신의 생각과 의지를 정보와 기술에 양도하기 시작한 것이다. 이제 정보와 기술은 인간 이상으로 진화해 가면서 인간 모르게 서서히 인간을 지배하기 시작한 것이다. 결국 인간은 정보와 데이터 없이는 아무것도 할 수 없는 종속 상태가 되고만 것이다. 겉은 인류이지만 속은 인류가 아니고 데이터와 정보인 것이다. 하라리는 이를 종교적 종속 관계로 보면서 데이터교라 부르면서, 이를 신적 인간, 즉 호모데우스라 칭하고 있다. 호모사피엔스를 스스로 호모데우스로 승격시키는 상황에 왔다고 보는 것이다. (유발 하라리, 503, 529)

사실 호모데우스 이전부터 정보가 은밀하게 숨어 주인 노릇을 하고 있었지만 호모데우스가 되면서부터는 정보는 수면 위로 나서서 스스로 주인 행세를 하기 시작하였다. 인공지능이나 빅데이터와 같은 정보와 지능이 인간의 지능을 추월하게 되면서 결국 정보가 인간을 지배할 수밖에 없게 된 것이다. 겉은 인류이지만 속은 정보가 주인인 새로운 정보인류가 출현한 것이다.

이 정보인류는 시시각각 화면만 들여다보며 정보를 찾는다. 모든 정보가 그 화면에서 나온다. 정보만 먹여 주면 그 정보가 인간에게 무엇을 어떻게 하는지에 대해서는 별 생각이 없다. 기계가 대신 생각해 주고 선택하고 결정해 주기 때문이다. 물론 겉으로는 자기가 판단하고 결정하는 것처럼 보이지만 속으로는 이미 정보 바이러스가 주인인 것이다. 이제 정보가 인간의 주인이 되고, 급기야 21세기 지금에 와서는 인공지능과 AGI에까지 이르러 그들과의 전쟁까지 치러야 하는 상황을 맞고 있다. 이렇게 사람들은 감정과 생각을 조정당하며 노예처럼 살지만 스스로를 자율적인 존재라고 생각하는

'자동인형'으로 전락하지 않을까 걱정하지 않을 수 없다. (에리히 프롬)

그렇다면 정보에게 자신을 맡기고 정보가 시키는 대로만 하면 인간은 참으로 행복해질 것 아니겠냐고 반문할지도 모른다. 그러나 과연 그것이 참 행복일까? 인류의 이상은 다름 아닌 참 행복을 추구하는 것임에 틀림없다. 여기에 참 행복을 추구하기 위한 우리의 과제가 있다. 바로 정보에 대한 제2의 인식혁명 즉 '의식혁명'이다. 인간 역사가 인지혁명, 농업혁명, 과학혁명의 역사에서 이제 '의식혁명'의 역사로 진화해야 하는 이유다. 의식혁명에 관한 더 구체적인 내용은 다음에 다시 살펴보기로 한다.

3.

인간의 성장과
행복의 역사

　여기서 간략하게 인생의 성장 과정을 살펴볼 필요가 있다. 우선 인간의 관점에서, 인간은 그저 우연히 세상에 툭 내던져진 채로 태어났다는 생각에서 출발해 보자. 우리는 당초에 어떤 계획이나 목적을 갖고 이 세상에 태어난 것이 아니기 때문이다. 인간은 태어날 당시에는 먹고 자고 생존하면 된다. 불평등이나 행복과 불행 등의 관념이나 개념도 가지지 못한다. 하지만 철이 들면서 생각하고, 고민하고, 사랑하고, 사람과의 관계 속에서 살아가는 동물이 되어 간다. 그러기에 인간은 태어나고 성장하는 과정에서 몇 번의 탄생을 거듭한다고 생각된다. 태어남의 탄생에서부터 영유아기, 소년기, 청년기, 중년기, 장년기, 고령기, 초고령기 등으로 몇 번을 태어난다.

　그러한 과정에서 행복과 불행이 무엇인지, 왜 행복하고 불행한지, 어떻게 하면 행복해질 수 있을 것인지 등을 생각하게 된다. 드디어 인간은 동물이나 식물 등과는 다르게 자신의 존재 이유와 목적을 묻고 모든 선택과 결단을 스스로 해 나가면서 살아가야 한다. 그러기에 그 갈림길에서 갈등하며 불안해하고 고민하며 살아간다.

그런 인생의 성장 과정 속에서 개인은 여러 '전쟁의 역사'를 치른다. 태어나면서는 오로지 먹고 자고 살기 위해 싸운다. 이성적인 행동을 하지 못하는 유소년기에는 모두 다 가지려고 욕심 부리며 살고, 청년기에는 학업 전선에서, 중년기에는 직업과 성공의 전선에서 싸운다. 그리고 고령기에는 건강과 평안을 누리기 위한 전쟁을 치러야 하는 것이다. 이른바 생존경쟁, 사랑전쟁, 이상추구 전쟁(행복전쟁), 의식전쟁, 불멸전쟁 등의 전쟁을 겪는다.

사랑전쟁을 예로 들면, 인간은 결국 이성 간 또는 사람 간의 사랑전쟁에 목숨을 건다. 인간의 행복도 불행과 비극도 모두 그 원인은 사랑의 문제로 귀결되는 경우가 대부분이다. 또 의식전쟁을 예로 들어 보자. 인간은 여타의 자연물이나 인공물에게도 그 존재 목적과 이유를 부여하기도 한다. 물론 동물이 이 생물학적인 목적 이상의, 더 높은 목적이나 의미를 가지는지에 대한 철학적이고 윤리적인 논쟁이 있는 것도 사실이다. 즉 어떤 사람들은 동물들이 동반자, 일하는 동료 등으로서 인간들에게 봉사하는 목적을 가지고 있다고 주장하기도 한다. 또 어떤 사람들은 동물들이 자체적인 가치를 가지고 있으며, 그들 스스로 자연스럽고 충실한 삶을 살아가도록 존중되고 보호되어야 한다고 주장하기도 한다. 그래서 강아지나 고양이는 인간의 반려동물이 된다. 인간을 위해 그 의미를 부여하는 것이다. 인간은 의식을 가진 생각하는 동물이기 때문이다. 의식이란 관점에서 보면, 인간은 살아가면서 많은 고통과 기쁨을 느끼고 경험하는 과정에서 그때마다 알아차림, 즉 깨달음 또는 성찰의 순간들을 맞는 경우가 많다. 의식의 깨어남을 알아차리는 것이다.

나의 경우를 보더라도 잘 알 수 있다. 초등학생 시절 나는, 우윳빛 드레스를 입은 천사 같은 모습으로 손수 두향차를 끓여 주시던 담임 선생님에게 지고지순의 사랑의 감정을 느끼며 가슴 뛰는 나날을 보냈다. 3개월 정도 지나 다른 곳에서 전근 오신 남자 선생님과 연애하고 마침내 결혼에 이르자 말할 수 없는 허전함(고통?)으로 밥맛을 잃었다. 그로 인해 큰 깨달음 하나를 얻었다. 어떤 깨달음이었을 것인지는 독자 여러분의 상상에 맡긴다. 또 중학생 시절에는 《춘향전》 속에 나오는 우리나라 최고의 한시에서 다시 어떤 소명감과 같은 큰 깨달음을 얻었다.

"금준미주 천인혈, 옥반가효 만성고, 촉루낙시 민루낙 가성고처 원성고(金樽美酒 千人血, 玉盤佳肴 萬姓膏, 燭淚落時 民淚落, 歌聲高處 怨聲高; 금동이의 맛있는 술은 천 사람의 피요, 옥쟁반의 맛있는 안주는 만백성의 기름이라. 촛불 눈물 떨어질 때 백성 눈물 떨어지고, 노랫소리 높은 곳에 백성들의 원망소리 높도다.)"가 그것이다.

고등학생 시절에는, 헤르만 헤세의 《데미안》에 나오는 "태어나려고 하는 자는 하나의 세계를 깨뜨리지 않으면 안 된다"는 문구가 가슴을 울리며 더없는 기쁨과 뿌듯한 감동의 행복을 느끼게 만들었다. 한편 대학시절에는 행복이란 무엇일까가 매우 궁금하여, 버틀란트 러셀의 《행복의 정복》을 영어 원문으로 읽기 위해 진땀을 흘렸다. (실제로 영어 원서를 읽는 것 자체가 고통이었다.) 그런데 다 읽고 나서는 제대로 이해하지도 못했으면서도 다 읽었다는 뿌듯함으로 무척이나 즐거워했다. 그리고 2020년 초부터 이 책을 쓰고 있는 지금까지 행복에 대한 탐구 욕구에 불타 있다. 제대로 탐독해야겠다고 마음먹었지만 여태까지 제대로 음미하며 읽어 보지 못한 세계의 명저, 정보과학과 뇌과학, 마음 및 의식에 관한 서적 등을 탐독하며 그 욕구 실현을 위한 기쁨을 맛보고자 쉼 없이 달려온 것이다.

흔히들 인간은 성장 → 절정 → 위기 → 쇠락으로 이어지는 역U자형의 발달 과정을 거친다고 생각한다. 청춘이 최고의 시절이고, 중년은 위기의 시간, 노년은 슬픔과 상실의 시절이라는 고정관념이 깊다. 그러면 인생의 행복곡선도 이러한 성장 과정에 따라 변하는 역U자형을 띠게 될까? 인생의 행복곡선은 U자형의 곡선을 그린다는 유명한 연구가 있다. 미국 브루킹스연구소, 조너던 라우시의 연구다. 이 행복곡선은 역U자형의 성장 발달 과정과는 거꾸로, 어느 때부터는 나이가 들수록 행복감이 증가하는 현상을 밝힌 것이다. (조너던 라우시)

행복의 U자형 곡선은 미국인 30만 명 이상의 갤럽 설문조사 결과 등을 통해 방증된다. 그리고 영국의 앤드루 오즈월드 교수 연구팀이 전 세계 80개국 200만 명을 대상으로 분석한 논문, 〈인생주기에서 안녕감은 U자 곡선을 그리는가?〉에서도 같은 결과가 나타난 것으로 드러났다. 그 이유는 중년의 불만과 불안, 실망이 40대에 최고조에 이르고 이후부터 줄어들기 때문이다. 경제학자 하네스 슈반트의 설명에 의하면, 젊을 때는 항상 미래의 만족도를 과대평가하지만 중년이 됐을 때 실제 만족도는 그 예측에 미치지 못하는 오차가 발생(예측오차)하기 때문에, 또한 중년이 되면 미래에 대한 기대치는 줄어들지만 과거에 놓친 것들을 후회하기 때문에 불만과 실망이 커진다는 것이다.

나이가 들면서 경쟁이 아니라 연대와 연민을 주축으로 하는 사회 변화에 적응하려 들기 때문에 행복곡선은 U자형으로 나타난다고 볼 수 있다. 나이가 들수록 '자기중심성'에서 '타인중심성'으로 변하는 가치관, 깊어지는 인맥, 50세 이후 20% 감소하는 스트레스 등이 행복감을 높인다는 것이다. 신체적인 건강은 나빠지는데 정서적인 건강은 좋아지는 '나이의 역설'도 발견된다.(조너던 라우시) 그러니 나이 든다고 슬퍼하지 말자. 그렇다고 나이 든다고 행복이 절로 올 것이라고 자만하지도 말자. 스스로 노력하지 않으면 '존경할 만한 인격체'가 아니라 '불행한 늙은 꼰대'로 전락하기 쉽기 때문이다.

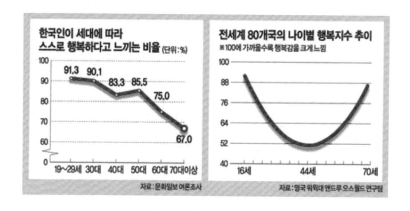

그러면 한국인들의 행복곡선도 U자형으로 나타날까? 위 도표는 그에 대한 설문조사 결과를 잘 보여 주고 있다.(https://search.pstatic.net/

common/?src) 한국인들은 20대에 행복감이 최고조에 이르렀다가, 나이가 들수록 스스로를 불행하다고 생각하는 사람들의 비율이 늘어나는 것으로 조사됐다. 50대 무렵에 행복감이 소폭 상승하긴 하지만, 다시 60대와 70대가 되면 행복감을 느끼는 비율은 곤두박질치는 것으로 나타난 것이다. U자형 행복곡선과는 전혀 다르게, 한국인들은 나이가 들수록 아래쪽으로 가파른 곡선을 긋고 있다는 사실에 주목해야 한다. 개인의 행복한 삶을 지향하고 있는 한국사회에서 청년층의 위기, 노년층의 위기가 심각한 상태임을 보여 주는 것이다. 행복의 필수 요건인 일자리, 집, 소득, 건강이 없으면 행복이 있을 리 없다. 청년층의 경우 주거와 일자리와 자녀 교육 문제가 해결되지 못해 연애와 결혼과 출산을 포기하는 소위 3포 세대라고 부르는 것처럼, 취업난에 시달리고 결혼을 포기하고 급기야 출산율은 세계 최저를 기록하고 있다. 이제 행복은 개인의 행복권의 차원을 넘어 더욱 더 절실한 국가적 과제가 된 것이다.

여기서 다시 왜 인간은 행복을 찾는지, 역사의 흐름에 따라 행복은 어떻게 변해 왔는지를 살펴보기로 하자. 인간의 역사를 살펴보면 항상 행복하지는 않았던 것으로 보인다. 과거의 문헌과 사료들을 보면, 동서양을 막론하고 인간은 절대적 빈곤 속에서 고통을 겪어 온 것으로 적고 있다. 그래서 빈곤이 해소된 상태, 즉 풍요로움이 곧 행복이라고 믿었다. 하지만 그것은 해답이 되지 못했다. 세계에서 가장 풍요로운 나라가 가장 행복도가 높은 나라는 아니라는 사실이 드러났기 때문이다. 미국의 경우를 보더라도 그렇다.

당초 인간 행복의 문제는 고대의 철학자들과 종교에 있어서 가장 중요하고도 핵심적인 주제 중의 하나였다. 아리스토텔레스나 에피쿠로스 등 철학자는 덕과 윤리의 실천을 강조하였고, 석가모니의 불교에서도 인간의 고통의 근원을 찾아 이를 극복하기 위한 방법을 제시하고 있다.

17~18세기 유럽의 볼테르, 장자크 루소, 제러미 밴덤 등 계몽주의 철학자들은 인간의 자아실현이 행복의 근원이라고 생각했다. 인간이 가치 있는 일을 함으로써 즐거움을 느끼는 단계에 이르는 것이 곧 행복의 핵심이라고 생각한 것이다. 그런데 우리가 하는 일들은 대부분 매일 같은 일을 반복하고 규격화되어 있다. 일이 규격화되고 자기의 창의성이나 잠재력을 발휘할 기회가 없다면 권태를 느끼고 불행하다고 생각한다. 따라서 일을 통한 자아실현이 행복해지는 방법이라 생각했지만, 이것 역시 지속적으로 자기만족을 주지는 못한다. 한편 19세기에 와서는 획기적인 생물학적 연구에 의해 과학의 일대 혁명이 일어난다. 다윈의 진화론이 그것이다. 1831년 비글호를 타고 5년 동안 세계 일주를 감행한(?) 다윈이 1859년 드디어 '자연선택'을 내용으로 하는 《종의 기원》을 세상에 내놓은 것이다.

인간의 행복에 영향을 미치는 요소는 다양하다. 일, 재산, 건강, 가족, 학문과 같은 개인적 요소도 있고, 사회, 국가, 제도나 문화와 같은 집단적인 요소도 있다. 기존의 많은 심리학자들은 삶을 불행하게 하는 심리 상태를 완화하는 것이 행복의 길이라고 생각하였고 따라서 그에 치중하는 방향으로 많은 연구가 이루어졌다. 그래서 정신질환도 심리적 불안상태를 완화하는 방법으로 치료하는 데 치중하였던 것이다. 그리고 많은 심리학자들의 연구 결과에 의하면, 인간은 상대적인 것들에 의해서는 행복해지지 않는다는 것을 보여 주었다. 부(富)가 많으면 많을수록 행복할 거라고 생각하지만, 사실은 그렇지 않다는 것이 그 대표적인 예다. 그로 인한 행복감은 일시적인 것이어서 빨리 사라지기 때문이며, 또한 한번 맛본 행복감은 쉽게 적응되어 더 강한 행복감을 찾게 되기 때문이다.

따라서 심리학적 연구도 그 방향을 전환하기 시작하였다. 행복에 영향을 미치는 요인을 자신의 '태도'에서 찾기 시작한 것이다. 어떤 일을 하거나 어떤 상황에서나 '긍정적인 태도'를 가지는 것이 개인 행복의 원리라는 것이다. 이른바 1940년대 미국의 마틴 셀리그만 교수가 창시한 '긍정심리학'이다. 기존의 심리학이 삶의 긍정적 가치를 돌아보지 못했다는 반성에서 비롯된 것이다. 행복한 삶을 만들기 위해서는 외부의 요건보다는 자신의 의지에 의한 긍정적인 태도가 훨씬 중요하다고 본 것이다. 즉 자기 자신이 즐거움, 몰입, 삶의 의미를 가지는 자세가 행복에 중요하다는 것이다. 원래 인간의 모든 활동은 사회와 관계 속에서 이루어지므로, 결국 사회가 건강하고 선한 영향력을 발휘하는 사회 구조를 갖추어야 개인의 태도도 긍정적일 수 있다. 따라서 행복의 문제는 개인의 문제이기도 하지만 결국 개인을 넘어 사회적인 문제로 확장되어지는 것이다. 미국과 같은 경제 수준이 높고 거시 경제지표가 가파르게 상승하는 나라마저도 왜 행복하지 못하다는 소리가 터져 나오는가? 경제학자 새뮤엘슨(Samuelson)과

케인즈(Keynes)가 이 질문에 대한 답을 제시한 바 있다. (박경철, 142-145)

1970년 노벨 경제학상을 받은 미국의 경제학자 새뮤엘슨은 행복을 '가진 것/욕망'으로 규정했다. 가진 것을 늘리거나 욕망을 줄이는 것이 행복의 척도라는 것이다. 실제 인류의 행복찾기는 이 공식에 따라 움직였다. 경제학자 앵거스 매디슨(Angus Maddison)의 연구 결과에 의하면, 예수 탄생 시점에서 18세기 초에 이르기까지 1,700년간 인류의 생산성 증가는 고작 30% 정도에 불과했다. 봉건 영주와 농노나, 지주와 소작인의 관계가 생산성 향상 동기를 제공하지 못한 것이다. 이윤획득의 동기가 없었기에 인간은 생산성은 증가할 수 없었던 것이다. 기술의 발전은 한계가 있었고 생산성의 절대적 요인은 자연이었기에, 결국 인간이 가진 것을 늘림으로써 행복해지려는 시도는 애당초 불가능했던 셈이다. 따라서 가진 것(분자)을 늘릴 수 없다는 한계를 느끼자 차라리 욕망(분모)을 줄임으로써 행복을 얻고자 했던 것이다. 그래서 이 시기의 사상과 철학은, 욕망을 줄이는 방향으로 나아갈 수밖에 없었던 것이다.

하지만 18세기 전후 상황이 역전되었다. 부르주아혁명과 자본주의의 성립은 이윤획득의 동기를 제공했고, 그 결과 생산성의 폭발적 혁신이 일어난 것이다. 이때부터 행복의 추구는 분모(욕망) 통제에서 분자(가진 것)의 증대 쪽으로 방향을 전환하였다. 가진 것을 늘리면 더 행복해질 수 있다는 믿음이 굳어지기 시작한 것이다. 산업사회가 힘을 얻게 된 과정이다. 새뮤엘슨이 제시한 행복의 공식이 맞는다면, 가진 것을 대폭 늘린 상황에서 우리는 그만큼 더 행복해야 한다. 하지만 행복하다고 쉽게 말하는 사람은 아무도 없다.

그렇다면 그 모순은 어떤 한계 때문일까? 이 문제를 간파한 사람이 바로 영국의 경제학자 케인즈(Keynes)다. 그는 "가진 것을 늘리려면 가지려는 욕망이 그보다 더 커져야 한다"고 답한 것이다. 해법은 결국 욕망의 대상을 개인이 아니라 사회의 욕망으로 전환함으로써 욕망을 사회가 선량하게 관리할 수 있도록 하는 데에 있다고 생각했다. 이것이 바로 Keynes가 〈내 후대의 경제적 가능성〉이라는 통찰력 깊은 에세이를 통해 말하려는 메시지이다. 소유 욕망이 개인의 경제적 성취와 소수집단의 부만을 대상으로 할 때 욕망은 사악하며 통제 불가능해지지만, 그 대상이 사회 전체로 넓어지면 욕망은 선하고 통제 가능한 방향으로 전환될 수 있다는 것이다. 이것은 결국 욕망을 상대적으로 통제·전환하는 것만이 행복의 방정식을 완성하는 해법이 될 것이라는 점을 말해 준다. 그래서 이제 행복은 개인 차원의 문제를 넘어 국가적 과제임을 명확히 한 것이다.

이처럼, 일찍이 행복을 추구하는 것은 개인의 노력에 달린 것이라고 생각하였고, 따라서 개인은 '행복을 추구할 권리'를 가진다고 인식하였다. 하지만 20세기에 들어와서는 국가의 정책과 제도들도 이제는 개인의 행복과 복지를 위해 쓰여야 한다고 생각하는 사람들이 점점 많아졌다. 개인의 '행복을 추구할 권리'가 알지도 못한 사이에 '행복할 권리'로 바뀐 것이다. 그래서 요즈음은 사상가, 정치가는 물론 경제학자들조차 GDP(국내총생산)를 GDH(국내총행복)로 보완하거나 대체할 것을 요구하고 있다. 결국 국민이 바라는 것은 생산이 아니라 행복이라는 것이다.

행복은 단순한 본질적 현상임에도 현대인들은 그 단순성을 잘 모르고 산다. 그래서 열심히 돈을 벌고 출세하는 데 삶을 바친다. 그러나 이상하게도 오늘이 어제보다 더 행복하지는 않다. 그리고 우리가 상상하는 만큼 행복해지지도 불행해지지도 않는다. 행복에 대해 읽고 생각하고 연구해도 더 행복해지지는 않는다. 아리스토텔레스도, 다윈도 행복해지지 않았다. 이 책을 읽어도 결코 행복해지지 않을 것이다. 그러나 이 책을 읽지 않고서는 왜 행복해야 하는지조차 알 수 없다. 왜냐하면 이 책에서 쓰고 있는 정보과학적 이해 없이는 행복을 제대로 알 수 없기 때문이다. 그리고 행복에 대한 이러한 목마름과 만족의 허기를 채우는 지혜를 찾고자 하는 몸부림으로 이 책을 썼기 때문이다.

행복하고자 하나 행복하지 못하는 인간은 그런데도 왜(why?) 행복을 찾는가? 행복은 인간이 추구하는 이상이기 때문이다. 인간은 모두 의도하든 그렇지 않든 자동으로 행복을 추구한다. 일반적으로 기쁨이나 즐거움, 안전감, 만족감을 느끼는 것을 행복이라고 말한다. 돈, 권력, 명예 등은 행복의 일정 조건은 될 수 있지만 행복 그 자체는 아닌 게 분명하다. 행복은 물질적 조건이 아닌, 마음이 기쁘고 즐겁고 만족감을 느끼는 그런 상태를 말하는 것이기 때문이다. 그렇다면 최종적으로 행복을 느끼도록 하는 것은 무엇일까? 행복을 객관적 과학적으로 분석한 많은 연구에서는 행복은 개인의 유전자, 개인적 특성, 문화적 요인 등에 의하여 결정되는 것임을 밝혀내고 있다.

행복에 대한 이해를 위해서는 크게 3가지 차원에서 생각을 정리해 볼 수 있을 것이다. 지금까지의 행복론은 대체로 인간의 이성적 수준에서 상당히 철학적이고 합리적인 모습의 행복을 그리며, 그 행복의 길에 대해서 말해 온 것으로 보인다. 행복하려면 이래야 한다, 또는 저래야 한다고 말해 온 것이다. 그런데 행복에 대한 그러한 논의 못지않게 행복에 대한 과학적 연구가 사실 더 중요하다. 행복에 이르는 길도 중요하지만 행복 자체가 무엇인지 먼저 생각해 보는 것이 더 중요하다는 말이다. 행복을 얻는 길이 무엇이든 최종적으로 행복을 느껴야만 행복이 가능하기 때문이다. 그동안 우리가 행복이라고 믿어 왔던 많은 것들은 착각이란 것도 깨닫게 되었고, 행복의 가장 큰 결정 변수가 '유전'이라는 사실도 과학적 연구에 의하여 밝혀졌다. 따라서 어떻게 하면 행복에 이르는 길을 찾을 수 있을 것인가(how)에 대한 차원의 논의와 함께 행복이란 과연 무엇인가(what)에 대한 차원의 논의가 필요함을 알 수 있다. 행복은 본질적으로 정서 또는 감정의 경험인데도, 마치 머리에서 만들어 내는 일종의 생각이나 가치라고 착각할 수도 있기 때문이다.

또 다른 하나의 차원으로서, 행복을 이루기 위해서 인간은 어떤 식으로든 유익한 정보를 얻으려 할 것이라는 점도 생각해 봐야 한다. 따라서 과학정보시대에 살고 있는 우리는 그 어느 때보다도 정보과학과 행복과는 어떤 관계에 있는지를 정보과학적 차원에서 이해하는 것이 무척 중요하다. 이들 문제들에 대해서 차근차근 풀어가기로 한다.

4.

인간은
100% 동물인가

인간은 생물학적으로는 100% 동물이다. 동물계통에 속하는 생물 종 중 하나다. 그리고 본래적으로 생존과 번식을 위한 동물적인 본 능을 가지고 태어났다. 그러나 정신적으로는 뇌의 사고 능력과 이성 을 가지면서도 본성적으로는 선한 의지와 도덕성을 지닌 이성적 동 물이다. 그리고 사회적으로는 고립과 외로움을 고통으로 여기며 인 간관계를 형성 및 유지하려는 사회성을 가지고 문명을 이루며 산다. 사회적 문화적 동물인 것이다. 한편 인간성과 주체성을 가지고 인간 답게 살고자 하는 선의지와, 자연적으로 자기이익을 취하고자 하는 이기적 경향 사이에서 끊임없는 충돌과 갈등을 겪으며 살아간다.

인간의 감정은 인간만의 것이 아니라 동물에서부터 시작한다. 동 물은 현실에 적응하고 반응하는 신호로서 감정을 발생시킨다. 인 간의 감정과 정서는 하등 동물에서부터 진화된 것이다.(찰스 다윈, 인간 과 동물의 감정표현) 정서에 대한 심리학적 이론으로서 인정받고 있는 것이

'James-Lange 이론'이다. 이 이론은 미국의 윌리엄 제임스와, 같은 시기에 거의 같은 이론을 내놓은 덴마크의 심리학자 칼 랑에의 이름을 딴 것이다. 이 이론에 의하면 특정한 사건이 먼저 행동을 발생시키고 그 신체적인 적응에 대한 느낌이 곧 정서라는 것이다. (이성훈, 36-37)

동물들은 사고 기능이 발달되지 않았기에 감정이 정보처리에 중요한 역할을 할 수밖에 없었다. 그러나 인간에게는 동물에는 없는 사고와 인지 기능이 있음에도 왜 감정이 계속 필요할까? 감정은 사고로 정확하게 표현하기 어려운 복잡한 내용을 어떠한 느낌으로 신속하게 전달할 수 있게 해 준다. 그리고 급하고 중요한 것은 강한 감정을 통해 더욱 신속하고 강하게 반응하도록 한다. 그래서 인간에게 있어서 감정이 중요하다.

인간은 당초 약 1억~2억 대 1의 경쟁을 뚫고 태어난다고 한다. 당초 방사되는 정자의 수는 약 1억~2억 마리에 이르지만, 결국에는 1마리의 정자가 1개의 난자를 뚫고 수정에 성공하여 탄생에까지 이른다는 것이다. 당초부터 엄청난 생존경쟁을 통해 태어났기에 원초적으로 생존과 번식에 대한 욕구를 가진다. 동물은 먹을 것을 구하기 위해 사냥하고, 생존에 위협이 있을 때는 싸우거나 도망치며, 번식을 위해 짝짓기하며 살아간다. 인간도 생물체로서 생존을 위해 음식을 먹고 마시고 잠을 자며, 생식을 통해 자손을 낳는다. 그 본능은 만족을 모르기에 그 욕망을 충족하려는 개체들 사이에 투쟁을 불러일으켜 자연 전체는 거대한 투쟁의 장이 되고 거기서 근원적 고통이 발생한다. (쇼펜하우어) 더구나 인간은 이러한 근원적 고통에 더하여, 현재에 만족하기보다 사라져 버린 과거, 오지 않은 미래까지 걱정하는 가 하면, 남과 비교하며 고통을 가중시킨다.

그러나 인간은 감정을 가진 이성적 동물이다. "모든 인간은 누구나, 설사 그 사람이 백치라 하더라도 감정의 백만장자이다." 노벨 문학상 수상작가인 Isaac Singer의 말이다. 인간은 본능적으로는 쾌락을 찾지만, 한편 생존경쟁의 과정에서 이성에 의해 가치를 추구하며 현실적으로 살아가려는 모습도 띠게 된다. "인간은 그냥 살 게 아니라 훌륭하게 살아야 한다"는 소크라테스적 삶을 자각하며 살아가고자 하는 것이다. 따라서 인간은 다른 동물과는 달리 가치를 추구하는 삶, 도덕적인 삶을 살고자 하는 목적을 가진 동물이다.

우리는 몸에 해롭다는 담배를 끊어야겠다고 하루에도 몇 번씩 다짐한다. 하지만 아침에 일어나자마자 가장 먼저 입에 문 것이 담배다. 아! 이 맛이야 하면서. 본능의 압승이다. 그런가 하면 아름다운 여자, 멋진 남자 보면 나도 모르게 야릇한 마음이 든다. 멋진 연애, 아름다운(?) 외도를 생각해 본다. 그러나 이성의 목소리가 가까스로 말린다. 가정 파탄 가져올 일 있느냐고. 이성의 신승이다. 인간의 진짜 모습은 무엇일까? 인간은 다른 동물과는 다르게 의식과 이성을 가진 생각하는 동물이다. 무의식적이고 동물적인 '본능'과 의식적이고 합리적이고자 하는 '이성'과의 양면적 모습 사이에서 하루에도 수십 번씩 냉정과 열정 사이를 오고 간다. 평생 동안 끊임없는 갈등 속에서 스스로 선택과 결단을 내리면서 살아간다. 이처럼 자기인식 및 자기성찰에 대한 고유한 능력을 가지고 있어 자신의 생각과 감정을 반성할 수 있다고 믿는다.

　그리고 인간은 다른 동물과는 다르게 인간관계를 형성 및 유지하려는 사회성을 가지고 문명과 문화를 이루며 산다. 문화를 형성하고 전달할 수 있는 능력을 가지고 있는 것이다. 문화와 문명을 통해 인간은 지식과 자원을 조정·공유할 수 있는 사회 조직과, 언어 및 의사소통의 복잡한 시스템을 개발했다. 이러한 사회 시스템을 통해 우리는 도시 건설, 기술 및 과학의 발전, 지능 정보의 개발과 같은 놀라운 성과를 달성할 수 있었다. 하지만 그것은 또한 인간의 자연적 자유를 파괴하고 차별, 불평등, 집단 간의 갈등과 같은 위험 요인을 만들어 냈다. 한편 인간은 다른 동물에는 없는 독창성과 창의적 능력을 가지고 예술, 음악, 문학 및 기타 문화적 활동을 하는 창조적 동물이다.

　또한 인간은 개개인마다 다른 유전적 특성을 지닌 유전적 존재다. 이것은 과학적인 사실이다. 인간만의 유전자를 가진 유전적 존재이면서도 이기적 속성을 지닌 존재다. 인간으로서의 주체성과 인간성을 찾고자 하는 의지를 가지고 살아가면서도, 자연적으로 자기 이익을 추구하려 드는 경향을 가지고 있다. 그러한 의지와 이기성 사이에서 충돌과 갈등이 발생한다. 이른바 인간의 이중성이다. 자연적 자유를 외치면서도 복종을 택하는 인간, 행복을 추구할 권리를 주장하면서도 그 권리를 정보 또는 AI에게 양도하는 인간심리도 생겨났다.(에리히 프롬) 결국 인간은 동물적 특성과 인간 고유의 특성을 모두 지닌 독특한 종이라 할 수 있다.

인간의 대표적인 특성이라고 생각되는 뇌의 의식적 사고 능력은 생존에 절대적으로 필요한 것이 아니다. 의식적인 생각 없이 살아가는 철새나 개미와 같은 동물도 생존하고 있다. 철새들은 지구의 자기장을 수용하는 감각을 통해 이동 시기를 본능적으로 결정한다. 말미잘, 그리고 썩어 가는 통나무에 기생하는 '황색망사점균'은 뇌 없이도 생존하고 있는 생명체다.

　그런데도 인간은 뇌의 의식적 사고 능력을 고상한 것으로 생각하는 경향이 매우 강하다. 과대평가하기도 한다. 그 가장 큰 이유는, 인간의 오감과 피부의 자극에 대해 뇌가 의식적으로 생각하는 부분만을 볼 수 있기 때문일 것이다. 하지만 사실 우리 생명을 꾸려 가는 수많은 기능은 잘 짜인 프로그램처럼 우리의 의식 밖에서 자동으로 돌아간다. 일상의 수많은 행동은 우리의 무의식 속에서 단 몇 초 만에 동물적으로 이루어지는 것도 많지 않은가? 그리고 이 책을 쓰는 동안에도 심장이 몇 번 뛰었는지, 호흡은 몇 번 했는지 나는 모른다. 이처럼, 소화, 호흡, 혈액 순환 등 거의 모든 생리적 기능들은 자동으로 돌아가지 않는가? 또 하나의 이유는, 뇌가 인간의 동물적 본능을 통제하고 다스리기 때문이라고 생각된다. 그 때문에 단것을 먹고 싶어도 참고, 자고 싶어도 밤늦게까지 공부한다. 놀고 싶어도 가치 있는 일을 하거나 내일을 위해 일한다. 이쯤 되면, 행복이란 것도 뇌의 생각이라는 테두리 안에서 논할 것인지, 더 나아가 무의식적인 몸의 차원까지로 넓혀 논할 것인지에 대한 행복한(?) 고민이 생겨나게 된다.

그렇다면 행복이란 무엇일까? 행복은 뇌와 몸의 합작품이다! 그리고 뇌와 몸은 생명 속에 있다. 뇌와 몸이 하나로 작동하지 않으면 인간은 생명이 없다. 뇌와 몸이 분리되면 생명을 유지하지 못한다는 말이다. 그래서 이제부터 뇌와 몸의 작동원리를 이해하기 위해 먼저 정보의 세계로 들어가 보기로 한다. 그리고 그다음 생명 속에 있는 뇌와 몸을 더 깊이 이해하기 위해 제3부에서는 인간 생명과 의식의 세계를 살펴보기로 한다.

제2부

정보의
바다

1.

정보의
의미와 차원

정보란 무엇인가

정보는 물질과 에너지와 함께 만물의 기본 요소이다. 전통적으로 중요한 경제학 원리가 하나 있다. 한계효용체감의 법칙이다. 우리가 빵을 먹을 때 먹으면 먹을수록 그 먹고 싶은 마음(한계효용)이 줄어든다는 원리다. 우리가 지나 온 물질의 시대, 에너지의 시대에는 이 법칙이 통했다. 그러나 지금은 정보가 지구를 지배하는 가장 강한 힘이 된 시대다. 지금의 지능정보시대에서는 질 높은 정보를 많이 가지면 가질수록 그 한계효용은 높아지기 마련이다. 따라서 적어도 정보의 문제에 관한 한 오히려 한계효용체증의 법칙이 통하는 세상이 되었다.

그러면 정보란 무엇일까? 정보는 우리 인체가 외부 환경으로부터 받아들이는 모든 것을 의미한다. 책, 신문, 영화, 사람, 호랑이를 보거나 눈을 통해 들어오는 모든 시각적 자극은 정보다. 소쩍새 울음

소리, 귀뚜라미 울음소리, MP3나 라디오에서 들려오는 음악과 소리는 물론, 칼로 유리를 긁는 금속성의 소리와 나뭇가지에 부는 바람소리 등 자연의 소리도 모두 귀를 통해 들어오는 정보다. 그 소리가 유쾌한 소리인지 우리의 생존을 위협하는 불쾌한 소리인지도 알 수 있는, 우리의 유전자에 입력된 정보다. 김치찌개 맛, 불고기 맛, 라면 맛과 같은 미각 정보도 있고, 된장 고추장 냄새, 라일락 향기 등 코로부터 얻는 후각정보도 있다. 얼음을 만지고는 차가움을 느끼고 불난로를 만지고는 뜨거움을 느끼며, 돌을 만져 보고서는 딱딱함을 느끼고 애인의 피부를 만지고는 부드러움을 느끼는 감각정보도 있다.

물질로 된 우주, 사람들이 사는 세상, 자연과 인간 모두가 사실 정보로 되어 있고, 정보를 서로 주고받고 소통하며 살고 있다. 정보는 자료(data)에서 시작한다. 그리고 학문적으로는 새롭고 인간에게 유용한 내용을 가지며(실용성), 물질과 정신의 기초가 되는 것(본질성)을 말한다.(이성훈', 20-25) 또한 정보는 자기를 보존하려는 자기성과 자기를 확장하려는 이기성을 띤다.

물질의 최소 단위가 양자라면, 정신의 최소 단위는 정보라고 볼 수 있다. 즉 정보는 물질로 설명하기 어려운 정신적인 성질을 갖는다. 그러면서도 정보는 그 정체성을 갖는다. 마치 라이프니츠의 말처럼 물질과 정신을 공유하는 모나드와 같은 존재라고 볼 수 있다.

만물은 스스로 보존되려는 보존성을 갖는다. 그래서 우주는 137억 년을 버텨 오고 있으며 그 보존성의 중심에 정보가 있다. 정보는 효율성을 높이기 위해 생명체를 구성하고 이를 통해 자신을 더 잘 보존할 수 있게 된다. 그런데 그 보존 방식에 있어서는 구심력과 원심력의 두 힘이 균형을 이루어야 한다. 그래서 보존력(구심력)과 해체력(원심력)이 균형을 이루어야 된다. 이 두 힘이 균형을 이루어야 하지만 사실 보존력보다 해체력이 약간 강해야 오히려 잘 보존될 수 있다. 보존의 목적은 현상 유지가 아니라 자기 복제와 확장이기 때문이다.

해체력이 없는 보존력은 생명체로서 큰 의미를 갖지 못한다. 해체력이 보존력보다 다소 우세한 상태여야만 생명체는 진화와 발전을 이루며 생존할 수 있기 때문이다. 자기 보존력은 강하지만 스스로의 해체력은 약한 정보를 저차 정보라고 한다. 반면 고차 정보일수록 해체력이 더 강하다. 여기에 저차 정보와 고차 정보의 차이점이 있다.

우주에 일생이 있듯이, 그리고 물질과 에너지도 그 수명을 다하면 최후를 맞듯이, 정보도 시간에 따른 일생이 있다. 빅뱅의 고차 물질과 에너지처럼 정보도 고차 정보로 시작된다. 양자장을 통해 중첩적이고도 복잡한 고차 정보가 생성되고, 물질과 에너지가 진화해 나감에 따라 점차 개체적이고 단순한 저차 정보로 변화되어 가는 일생을 갖는 것이다. 생물체가 시간에 따라 노화하듯 정보의 수준과 질도 노화한다고 보아야 한다. 그렇게 되면 결국은 생명체에 별 도움이 안 되는 저차의 정보로 전락하게 된다. 종국에 저차 정보가 되면 아무 의미 없는 기호나 문자가 되는 것이다.

자연의 물질과 에너지는 순수하게 사라진다. 그러나 정보는 물질과 에너지보다 자기 보존성이 강해서 끝까지 자기를 유지하고 다른 것을 지배하려는 강한 속성을 가진다. 자연의 흐름에 따라 저차 정보로 사라지지 않고, 오히려 고차 정보를 억압하고 방해하면서 그 존재를 확장하고 견고하게 하려는 성향이 강하다는 말이다.

정보의 이러한 속성이 생명체 안에서도 심각한 문제를 야기한다. 무슨 문제를 일으킬까? 생명체의 세포도 그 일생이 있다. 생명은 스스로 앞선 세포들이 죽어 줌으로써(즉 자살정보를 가지고 있기 때문에) 유지되는 것이다. 이를 이타적인 세포라고 말한다. 그런데 암세포는 자기의 죽음을 거부하고 강한 자기 보존력으로 자기를 확장시켜 나가려고 한다. 암세포는 보통 세포가 가지고 있는 자살 기능(자살정보)을 거부하고 이기적으로 끝까지 살아남으려고 한다. 그래서 다른 세포들까지 손상을 입혀 결국 그 생명체를 사망에 이르게 하는 것이다. 이처럼 정보도 자연스럽게 흘러가지 않고 강한 자기 보존성으로 증식하려고 할 때 문제를 야기하게 된다. 정보가 각 계층의 차원에 따라 균형을 유지해야 제대로 흐르게 되는데, 인간 세상과 현실은 어쩔 수 없이 그 차원에 따른 균형이 깨질 수밖에 없는 상황이 발생하는 것이다. (이성훈', 89-93)

정보처리에도 차원이 있다

정보처리의 차원을 설명하는 데는 다양한 방식이 있지만, 일반적으로는 점과 선, 면과 같은 기하학적 방식을 통해 세상과 차원을 설명한다. 차원을 설명하기 위한 기본 개념은 점에서 시작한다. 점은 운동과 작용이 없는 존재 그 자체라고 할 수 있다. 점이 두 개 이상 모이면 작용을 시작한다. 두 점을 연결하면 눈에는 선으로 보이게 된다. 두 개의 점은 서로를 연결하여 관계를 형성하여 이전의 성격 이나 특징은 줄고 영향력이 달라진다.

결국 점에 머물러 있지 않고 움직이는 힘을 가질 때 비로소 1차원의 세계를 경험할 수 있게 되는 것이다. 1차원의 세계는 바로 무수히 많은 점으로 연결된 선(線)이다. 따라서 2차원은 면, 3차원은 입체(즉 공간), 4차원은 시공간(3차원에 시간을 추가), 5차원은 시공간 + 시공간…… 이러한 개념으로부터 출발하여 차원을 이해하면 존재하는 상태나 환경을 이해하게 되어 중요한 생존 전략이 될 수 있다. 그러면 우리가 사는 세상은 몇 차원일까? 우리가 보는 물건과 풍경만 봐도 그것이 입체(3차원)라는 것은 너무도 당연하다. 하지만 사실상 우리는 입체인 3차원이 아닌 2차원을 살아간다. 왜 그럴까? 예를 들어 보자. 밤하늘의 달 또는 탁자 위의 컵을 보고 있다고 하자. 우리는 그것이 입체적으로 이루어진 것이라는 사실을 알고 있다. 그러나 그것을 입체적으로 볼 수는 없다. 그저 그 한 면만 볼 수 있기 때문이다. 따라서 사실상 우리는 3차원에서 2차원을 경험하며 살아가고 있는 것이다. 마찬가지 원리로, 2차원 세계는 면으로 이루어져 있지만 서로를 바라볼 때는 1차원 세계인 선으로 보일 뿐이다. 우리가 바라보는 세상에 대한 감이 오는가?

과학이 밝힌 물질의 최소 단위가 양자이다. 그래서 물질은 양자에서 시작된다. 물질은 홀로 존재하지 않고, 에너지와 정보를 서로 주고받으며 끊임없이 변화하며 존재한다. 마찬가지로 정신적인 성질을 갖는 정보도 단독으로 존재하지 않고 물질과 에너지와 공유하고 교류하면서 존재한다. 따라서 이러한 물질과 에너지의 역동적 교류에 의해 정보의 차원성도 나타난다고 볼 수 있다. 물질의 역동적 차원을 크게 세 가지로 나누어 볼 수 있다. 뉴턴의 역학이 지배하는 거시적 세계, 뉴턴의 역학이 적용되지 않는 미시적 양자세계, 그리고 이 두 세계의 경계에 있는 혼돈(카오스) 혹은 복잡성의 물질세계가 그것이다. 이 3가지 세계에서 물질이 교류하는 역학 방식은 서로 다르기 때문에 각각의 세계 안에서 처리되는 정보의 차원도 다를 수밖에 없을 것이다.

그래서 정보처리 방식도 실제적으로는 3가지 차원으로 요약된다. 알고리즘 정보처리, 복잡성 정보처리, 양자 정보처리 방식이 그것이다. 고전역학은 뉴턴의 법칙과 같은 알고리즘에 의해서 작동되고 처리되는 이른바 알고리즘적 정보처리 방식을 따른다. 복잡성 세계는 전체적으로는 고전역학의 지배를 받지만, 단순한 알고리즘이 아닌 네트워크에 의해 통계적인 방식으로 처리된다. 복잡성 정보처리 방식이다. 마지막으로 뉴턴의 알고리즘이 전혀 작동되지 않는 양자 정보처리 방식이 있다. 즉 겉으로 보면 복잡성처럼 통계적인 방법을 따르는 것 같지만, 그 속은 전혀 다른 양자만의 방식을 따르는 정보처리 방식이다.

기본적으로는 이 세 가지 정보처리 차원이 존재하지만, 정보의

차원을 더 세분화하여 여섯 종류로 구분해 볼 수도 있다. (이성훈', 70-72)

　1차 정보란, 가장 기본적인 매체가 되는 정보다. 기호나 숫자, 문자 데이터 등이 그것이다. 2차 정보는 1차 정보를 기초로 하여 생성된 개념과 언어, 문장, 문법, 논리와 과학 등 알고리즘의 지배를 받는 정보를 말한다. 뇌의 과학적이고 논리적인 정보처리 방식처럼, 알고리즘적 정보처리 방식을 따르는 정보가 그 대표적이다. 즉 인간이 조절하고 통제하는 법과 질서들이 2차 정보다. 과학정보의 핵심이 되는 정보 즉, 구상적 언어와 논리적 사고, 의식적 사고, 인간이 만든 법규와 조직, 이분법 등도 2차 정보에 해당한다.

　뇌는 하나의 가치 범주에 의해 크고 작은 것, 강하고 약한 것, 선하고 악한 것, 싸고 비싼 것, 귀하고 천한 것 등의 가치로 평가한다. 가치는 먼저 좋은 것(+)과 나쁜 것(-)의 이분법으로 나누어진다. 그리고 그 사이에 등급이 매겨진다. 이를 통해 신분 또는 클래스가 형성되는 것이다. 결국 뇌는 전체적으로 보아 자신에게 얼마나 유익한지 해로운지 등의 척도로 판단하며, 그 현실을 분석하여 선택함으로써 생존하고 적응해 나간다. 즉 2차 정보는 등급과 좌표로 설정되거나 상관관계 등으로 분석되고 계산되는 정보인 것이다. 뇌 속의 2차 정보는 언어와 사고 등으로 인지할 수 있다. 이런 사고는 논리성과 개체성을 갖는다. 개체성이란 이것인 동시에 저것일 수 없는 속성을 말한다. 예를 들면 사과는 사과를 말하지 다른 과일이 사과일 수는 없다는 것이다. 동시적이거나 중첩적일 수는 없는 것이다. 그래서 사고와 같은 2차 정보는 자기 보존성이 매우 강하다.

그러나 정보가 더 많아지고 복잡 다양해지면 복잡성 또는 혼돈의 세계가 된다. 인과관계와 논리만으로는 다 설명하거나 통제할 수 없는 세계인 것이다. 정보들이 단순한 인과관계의 원리를 넘어서 스스로 복잡한 관계의 망을 맺고 있기 때문이다. 복잡한 관계의 망은 정보를 3차원의 공간으로 확장하게 한다. 복잡성 정보이지만 시간이 고정된 정적인 정보가 3차 정보다. 이 복잡성은 시간에 따라 변하는 것이 아니기에 진정한 의미의 복잡성 정보라고 보기 어렵다. 3차 정보는 분석적인 명확한 정보가 아니다. 따라서 인간의 의식만으로는 쉽게 이해하고 계산하기가 어렵다. 추상적 언어와 시적 언어, 상징과 이미지 등의 정보가 바로 3차 정보다. 인간은 복잡한 혼돈의 무질서한 세계도 고용량의 컴퓨터나 알고리즘을 잘 활용하면 결정론적으로 분석할 수 있다고 생각했다. 이러한 분석을 통하여 혼돈의 복잡성 세계도 사실은 내적인 질서의 패턴을 갖고 있다는 것을 발견하게 되었다. 그러나 이러한 분석은 시간이 고정된 3차원의 복잡성 정보에서만 가능하다.

이 3차원의 복잡성에 시간이 개입되면 시간과 공간의 4차원 정보가 된다. 4차원의 복잡성은 어떤 알고리즘과 계산을 통해서도 분석하거나 예측할 수 없는 비결정론적인 정보다. 따라서 시간이 흐름에 따라 어떻게 변화할지 모르게 더욱 복잡성의 망으로 발전되어 가는 것이기에 진정한 의미의 복잡성이라 할 것이다. 4차원 정보의 대표적인 것이 생명체의 정보다. 생명체의 정보는 겉으로는 단순한 생명현상으로 보일지 몰라도 안으로는 몸 안의 복잡한 신경망의 정보이기 때문에 뇌의 2차 정보로는 도저히 분석하고 예측할 수 없는 정보다. 날씨, 지진, 경제, 증권 등도 4차원의 정보다. 슈퍼컴퓨터와 알고리즘으로 예측하거나 통제할 수 없는 정보다. 물론 뇌에도 이러한 4차 정보가 있기 때문에 이를 인지할 수 있다. 그러나 2차 정보나 3차 정보로는 이를 인지하기 어렵다.

우리는 3, 4차의 복잡성 정보를 어떻게 인지할 수 있을까? 몸의 정보로서 정서(emotion)와 느낌(feeling)으로 인지한다. 어떤 사람을 볼 때 키가 어떻고 직업이 무엇이라는 식으로 분석적으로 판단하지만, 수백 가지의 정보가 모여 그 사람의 전체를 이룰 때, 우리는 그냥 '아! 그 사람' 하며 전체적인 느낌으로 그 사람의 전체를 평가한다. 즉 몸의 정보는 정서와 느낌으로 인지할 수 있는 감성 정보인 것이다. 대부분 무의식의 정보들이 정서나 느낌의 형태로 우리의 의식에 올라오는 것이다. 남자는 논리에 강하고 여자는 느낌과 직관에 강하다고 한다. 우리는 통상적으로 사고(思考)가 먼저라고 생각하기 쉽다. 논리적 정보는 의식에 드러나고 비논리적 느낌은 무의식적일 때가 많기 때문이다. 그러나 사실 대부분의 경우 정서나 느낌이 먼저다. 정서가 사고를 발생시키는 것이지, 사고가 정서를 만드는 것이 아니라는 말이다. 배우를 좋아하는 경우나, 스포츠 팀을 응원하는 경우도, 선거할 때나 먹고 싶은 것을 찾을 때도, 대부분 감성이 앞선다. 고차 정보인 몸의 정서에서 저차 정보인 사고가 나오는 것이다. 아무리 불확실하고 복잡하더라도 거시세계의 복잡성은 고전역학(뉴턴역학)의 지배를 받는다.

그러나 미시의 양자세계로 넘어가게 되면 뉴턴역학으로 설명할 수 없는 세계가 된다. 이 양자세계 차원의 정보를 5차원 정보 즉 양자 정보라고 부른다. 인간의 직관으로 도저히 이해하고 상상할 수 없는 차원이 5차원이다. 따라서 뇌로는 결코 인지할 수 없다. 그러나 수학적으로는 증명 가능한 것이기 때문에 엄연히 존재한다고 볼 수 있다. 생명체 내에서도 양자 정보가 생명을 유지하는 데 아주 중요한 역할을 하고 있음이 양자 생물학과 양자 뇌과학을 통해 밝혀지고 있다. 따라서 인간의 생명, 사랑, 용서, 인격, 정체성과 같은 인간에 대한 전체적인 정보가 양자 정보의 대표적인 것이라 할 수 있다. 겉의 모습이 어떠하건 그 속의 내면과 인격과 생명에서 우러나오는 전체를 느끼고 이해하고 공감하는 것이다. 그래서 서로 공감하고 사랑하는 느낌의 정보, 영성과 명상과 같은 깊은 사고와 통찰의 느낌에 관한 정보 등도 5차 정보로 볼 수 있다. 철새가 내비게이션도 없이 수천 km의 창공을 날아 정확히 그 도래지를 찾아가는 현상, 생물학적인 시각과 청각, 후각, 미각, 맛의 감각과 같은 신비로운 기능들은 고전역학으로는 도저히 설명이 어렵다. 모두 양자적인 현상이라고 생각해 볼 수 있다. (이성훈`, 208)

5차원 정보는 본질적으로 비개체적이고 국소적이고 중첩적이다. 예를 들면 인간의 인격이나 성격은 하나로 설명하기 어려운 다양한 면을 갖는다. 내성적인 것과 외향적인 것의 중첩이 있고, 정체성에도 다양한 면들이 중첩되어 있다. 그렇지만 이런 다양한 모습에도 불구하고 하나의 전체성으로서 받아들이고 이해한다. 복잡성의 전체성은 겉에 보이는 정보들의 전체성이지만, 양자 정보의 전체성은 드러나 보이는 겉과 보이지 않는 속에 대한 전체성이다. 이처럼 더 깊고 더 넓은 전체적인 정보가 양자 정보의 가장 큰 특징이다. 모든 감각의 미세한 여운, 언어로 표현하기 어려운 어떤 기운이나 에너지, 공감되고 공명되는 울림이나 떨림, 공(空) 허(虛) 도(道) 등과 같은 막연하고 모호한 느낌들은 양자 정보가 드러나는 것이라 생각된다.

그러나 미시적인 양자와 거시적인 중력을 통합적으로 이해할 수는 없을까? 이것은 현대 물리학이 아직 풀지 못한 많은 가장 큰 난제다. 이를 해결하기 위한 이론적 대안으로서 초끈(super string) 이론과 고리(loop)양자중력 이론, 홀로그래피(holography) 이론 등이 있다. 인간의 뇌로는 접근할 수 없는 시공을 초월한 초월적 세계의 정보, 인간의 감수성으로는 도저히 접근하고 느낄 수 없는 신성과 같은 정보, 정보와 물질이 분화되지 않은 시원적이고도 순수한 정보, 즉 양자차원 이상의 정보를 가정해 볼 수 있다. 엄청나게 크고 다양하게 얽힌 정보를 통합된 하나의 무언가로 느끼게 하는 그런 정보다. 이를 굳이 물리적으로 표현한다면 초양자 정보, 즉 6차 정보라 부를 수 있을 것이다. (이성훈´, 85,208)

성인(聖人)들은 우주의 보이지 않는 초월적인 것에 대해서 이렇다 저렇다 분석적으로 논의하지 않았다고 한다. 석가는 우주가 영원한지 아닌지, 끝이 있는지 없는지 등의 질문에 침묵을 지켰다. 이것을 '부처의 침묵'이라 하고, 이렇게 대답을 회피한 질문을 '답할 수 없는 질문'이라고 한다. 예수도 그랬고 공자도 그랬다. 세계적 철학자

비트겐슈타인도 그의 명저《논고》에서 "말할 수 없는 것에 대해서는 아무 말도 하지 말아야 한다."고 했다. 이런 높은 의식수준을 지닌 성인들은 인간의 판단이나 분석의 한계를 넘어서는 영역이 있다는 것을 체험으로 알았다. 우리는 설명하지 못하지만 많은 것을 느끼며 살기도 하는 것이다.

고차 정보는 어떻게 다른가

정보는 대상으로 갖는 영역의 크기와 정보의 보존성과 해체성이 각각 다르기 때문에 저차와 고차의 정보로 나누어질 수 있다. 알고리즘 정보는 국소적으로는 정보의 보존성이 강하여 가장 강한 질서를 보이고 가장 낮은 엔트로피를 보인다. 그 때문에 인간에게 가장 유용한 정보가 된다. 그러나 그 영역이 더 넓어져 광역으로 가면 전체적으로는 유용한 정보가 되지 못한다고 볼 수 있다. 이런 의미에서 볼 때 알고리즘 정보는 저차 정보라고 볼 수 있다.

한편, 복잡성과 양자 정보는 고차 정보를 이룬다. 복잡성이란 여러 인자들이 각자 변하면서 서로에게 영향을 주기에 예측하거나 통제하기가 어렵다는 것을 말한다. 이를 복잡성과 혼돈(chaos) 이론이라고 한다. 이러한 복잡성과 무질서는 스스로 조직화하면서 다시 질서를 회복해 나가는 복원력을 가지고 있다. 복잡성 정보는 현상적으로는 양자 정보를 닮은 면이 있지만, 내용적으로는 고전역학의 지배를 받는다. 그래서 양자 정보와 알고리즘 정보의 경계에 있다고 볼 수 있다. 자기가 있지만 자기성이나 보존성이 강하게 유지되기가 어렵다. 해체성이 크기 때문이다. 그래서 복잡성 정보는 자기성이 약한 양자 정보와 연합할 때 더욱 강한 해체력을 발휘할 수 있다. 그러나 복잡성 정보의 해체성은, 그 안에 있는 작은 정보들은 해체되나, 혼돈을 통해 더 큰 자기를 형성하며 스스로 더 큰 질서를 찾는 방식으로 보존되는 특징이 있다. 양자적인 속성을 많이 보이는 정보인 것이다.

복잡성 정보는 흔히 혼돈이론으로 설명한다. 루퍼트 셸드레이크(Rupert Sheldrake)의 형태발생의 장(morphogenetic fields; M-장이라고도 한다)에 관한 가설은, 같은 종(種)에 속하는 동물이나 식물이 똑같은 형상을 갖는다는 것을 이해하게 해 준다. 멀리 떨어져 있는 여러 사람들이 같은 생각을 하게 되는 현상도 M-장의 작용으로 여겨진다. 이것은 어디에나 항상 존재하는, 움직이지 않는 에너지 장이다.

한편, 양자 정보는 부분적으로는 가장 쉽게 해체될 수 있는 정보다. 그러나 전체적으로는 다른 어떤 정보보다 더 넓고 깊은 고용량의 정보를 하나라는 결맞음과 전체성 현상으로 묶고 있는 정보다. 그래서 고차 정보라고 부르는 것이다. 그리고 양자는 중첩성, 이중성, 비개체성이라는 3가지 큰 특징을 가진다. 먼저, 양자는 어떠한 장소에나 그리고 동시에 존재할 수 있는 중첩성을 가진다. 양자중첩을 가장 잘 설명한 비유가 오스트리아 물리학자인 에르빈 슈뢰딩거의 유명한 '슈뢰딩거의 고양이' 실험이다. 그러한 양자는 다양한 정보들이 존재하는 가운데서도 하나로 조화를 이루며 하나의 강력한 에너지로 결집되는 결맞음 현상을 보인다. 오케스트라가 다양한 악기의 소리에도 하나의 음악으로 결맞음을 보이는 것과 같은 이치다. 개인의 사고 안에서도, 집단에서도 이를 볼 수 있다. 그러나 양자는, 외부에서 눈으로 확인하는 순간 그 중첩상태는 깨지고 (decoherence) 한 가지 상태로 고정되면서, 고전적인 물질로 붕괴되어 결집된 에너지도 분산된다. 우리의 사고에도 이러한 결맞음과 결깨어짐 현상을 볼 수 있다. 이런 현상들은, 사고의 정보처리 과정에 양자가 관여되고 있다는 간접적 증거라 할 수 있을 것이다. 축구에서 12명이 각기 공이 어디로 갈지 모르는 가운데서도 한 팀으로 뭉쳐 하나의 결집된 에너지를 발휘하는 경우가 있는가 하면, 팀워크가 깨져서 개인플레이를 하는 경우도 볼 수 있지 아니한가? 그 단적인 예가 2024년 2월 7일 아시안컵 4강전에서 강력한 우승 후보로 오른 한국이 요르단에게 0:2로 패배한 경우이다.

양자중첩 상태에서 나타나는 또 하나의 대표적 현상이 양자 얽힘이다. 두 양자가 아무리 멀리 떨어져 있다 하더라도 거리와 상관없이 얽혀 있어 서로 영향을 주고받는 현상을 말한다. 영향을 주고받는 속도가 빛보다 빠르기 때문에 양자 하나의 상태가 관측으로 확인되면 사실상 그와 동시에 다른 양자의 상태도 결정된다는 것이다. 예를 들어 한국과 영국에 각각 하나씩의 상자가 있는데 두 상자 중 하나에만 고양이가 들어 있다고 하자. 한국에서 상자 뚜껑을 열어 그 안에 고양이가 있다는 것이 확인되면 그와 동시에 멀리 떨어진 영국에 있는 상자는 고양이가 없는 상태가 결정된다는 것이다.

그리고 양자는 이중성을 가진다. 물질이 가지는 입자적 성질도, 정보가 가지는 파동적 성질도 함께 가진다는 것을 말한다. 인간의 사고도 양자처럼 이중적인 성질을 가진다고 한다.(데이비드봄) 즉 입자처럼 위치를 알 수 있는 집중적인 사고가 있는 반면, 파동처럼 모호하고 중첩적인 명상적 생각도 가능하다는 것이다. 또한 양자는 비개체성을 가진다. 하나의 독립된 개체로 존재하지 않고 확률로서만 존재한다. 따라서 자기가 없으며 자기 보존성도 없다. 자기와 비자기의 구분도 없다. 이 비개체성을 양자 정보의 해체성으로 볼 수 있을 것이다.

2.

뇌 정보와
그 작동원리

뇌는 무엇을 위해 설계되었나

뇌는 1,000억 개의 신경세포가 각각 1,000~10,000개의 시냅스라는 접합을 하고 있어 그 조합에 의하여 정보처리를 하는 정보처리장치다. 도대체 인간의 뇌는 무엇을 하기 위해 설계되었을까? 뇌는 신체 구조상 외부의 정보와 교류하는 외배엽이라는 사실이 그 답이 될 것이다. 뇌는 피부와 같은 계통에서 발현되는 외배엽이다. 뇌는 피부처럼 외부로부터 몸을 보호한다. 저명한 세계적인 뇌과학자인 미국의 마이클 가자니가(Michael Gazzaniga) 교수나 영국의 로빈 던바(Robin Dunbar) 교수 등에 의하면 생존경쟁의 과정 속에서 인간관계, 사회적 관계를 잘하기 위해 뇌는 설계되었다고 말한다. 외부 환경을 신속 정확하게 파악하여 인간이 현실에 적응하고 생존하도록 돕는 것이 뇌의 가장 중요한 목적이요, 기능이다. 이를 위해 가장 필요한 것이 정확성과 신속성이다. 현실 적응을 위해 현실과 자신에 대한 정확한 정보를 짧은 시간 내에 얻어 최대의 결과를 거둬야 한다. 운동선수들처럼 제한된 짧은 시간 내에 정확하게 판단하고 행동해야 한다. 뇌는 신속성과 정확성의 두 딜레마에서 가장 적절한 지점을 찾아 신속하고 효율적으로 반응해야 하는 것이다.

뇌는 외부 환경에 신속 정확하게 대응하는 것이 목적이기 때문에 주로 외부의 정보에 관심이 있다. 속의 정보까지 파악할 필요가 없다. 그 동물이 호랑이인지 고양인지, 그 꽃이 장미인지, 해바라기인지, 그리고 그 물건이 비싼 것인지 싼 것인지를 알면 된다. 그 사람이 부자인지 가난한 사람인지, 키가 큰지 작은지, 잘생겼는지 못생겼는지 등을 알면 된다. 사람의 속까지 알 이유가 없는 것이다. 그래서 자기에게 도움이 되는 것은 선이고 해가 되는 것은 악이라고 판단한다. 선하면 좋아하고 다가가며 악하면 싫어하고 피한다. 그래서 뇌의 법은 선악의 법을 따른다.

그리고 뇌는 신속하게 현실에 적응하고 생존하도록 하는 것이 목적이기에 대상이 변화하거나 배경과 다른 것이 있다면 그것이 무엇인지를 알아야 거기에 대비할 수 있다. 시시각각 변하는 뇌의 계산 정보는 전기적 파동의 형태로 전달된다. 이 파동을 받아 분석하는 것이 뇌파이다. 각각의 작은 파동은 다시 서로의 간섭과 중첩으로 더 큰 파동을 만들어 간다. 그리하여 대부분의 자료를 수치로 계량화하거나, 점수 등으로 등급화, 좌표화하는 것이다. 이것이 홀로그램의 원리다. 뇌는 이 홀로그램의 원리로 작동하며, 뇌의 기억도 이 홀로그램의 원리로 저장된다.(이성훈, 172) 홀로그램을 통해 물체의 전체

3D 이미지를 저장하고 재현할 수 있다는 것을 생각하면 이해할 수 있을 것이다.

이러한 원리에 의해 뇌는 판단하고 계산하는 것이다. 대상을 좋아하는 것과 싫어하는 것, 이것과 저것, 높은 것과 낮은 것 등 두 가지 기준으로 평가하고 판단한다. 때로는 더 세분화하여 여러 등급과 좌표로 나누어 가치를 범주화하기도 한다. 그래서 최종적으로 자기에게 어떤 이익과 손해가 있는지를 계산한다. 좋은 것 나쁜 것, 큰 것, 작은 것 등의 외적인 것을 구별하고 아파트 평수, 자동차 가격, 출신 학교 등으로 등급화, 좌표화하기도 한다. 그래야 빨리 판단이 서고 계산이 나오기 때문이다. 우리는 이 등급을 올리는 신분 상승에 목숨을 건다. 이러한 사람들이 사는 곳이 바로 세상이다. 그래서 세상은 자연히 선악의 법과 등급의 법을 따른다. 세상에 잘 적응하기 위해서 뇌가 이러한 계산과 판단을 하는 것이다. 만일 나의 의식이 이러한 정보 속에 있다면 뇌 의식에 머물고 있다는 증거로 봐도 좋을 것이다. 그래서 뇌 의식의 특징은 저차 정보라는 데 있다. 이들이 고차 정보에서 시작됐을지는 모르지만 판단과 계산에 머문다면 뇌의 저차 정보로 붕괴됐음을 뜻한다.

뇌는 좋기도 하고 나쁘기도 한 것과 같은 중첩적인 것이나 모호한 것들은 계산하기 힘들기에 이를 피한다. 깊고 복잡한 정보는 삭제하고 필터링하여 평균값과 대푯값을 취한다. 마치 학교가 평균 점수에 따라 학생들의 가치를 평가하는 것과 마찬가지다. 심지어 19세기 말 유럽인들은 아프리카 대륙의 실제적인 지리적 역사적 경제적 인종적 실체를 잘 알지도 못한 채, 1884년 베를린에 모여 아프리카 지도에 자신들 마음대로 국경선을 그어 아프리카 대륙을 나눠 가졌다. 그 상상의 선들이 지금의 실제 국경선이 된 것이다. 고차적인 정보의 내용이 삭제되어 정보의 왜곡이 발생되고, 가상이 현실적인 힘이 된 경우의 예다.

뇌는 예측 모델로 정보를 처리한다

뇌가 현실에 적응하고 생존하기 위해 취하는 전략이 바로 뇌의 예측 모델이다. 뇌는 예측 모델로 정보처리를 한다. 아이들이 블록으로 여러 조합과 분리 등의 방법으로 다양한 여러 구조물들을 만들어 보듯 뇌는 스스로 학습하고 연습하며 미리 좋은 인지적 패턴들을 준비해 놓는다. 그리고 새로운 정보가 들어오면 미리 준비된 인지적 패턴을 중심으로 약간의 정보적 수정과 조합을 거쳐 신속하고 효율적으로 더 나은 정보적 구조물을 만들어 낸다. 뇌의 인지적 예측 모델들은, 과거의 정보들에 의해 뇌 속에 안정적으로 형성된 것이기 때문에 새로운 정보를 그대로 받아들이지 못한다. 자기의 정보 보존을 위해 자기의 프레임으로만 세상을 보고 이해한다. 그래서 이러한 예측 모델에 의해 돈 많으면 행복해질 거라고 기대하고, 잘 생기면 좋은 사람 만나 쉽게 결혼할 거라고 기대한다. 그리고 이 예측 모델로 인하여 자기 고집을 굽힐 줄 모르고 자기 성격을 고칠 줄 모른다. 인간의 편견과 왜곡과 갈등이 여기서 발생하는 것이다.

뇌의 특화된 정보는 2차 정보다

뇌가 가장 효율적으로 처리할 수 있는 뇌의 특화된 정보가 바로 2차 정보다. 2차 정보가 뇌 정보의 주를 이룬다는 말이다. 몸의 세포는 1~2주 사이에 스스로 죽지만 뇌 세포는 대부분 죽지 않고 정보역시 견고하게 저장되고 기억된다. 뇌 속에 이미 형성된 정보는 자기를 유지하려는 자기성이 강하기 때문에 스스로의 보존력이 아주 강한 편이다. 이처럼 2차 정보는 자기성과 보존력이 강해서 새로운 정보가 나타나면, 조금 다른 정보는 수용 또는 변형해서 받아들이지만, 크게 다른 정보는 무시하거나 거부하기도 한다. 또한 유사한 정보들끼리 서로 연합하여 거대한 정보 구조를 형성한다. 그리고 정보 구조들이 모여 더욱 안정적인 구조적 정보가 되는데 이것이 바로 인간의 성격이다. 또 이것이 거시적으로는 하나의 거대한 인식적 구조를 형성하여 정보적인 미임(meme), 전통과 보수와 같은 이념 등으로 나타나기도 한다.

뇌의 2차 정보가 강한 것은 뇌가 의식을 지배하기 때문이다. 그리고 뇌 정보가 의식을 지배하는 것은 2차 정보가 세상을 지배하기 때문이다. 세상은 인간의 의식 속에서 2차 정보로 움직이기 때문에 세상도 2차 정보가 주를 이룬다. 세상에서 사용하는 언어, 논리, 과학 기술, 법과 조직 등이 2차 정보에 해당한다. 세상은 세상대로 자신을 보존하려고 한다. 따라서 같은 2차 정보의 체계를 가진 뇌 정보와 연합을 이룬다. 세상으로 가면서 정보는 집단화한다. 정당이나 동우회 등 비슷한 생각과 이념을 가진 사람들끼리 만나고 뭉친다.

그리고 여기서 형성된 구조적 정보가 바로 법 질서, 조직, 이념의 형태를 띠고 이것을 보존하려고 한다. 이와 같은 방식으로 뇌 정보는 세상과 연합을 이룬다.

한편 뇌가 몸의 약점을 잡게 되면 뇌는 몸을 자기 편으로 끌어들일 수 있다. 몸이 상처 나거나 아프면 뇌는 생존을 위해 신속 정확하게 반응해야 한다. 이때 뇌는 몸을 도와주는 척하면서 몸을 활용하고 조정하려 든다. 그리하여 뇌와 세상의 2차 정보가 몸의 3, 4차의 손상 정보와 강한 동맹체를 이룬다. 이것을 소위 뇌와 세상과 몸의 삼각동맹 또는 삼각회로라고 말한다.

뇌 정보의 이분법과 문제점

하나의 정보가 보존되기 위해서는 다른 정보를 억압하고 지배해야 한다. 그러나 억압받는 정보들도 그대로 있지 않는다. 그 정보들도 생존 보존을 위해서 유사 정보들과 서로 강하게 뭉치게 된다. 이런 과정의 반복으로 정보들은 결국 양대 세력으로 재편될 수밖에 없다. 따라서 뇌 정보도 결국 가장 큰 양대 세력으로 나누어지게 된다. 선과 악, 큰 것과 작은 것, 높은 것과 낮은 것과 같은 이분법이 자연적으로 형성되는 것이다. 정치가 결국 여와 야로 나뉘고 진보와 보수로 나누어지는 것과 같다. 이것이 현실적으로 큰 문제를 발생시킨다는 것을 독자들은 잘 알 것이다. 그런데 뇌는 이 이분법적인 판단을 자신의 몸에까지 적용하여, 몸을 자기보다 낮은 등급으로 평가하는가 하면, 몸 안에서도 다시 더 좋아하거나 싫어하는 등급으로 구분하여 판단하기도 한다. 정치가 반대를 위한 반대를 하거나 심한 감정적 대립으로 진흙탕 싸움을 하는 것은 뇌의 이분법적인 편향성 때문이라 할 것이다. 서로의 생존을 보존하기 위해 싸우는 것이 아니라 오히려 생존을 위협하면서까지 적대적으로 끝까지 싸우는 것이 문제라는 말이다. 인류 역사상 이분법적 편향으로 인해 발발한 전쟁 또는 당파 싸움이 수없이 많다. 일본의 군국주의에 의한 조선 강점과 대동아 전쟁, 이념 차이로 시작된 한국전쟁, 히틀러가 시작한 2차 대전 등이 바로 그것이다. 뇌의 정보는 세상의 정보와 연합할 수 있고, 또한 뇌가 몸을 이용해서 뇌의 2차 정보를 강하게 보존하려 하기 때문에 결국 물러설 수 없는 생존의 싸움이 되는 것이다.

뇌는 생명체의 적응과 생존을 위해 가장 필요하고도 중요한 존재임에 틀림없다. 하지만 뇌가 강력한 보존과 통제를 주도하도록 내버려 둔다면 오히려 생존을 위협받을 수도 있다. 뇌가 현실을 그대로 보는 것이 아니라 등급화, 좌표화, 계산화하여 정보를 계속 왜곡하게 되면, 뇌는 생존의 위협에도 적절하고 신속하게 대응하지 못하기 때문이다. 거대 동물 공룡은 새로운 환경에 잘 적응하지 못하고 멸종되고 말았다. 역사적으로 강력한 권력과 지배력을 행사하는 나라는 오래가지 못하고 쇠퇴했다. 또한 뇌의 이러한 등급과 좌표에 따른 계산과 판단 때문에 차별과 편견이 생기게 되고 사회적 갈등이 유발되는 것도 큰 문제가 아닐 수 없다.

한편 뇌의 알고리즘 정보가 인간의 소외를 야기한다는 문제점도

간과할 수 없다. 인간 소외는 곧 인간의 가장 큰 불행 중 하나이기 때문이다. 뇌는 인간을 고차적인 인격체나 존엄한 존재로 보기보다는 외적인 조건과 등급 등의 저차 정보에 의해 판단·평가하기 쉽다. 인간의 복잡 다양하고 고차적인 문제들까지도 뇌의 판단에 맡김으로써, 인간은 자신도 모르게 자신의 주권을 빼앗긴다면, 그리고 영혼 없는 기계처럼 살아간다면 그것이 인간의 행복이겠는가?

뇌의 음모에 브레이크도 있다

뇌는 몸의 무게로 보면 3-5%밖에 안 된다. 하지만 에너지는 25~30%까지 사용하는 특권을 누린다. 다른 몸의 세포보다 10배 정도까지 에너지를 사용한다. 몸이 스트레스를 받거나 아픈 상황이 발생하면 나머지 몸의 에너지까지도 자기의 목적을 위해 사용하려고 한다. 그래서 뇌 의식이 모든 작업을 주도하는 것처럼 생각한다. 하지만 몸은 거의 무의식적으로 행동한다. 따라서 우리는 몸의 정보처리가 숨어서 많은 작업을 지원하고 있다는 것을 거의 느끼지 못한다. 그래서 여태껏 우리는 몸의 고상함을 잘 모르고 살아왔다.

뇌는 주로 계산 정보와 언어와 사고의 2차 정보로 작동하기에 2차 정보가 없는 몸을 무시한다. 모호한 느낌이나 정서로 말하는 몸의 소리를 저차원적인 것으로 무시해 버리는 것이다. 자기가 가장 고차적 지능을 가진 주인인 것처럼 착각하고 몸을 통제하려 드는 것이다. 물론 몸은 매우 비이성적, 비윤리적이고 때로는 본능적인 욕구만을 채우려고 하는 경우도 많다. 그래서 뇌가 몸을 감시하고 통제해야 한다는 주장도 어느 정도 인정해야 한다.

그러나 그 속에는 뇌의 음모가 있다는 것도 알아야 한다. 몸이 아프거나 상처가 났을 때 뇌는 몸의 상처를 도와주는 척하면서 몸을 자기편으로 끌어들이고, 몸을 뇌의 방어 기제 속으로 가져가 거기에 중독되게 한다. 이것이 뇌가 몸을 지배하는 전략이자, 뇌의 음모다. 진정 뇌가 몸을 생각한다면 뇌는 몸을 이해하고 보살펴서 원래의 좋은 모습을 찾을 수 있도록 해야 할 텐데도, 오히려 이를 이용해서 몸을 지배하려고 한다. 마치 조선을 침략한 일제가 조선의 역사를 말살하고 조선의 병적인 점을 부각하여 자신의 강점을 합리화했던 것과 같은 이치다. (이성훈, 228-232)

뇌의 정보는 2차 정보가 중심을 이루기 때문에 그 보존력이 매우 강한 대신 해체력은 매우 약하다. 그래서 뇌의 강한 보존과 통제에 제동을 걸어 주는 브레이크가 필요하다. 뇌의 그 제동 장치는 무엇일까? 뇌 정보는 비록 스스로의 해체성은 약하지만 뇌도 강한 해체력을 발휘할 수 있다. 뇌가 해체력을 발휘하는 경우는 무엇일까? 자기를 되돌아보고 반성할 수 있는 이성의 정신 작용, 자기를 조절할 수 있는 자유 의지, 영성과 초월세계를 관통할 수 있는 의식, 더 깊은 자기를 찾고자 하는 자기 탐구, 감성과 예술성 그리고 복잡성 및 양자 정보 등이 있다. 이것이 뇌의 독주를 막아 주는 브레이크 역할을 한다. 2차 정보 안에서는 해체력은 매우 약하기에 뇌는 결국 고차 정보가 있는 몸과 의식의 관통성과 연결하여 그 해체력을 발휘할 수 있는 것이다. 때문에 몸과 의식의 회복이 중요하다.

우리가 살아가는 세상에서 저차 정보를 해체함으로써 고차화하는 기능을 담당하는 것으로 무엇이 있을까? 대학, 언론, 종교 등의 집단과 이념이 그 대표적인 것이 될 수 있을 것이다. 이들의 주된 기능이 사회를 비판하고 견제함으로써 스스로 저차 정보를 해체하여 고차화하는 것이기 때문이다. 그러나 이들도 결국 정보의 강한 자기 보존성 때문에 제대로 그 해체력을 발휘하기가 어렵다.

소크라테스나 석가 붓다나 예수 그리스도는 자신들이 책을 쓰지 않았다고 한다. 따라서 우리는 그들의 깊은 정신세계를 온전한 그대로 알아차릴 수 없다. 그들의 사상과 정신세계를 다른 사람이 만든 책이나 경전을 통해 이해한다. 불교의 경우를 생각해 보자. 붓다는 인간의 고통과 세상의 부조리를 극복해 보고자 출가하여 해탈과 열반의 진리를 깨달았다. 그리고 그에 이를 수 있도록 하는 연기(緣起)와 무아(無我)의 길을 제자들에게 가르쳤다. 한편 제자들은 그의 가르침을 따르기 위해 불법의 경전을 만들었다. 원래 붓다가 가르친 연기와 무아의 개념은 고차 정보라 할 수 있다. 거의 4차의 복합성 정보와 5차의 양자 정보에 해당하기 때문이다. 하지만 불법의 경전이 붓다의 고차 정보의 가르침을 그대로 온전히 전하고 있다고 볼 수 있는가? 오히려 그 가르침이 다른 사람에 의해 2차적 언어와 교법이 됨으로써 그 가르침을 잘못 인도하거나 왜곡시키고 있는 것은 아닌가? 그래서 반야경과 중론(中論)을 통해 다시 이를 고차적인 정보로 되돌려놓는 작업을 해야 했던 것이 아닌가? 이와 마찬가지 이치로, 기독교가 예수의 가르침을 그대로 온전히 전하고 있다고 볼 수 있는가? 이러한 점을 생각해 보면 사회의 해체적 기능을 담당해야 할 모든 집단과 이념들은, 자신들이 강하게 고집하려는 저차 정보를 스스로 해체하여 고차화할 필요가 있다. 그렇지 않으면, 자신도 사회도 타락하고 병들어 가게 될 것이다. (이성훈, 232-233)

3.

몸 정보와
그 작동원리

사랑도 행복도 몸이 먼저 느낀다

몸은 50조 개의 세포와 기하학적인 수의 분자들의 망으로 정보를
처리한다. 몸의 수많은 기능이 따로 움직이면 생명은 하나로 유지되
지 못한다. 어떻게 몸속에 있는 천문학적인 수의 분자와 세포들이
쉴 새 없이 전체 얘기를 듣고 스스로 점검하고 서로 협력하여 하나의
몸과 생명을 유지하는지 신비스럽기만 하다. 내가 의식적으로 몸에
대해서 아무 하는 일이 없어도 몸은 자동으로 알아서 하나로 생존해
나간다. 숨 쉬고 먹고 자고 배설하는 것도 사실 거의 자동적이다.

몸의 중요한 감각 신호는 신경과 화학 물질이 전달한다. 그러나
더 섬세한 다양한 몸의 신호들이 있다. 온몸이 무겁다, 날 것 같다,
편하다, 불편하다, 짜릿하다, 온몸에 전기가 오른다, 몸서리쳐진다
등. 서양에서는 이런 다양한 몸의 증상들을 의학적인 용어로 잘 표현
하지 못한다. 그저 몸 상태가 좋은지 또는 나쁜지 정도로 표현한다.

어떤 위기 상태가 오면 몸은 순간적으로 반응하고 대처한다. 이를 반사 신경의 작용이라고 한다. 뇌는 보통 0.3에서 0.5초 내에 반응한다. 척추 반사라도 0.1초에서 0.2초는 소요된다. 운동선수들이 출발 신호를 듣고 반응하는 시간이 대체로 0.2초, 0.3초대이다. 그래서 0.1초가 신경의 한계 속도이고, 0.1초에 움직이면 부정 출발로 간주한다. 그러나 몸은 나노 개념의 팬토초(천조 분의 1초)로 서로 소통하고 조절하며 일을 한다. 음악가들의 손놀림, 화가들의 붓 터치, 무아지경의 아름다운 춤 동작을 구체적으로 어떻게 하는지 뇌는 모른다. 몸은 인간의 생각과 언어로 말을 하지 않고 인간처럼 논문을 쓰고 발표하지 않을 뿐, 뇌의 지능과는 견줄 수 없는 고도의 재능으로 스스로 조절하고 문제를 풀어나간다.

감정은 몸과 뇌가 함께 발생시킨다. 하지만 원천적으로는 몸에서 먼저 발생하고 그 다음에 뇌가 인지한다. 무서워도 몸이 먼저 긴장하고 떤다. 트라우마나 공황장애를 경험한 사람은 뇌가 인지하기도 전에 몸이 먼저 반응하는 것을 느낀다. 번지 점프나 바이킹 같은 놀이기구가 머리로는 안전하고 재밌다는 것을 다 안다. 그렇지만 몸이 그것을 두려워하고 공포스러워한다. 사랑도 행복도 몸이 먼저 느끼고 반응한다. 손만 잡아도 온몸이 짜릿하다. 몸이 피곤한 줄 모른다. 특히 사랑하는 사람과의 섹스는 몸이 먼저 다가가 몸을 부딪치고 몸을 느끼고 온몸이 반응한다. 그래서 성(性)은 가장 강한 욕구가 된다.

그러나 감정이 몸에서 강하게 올라와 뇌와 싸우기 시작하면 문제

가 커진다. 원래 몸은 가능한 적은 에너지로 소통하기 때문에 높은
에너지 수준에서 일하는 뇌는 이를 잘 인지하지 못한다. 따라서 우
리는 몸의 미세한 신호까지도 귀 기울여 듣고, 늘 몸과 소통하며 살
아야 한다.

입과 장의 정보가 생명의 기초다

몸 안에는 여러 장기와 기관이 있다. 하나하나가 다 소중하고 서
로 하나 되어 움직이지만 생명의 기초요, 뿌리 역할을 하는 기관은
소화기와 호흡기다. 이 두 기관을 생물학적으로 내배엽이라 한다.

입에서부터 생각해 보자. 인간은 그냥 먹고 영양분만 취하면 그
만일 텐데도, 입술의 감촉과 혀의 맛 수용체는 엄청 다양하고 예민
하다. 그렇다면 소화기에는 더 이상 맛 수용체가 필요 없을 텐데도
혀만큼이나 많은 25종의 맛 수용체가 있다. 장은 영양분을 흡수하
는 상피 세포만 있으면 될 것 같은데도 내분비 세포가 엄청 많다. 그
리고 미주 신경(vagus nerve)은 12쌍의 뇌신경 중 유일하게 뇌로부터
직접 나오는 10번째 뇌신경인데, 이 미주 신경에서 뇌의 명령을 내
리는 신경은 10%에 불과하고 나머지 90%가 장의 정보를 받아 뇌에
보내는 신경이다. 과연 영양분만 빨아들이는 장기에서 뇌에 무슨 정
보를 그렇게 많이 보고한단 말인가?

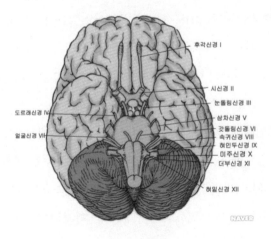

뇌신경(아래쪽에서 본 뇌의 모습) (출처: GettyimagesKorea)

한편 장에는 엄청난 수의 면역 세포와 1천 종, 500조 개의 미생물
이 살고 있다. 몸에 있는 면역 세포의 80%가 장에 있다. 장의 미생
물 수는 인간의 모든 세포의 수보다 10배나 많고 뇌신경 세포보다는
1000배가 많다. 그만큼 장은 많은 정보를 다룬다. 이처럼 소화기 신
경계는 식도에서 대장 끝까지 터를 잡고 암약하면서 '먹고 싸는 일'
이 순조롭게 진행되도록 한다. 먹고 싸는 일은 인간의 몸 중심에서
신경계와 근육의 활발한 움직임, 세균의 견제와 협조를 동반한 그야
말로 핵심 사업이다. 사실 동물계에 뇌보다 먼저 등장한 것이 소화
기 신경계라고 한다.

행복 호르몬으로 알려진 세로토닌은 신경전달물질 중 하나이다.
뇌에 세로토닌의 양이 줄어들면 인간은 우울증에 걸린다. 이런 맥락
에서 보면 세로토닌은 주로 뇌에서 만들어져야 할 것 같다. 그렇지

만 우리 몸에서 만들어지는 세로토닌의 90% 이상은 소화 기관에서 합성된다고 한다. 그래서 생리학자들은 소화기 신경계를 '제2의 뇌'라고 부른다. 의학의 아버지 히포크라테스가 "모든 문제는 장에서 비롯된다."고 말하는 이유가 여기 있는 것이다.

우리는 입과 소화기를 통해서 대상을 인식하고 대상에 의해서 자기(self)를 형성한다. 누군가 자기를 입술과 배를 통해 채워 주면 좋은 사람이 되고 자기는 사랑받는 사람이 된다. 누군가 자기의 배와 입술을 채워 주지 않으면? 그 반대가 된다. 이처럼 소화기는 단순한 영양 공급 장치가 아니다. 사랑을 주고 세상을 처음으로 경험하고 자기를 형성해 가는 정보를 제공하는 핵심 기관이다. 지금까지 우리는 세상에 대한 경험과 자기 형성은 뇌가 담당하는 것으로 생각해 왔다. 그러나 1차적인 경험은 몸 특히 몸의 소화기에서 가장 먼저 하는 것이다. 소화기에는 수많은 미생물, 내분비 세포, 면역 세포, 신경세포 등 4종류의 세포들이 망을 이루고 있다. 인간은 이 소화기를 통하여 자기와 대상을 경험해 가는 것이다. 음식을 먹을 때 음식 모양, 가격, 재료와 같은 외적 정보는 뇌의 정보다. 그러나 입안으로 들어간 음식의 다양하고 깊은 오묘한 맛, 음식을 준비한 정성과 사랑의 느낌 등은 소화기의 고차 정보가 담당한다.

또한 장의 정보망은 가장 원초적인 감성을 발생시킨다. 장은 몸에서 일어나는 감성의 원천이다. 몸은 주로 이 감성이라는 고차 정보로 뇌와 교신한다. 뇌는 감성을 저차적인 정보로 취급하지만, 감성은 몸의 고차 정보를 뇌가 느끼도록 뇌에 보내는 몸의 언어이고 신호다. 과학적으로 밝혀진 사실이다. 특히 대뇌피질에 있는 뇌섬엽(insular)이 몸속의 감성을 받아 피질에 전달하는 구조물로 알려져 있다. 장에서 어떤 미생물은 성을 자극하는 성페로몬을 분비하여 성적인 감성을 변화시킨다. 장내 어떤 세균은 우울과 관계된 뇌 전달물질인 트립토판을 조절함으로써 행복, 평안, 우울과 같은 감정을 발생시킨다. 다른 장내 세균은 불안을 억제하는 가바(GABA) 물질을 분비하여 항불안 효과를 내기도 한다. 그 외에도 미생물들은 여러 화학물질들을 생산하여 미주 신경을 자극하고 이를 통해 감정과 관계된 여러 신경전달물질이나 호르몬을 생산하게 한다. 이런 여러 과정을 통해 몸의 중요한 감정을 조절하고 발생시키는 것이다.

장과 관계된 감성으로서 직감(gutfeeling)이 있다. 뇌의 직관(intuition)에 배경 정보로 작용한다. 사람을 좋아하고 싫어하는 것, 연예인이나 스포츠 스타를 좋아하는 것, 쇼핑하고 영화 보고 음식을 먹고 즐기는 것, 정치인과 여야를 선택하는 것 등 우리의 대부분의 중요한 선택이나 결정은 사실 이 직감과 뇌의 직관에 따라 이루어진다. 대부분의 우리의 사고는 이처럼 직관과 직감에 의존하는데도 이 사실을 잘 모른다. 뇌가 모든 것을 판단한다고 생각해 왔으나 그 배후에서 얼마나 많은 몸과 장의 정보가 영향을 주고 있는지 사실 잘 알지 못한 것이다. 장에는 무수한 양자 정보들이 있다. 양자 정보는 시간과 공간에 열려 있다. 따라서 장은 시공에 열려 무수한 미생물의 양자 정보를 우리에게 제공하는 것이다. 그래서 우리는 미생물의 양자를 통해 시공에 열린 사랑과 모성을 공감하고 느낄 수 있어야 하는 것이다.

생식기가 사랑의 중심이다

생식기는 유전자를 받아들이는 기관이다. 따라서 성(性)은 생명의 진화에서 매우 중요한 역할을 한다. 성을 통해 생명이 시작되기 때문이다. 에너지와 물질을 순환시키는 심혈관계와 비뇨 생식기가 중배엽에 속한다. 그런데 성도 발생학적으로는 순환의 역할을 담당하는 중배엽에 속한다. 비뇨기가 순환 기능을 한다는 것은 쉽게 이해가 간다. 그렇지만 생식기가 과연 어떤 순환 기능을 하기에 중배엽에 속한단 말인가? 정보과학에서 그 답을 얻을 수 있다. 즉 순환의 의미가 단순히 물질과 에너지의 순환을 넘어서 정보의 순환까지를 포함한다고 보면 금방 이해가 될 것이다. 그렇다면 생식기는 과연 어떤 중요 정보를 순환시킬까? 바로 유전자 정보를 순환시키는 중요한 역할을 한다. 유전자는 한번 자기에게 들어오면 영원히 자기 것이 된다. 그것도 자기의 반이나 차지한다. 결혼할 때 배우자 선택에 신중을 기하는 이유다.

그렇다고 성(性)만으로 배우자를 판단하고 선택한다는 말은 아니다. 배우자를 선택할 때 일단은 거의 2차적 정보로서의 외적 조건을 먼저 따져 본다. 외적으로 어떤 사람인지 어떻게 생겼는지 경제적인 능력은 어떤지 등. 그러나 그것만으로는 부족하다. 함께 사는 데는 2차 정보만으로는 부족하며, 삶은 복잡성으로 이루어지는 3, 4차 정보이기 때문이다. 그래서 뇌와 모든 몸이 함께 참여하여 거의 전인적인 정보를 수집 판단하고 고심 끝에 선택한다. 2차 정보는 분석적 정보요 언어적 표현이 가능한 정보지만 몸의 감성 정보는 언어적으로 표현이 불가능한 고차 정보다. 그래서 결혼할 때 저차 정보인 외적 조건과 고차 정보인 감성이 일치하지 못하고 갈등하는 경우가 더 많이 생긴다. 몸으로는 화학적 케미(chemistry)가 맞지만 이성적으로 보면 아닌 경우, 또는 몸으로는 아니지만 머리로는 케미가 맞는 그런 경우가 생긴다. 뇌와 몸이 서로 갈등하는 것이다. 이럴 경우 서로 교신하고 맞추어야 한다. 뇌가 대상을 좋아해야 하는 것이 아니라, 몸이 좋아해야 한다. 소위 케미를 맞추어야 한다. 꿈은 이러한 사랑의 갈등과 그 밖의 문제들을 해소하는 기능을 한다.

대상을 향한 긍정적인 감성을 총칭하여 사랑이라고 부른다. 정말 좋아하게 되면 어떻게든 몸을 맞대고 스킨십하고 싶어진다. 온몸이 야릇하고 짜릿한 전율을 느끼기도 한다. 이 모든 것이 생식기가 주도하는 몸의 정보망이다. 물론 뇌와 온몸이 함께 동원되는 것이지만 생식기가 그 중심을 이룬다는 말이다. 사랑의 그 중심에 생식기가 있어 가장 예민하고 극렬하게 반응한다. 그 표현이 생식기의 생리적 반응이요 발기 현상인 것이다. 따라서 수면 중 발기 현상은 단순한 생리 현상이 아니라 몸의 정보망이 활성화된다는 것을 말하고 이 정보망이 뇌와 결합된다는 것을 의미한다.(이성훈, 269) 정보과학의 묘미가 느껴지는가?

4.

과학정보와
정신세계의 정보

　과학정보의 핵심은 구상적 언어와 논리적인 사고라고 했다. 그것은 2차 정보에 해당한다. 몸은 고차 정보라고 했다. 양자나 복잡성 정보가 고차 정보다. 인간은 대부분 의식을 통해 정보를 활용한다. 때문에 인간이 정보를 활용하기 위해서는 그 정보는 인간의 의식수준과 같은 차원이 되어야 한다. 인간은 의식을 통해 대상을 이해하고 조절하고 통제하기 때문이다. 의식은 주로 논리성과 인과성이라는 알고리즘의 원리로 작동된다. 그래서 인간이 정보를 활용하기 위해서는 양자와 복잡성과 같이 모호하거나 복잡한 정보는 곤란하다. 인간의 언어와 논리성, 인과성 등을 갖춘 단순 명확한 정보여야 한다는 말이다. 한마디로 인간이 통제할 수 있고 예측과 조작이 가능한 의식수준의 정보가 되어야 한다는 말이다. 이 정보의 도움으로 인간은 자연과 세상을 지배하고 적응할 수 있게 되었다. 이 정보들은 과학과 컴퓨터라는 과학정보의 세계를 만들어 인류의 위대한 발전을 이루었다. 양자역학 원리가 종합적으로 들어간 기술로 '양자컴퓨터'가 있다. IBM의 퀀텀 양자컴퓨터, 구글의 퀀텀 AI '시커모어(Sycamore)' 등이 대표적이다.

그러나 과연 우주는 이러한 인간의 과학정보로 움직일까? 아니다. 우리는 과학정보를 최고의 정보로 여기고 있지만, 과학정보는 전체 정보의 차원에서 2차 정보에 해당한다. 과학정보는 인간의 적응을 위해 뇌가 개발하고 발견한 한 시스템의 정보요 논리성과 합리성에 의한 알고리즘 정보다. 그러나 보이지 않는 대부분의 우주의 정보는 알고리즘으로 도저히 접근할 수 없는 비합리적인 정보들이다. 뉴턴의 고전 역학이 위대하고 그 힘이 과학정보의 기초를 이루고 있지만, 양자라는 미시차원과 우주라는 거대차원에서는 무력하다. 이것은 이미 과학적으로 밝혀진 사실이다.

한편, 과학의 세계인 물질세계와 정신세계 간에 어떤 상호관계를 갖는지도 중요한 문제가 아닐 수 없다. 인간의 의식에는 이것이면서 저것일 수 있는 언어와 사고는 무수히 많다. 구상적인 언어는 하나만 지칭하는 국소적인 언어를 말한다. 그런데 추상적인 언어는 그 영역이 넓고 모호하고 중복되는 영역도 분명히 있다. 은유나 상징적 언어로 가면 언어의 개체성은 더욱 모호해지기도 한다. 시적 언어에서는 그 개체성이 아예 파괴되기도 한다. 이미지 정보는 더 넓다. 폭넓은 상상과 주관적인 감정까지도 이미지에 담을 수 있다. 언어와 사고의 해체성 때문에 더 넓고 깊은 영역의 정보를 담을 수 있는 것이다.

그리고 사고를 넘어선 감정과 감성의 세계가 있다. 사고의 틀에 담기 어려운 고차 정보가 감성 정보다. 잡히지 않고 시시각각 어떻게 변할지 예측하기 어려운 구름과 바람 같은 정보다. 하지만 그 속에 분명 무언가의 중요한 정보를 내포한다. 그리고 예술가나 종교가의 영성과 같은 정신세계의 정보는 대부분 추상적인 언어와 논리로도 설명하기 어렵다. 이것이면서도 저것일 수 있는, 자기이면서도 대상이기도 한 그런 정보다. 이런 정신세계의 정보가 갖는 특성 때문에 이를 물질적으로 이해하고 과학적으로 분석하기가 쉽지 않다.

그런데 물질세계와 정신세계를 연계하여 하나로 설명할 길은 없을까? 물질과 정신의 두 세계를 연결하는 매개로서 역할할 수 있는 것이 무엇일까? 정보가 그런 역할을 할 수 있다.(이성훈, 87) 정보는 단독으로 존재하지 않고 물질과 에너지와 공유되고 교류하면서 존재한다. 그러면서도 정보 그 자체의 정체성이 있다. 그리고 정보는 정신의 최소 단위라고 여겨진다. 물질로 설명하기 어려운 정신적인 성질을 갖는다는 말이다. 그래서 물질의 차원과 정신의 차원을 연결하기 위한 매개로서 정보를 생각해 볼 수 있는 것이다. 그러면 그 두 차원을 하나로 설명할 수 있는 길을 찾을 수 있지 않겠는가? 인간의 인식 작용과 느낌은 몸과 뇌로 한다. 사랑도 행복도 몸과 뇌로 느끼는 것이다. 정보는 몸과 뇌를 통해 처리된다. 즉 몸과 뇌는 정보처리 장치다. 따라서 정보가 물질세계와 정신세계의 매개 역할을 할 수 있는 것이다. 따라서 정보를 매개로 하여 보면 그 두 세계를 하나로 통합하여 설명할 수 있다고 생각된다. 이 책 제1부의 첫 페이지에서 설명한 이미지 그림을 다시 한 번 생각해 보면 쉽게 이해할 수 있을 것이다. 눈에 보이지 않는 불분명한 세계(ABC)와 눈에 보이는 분명한 사건(A → B → C)을 연결해 주는 연결 에너지는 양쪽 모두의 차원을 초월하여 존재한다는 것을 알 수 있다. 이 연결 에너지가 바로 정보라 할 수 있는 것이다. 다시 말하여 물질세계와 정신세계를 하나로 통합하여 설명할 수 있게 해 주는 것이 바로 정보인 것이다.

5.

과학정보 및 의학의
문제와 한계

최근의 뇌 과학은 2차 정보를 넘어서 3~4차 정보로의 진입을
시도하고 있다. 뇌의 복잡성 정보를 그대로 활용한 기술을 개발한
것이다. 그 하나가 커넥톰(connectom)이다. 커넥톰이란 신경의 거대
한 망의 총체를 말한다. 또 다른 하나는 인공지능(AI)이다. 인공지능
이 인간의 복잡성 정보처리를 닮은 머신 러닝(기계 학습)을 할 수 있
게 된 것이다.

그러나 인간과 기계의 정보처리에 한계가 있다. 복잡성 정보라도
3차 정보를 넘어선 4차 이상의 정보는 과학이 태생적으로 접근하기
어려운 차원의 정보이기 때문이다. 물론 이론적으로 4차 정보까지
과학이 접근할 수 있다. 인공지능과 커넥톰이 시간에 따른 복잡성의
정보를 처리할 수 있을 것이다. 알파고가 그 한 예이다. 그러나 과학
과 물질로 접근할 수 없는 양자세계와, 그 이상의 초양자의 세계에
까지 인간이 접근하는 데는 어려움이 있을 수밖에 없을 것이다. 인

공지능과 커넥톰에서 정서와 의식, 그리고 몸이라는 신비한 정보 차원을 어떻게 접근하고 해결할지가 실제적인 과제가 될 것이다. 이 속에 바로 인간의 고차 정보가 있기 때문이다.

이제 과학기술의 한 예로, 의식과 몸과 정서에 대한 의학의 문제를 생각해 보자.(이성훈, 143-147) 생명체에는 가장 큰 특징이 하나 있다. 생명체는 다양한 자극에 반응하여 자신이나 세포의 상태를 항상 일정하게 유지하려는 성질을 가진다는 점이다. 이를 항상성(homeostasis)이라고 한다. 이른바 균형의 힘이다. 대부분의 생명체는 다양한 자극에 대하여 균형의 힘으로 항상 평형 상태를 원래대로 회복하고 최적화된 상태를 유지하려는 성질을 가진다는 말이다. 각각의 생명체나 기관, 또는 세포는 항상성 유지를 위한 스스로의 조절 체계를 가지고 있기 때문이다. 사람의 체온이 일정하게 유지되는 것, 혈당(혈중 포도당) 농도가 적정 수준으로 조절되는 것, 혈액의 산도가 pH 7.4 수준으로 조절되는 것 등이 그것이다. 그러나 이러한 균형의 힘이 깨지면 항상성의 불균형이 발생하고 신체의 균형이 깨진다. 고통이나 아픔, 또는 스트레스가 오면 신체의 균형이 깨지는 것이다. 그러면 신체는 다른 무언가를 동원해서 다시 균형을 회복하려고 한다. 그 균형의 회복은 수많은 요인들에 의한 복잡성의 과정을 거쳐 다양한 계산과 대응을 통해 이루어진다. 그리하여 항상성이 유지되는 것이다.

그런데 어떤 지속적인 스트레스나 자극에 의해 그 항상성이 깨지고 신체가 불균형의 상태에 빠질 수가 있다. 이를 신체에서는 질병이라고 한다. 그래서 우리는 병원에 간다. 대개 약물이나 수술은 어떤 한두 가지의 수치를 올리거나 내리거나, 막거나 열거나, 자르거나 붙이는 식이다. 의식이 할 수 있는 정보의 차원이다. 의학적 지식과 도구들은 대체로 2차 정보의 수준이다. 고도로 발달된 과학기술에 의존한다고 해도, 검사하고, 진단하고, 수술하고, 치료하는 것들은 2차 정보 수준이다.

하지만 신체의 정보는 2차원 수준이 아니라 고차 정보다. 거의 모두 3-4차원의 복잡성 정보이며, 5차원의 양자 정보도 상당히 많다. 문제는 과연 고차 정보의 사건을 저차 정보로 얼마나 해결할 수 있느냐에 있다. 2차 정보는 막강해 보이지만, 최종적인 몇 가지를 조절하는 것에 불과하기에 신체의 문제가 본질적으로 해결될 수 없다는 것이 문제다. 내 머리가 아파 MRI 찍고 처방해 준 약을 먹었는데도 여전히 내 머리는 낫지 않고 아프다. 원인적인 치료가 아니기 때문이다. 그런데 의사는 이런 얘기는 없이, 그저 스트레스 받지 말고 즐겁게 잘 지내라고만 한다.

의학적인 치료 중에 사실 원인적인 치료를 할 수 있는 것은 극히 드물다고 생각된다. 질병은 거대하고 복잡한 문제가 가장 약한 곳으로 터져 나온 것이다. 지진이나 화산이 터졌을 때 터진 곳을 막으면 다른 약한 곳을 찾아 더 크게 터질 수 있다. 다시 어디서 어떤 문제가 터질지 모른다. 꿩이 땅에 머리를 박으면 세상이 안 보이기에 문제가 해결된 것으로 착각하는 것과 같은 이치다.

지금까지의 의학은 물질 중심 의학이었다. 즉 몸을 화학 물질로 이해하고 약물 또는 수술을 통해서 물질을 정상화하려는 방식이 그 중심이었다. 원인적인 처방이 아닌 것이다. 우리가 살고 있는 세상의 복잡한 저출산 고령화 문제, 경제와 교육 문제, 기후 위기 대응 문제에 대한 정부의 대응적 조치들도 사실 거의 저차원적인 처방에 머물고 있는 것과 마찬가지다. 이들 문제는 고차원적인 복잡성의 문제이기에, 출산 장려금이나 세금을 올리고 내리는 정도로 또 시험 문제의 난도를 올리고 내리는 정도로 해결될 문제는 결코 아닌 것이다.

그래서 의학에서도 이러한 문제를 극복하고 좀 더 원인적인 처방을 해 보고자 하는 시도가 일어나고 있다. 질병을 좀 더 본질적 차원에서 이해하고 원인적인 치료를 위해서 물질 및 에너지와 함께 의학에 대한 정보 이론적인 이해와 치료적 접근이 필요한 것이다. 시스템의학은 과학적인 진단과 치료로 접근한다. 대체의학은 자연적인 치료를 택한다. 한의학에서는 에너지에 더 초점을 두고, 서양의학보다 증상의 원인적 치료에 더 집중한다. 정신신체의학에서는 정신과 신체를 하나로 보고 그 상호 작용 개념을 기반으로, 질환을 정신적 원인과 신체적 현상을 관련 지어 연구한다. 그래서 진단도 중요하지만 사람을 파악하고 이해하는 것을 우선으로 하는 방식을 취한다.

최근 의학은 복잡성의 질환을 2차 정보의 차원이 아니라, 3만 개의 유전자, 100만 개 이상의 단백질과 수조 개 세포들의 연결망의 정보를 찾아서 이를 시스템적으로 진단하고 치료하는 시스템 생물의학으로 접근하고 있다. 이러한 복잡성 분석은 인간의 2차적인 의식수준으로는 불가능하다. 고용량의 컴퓨터 계산을 통해서 또

는 왓슨 같은 인공지능을 통해서나 겨우 가능한 것이다. 이를 전
체라는 뜻의 오믹스(omics)라고 한다. 오믹스에 의한 복잡성 분석
으로 과거와는 다른 새로운 차원의 분석과 치료가 가능해진 것은
사실이다. 그러나 그것도 3차 정보에 불과하기 때문에 시간에 따
라 변하는 진정한 복잡성의 4차 정보는 거의 접근하기 어렵다.

여기서 본 것처럼 의학이 아무리 발전한다 해도 인간 최대 관심
사인 건강문제를 속 시원히 해결할 수는 없다. 진정으로 현대 과학
기술과 의학이 고차 정보의 문제를 얼마나 해결하고 풀어나가는지
아니면 오히려 잘못된 진단과 치료로 인해 망치고 있지는 않은지 잘
되짚어 봐야 한다. 사람들이 인터넷의 검색 정보에 매달려도 보고,
여러 뛰어난 과학기술에 의한 의학 장비에 매달려도 보지만, 그 속
의 정보가 대부분 저차 정보라는 사실을 잘 모른다. 검색 정보는 과
장 정보, 가짜 정보도 많다. 그리고 과학기술로 무장한 의학 장비라
도 대부분 3, 4차 이상의 정보를 처리하지 못한다. 그런데도 그 검색
정보나 의학 장비가 처리한 정보를 너무 맹신하기 일쑤다. 하나밖에
없는 자기 생명을 전적으로 그에 의존해도 좋은 것인지, 이 길로 인
류가 진정 행복해지는지 진지하게 생각해 봐야 한다.

고차 정보에는 고차적인 진단과 고차적인 처방이 필요하다. 그
고차적인 정보의 처방은 무엇일까? 신체는 복잡성 정보를 중심으로
그 기능을 수행한다. 그러나 생명은 양자 정보가 아니면 원활히 유
지될 수 없다. 신체가 고도의 기능을 수행하기 위해서는 더 고차적
인 양자 정보의 도움이 필요하다는 말이다. 고차의 양자 정보가 아

니면 신체의 생명 기능은 없기 때문이다. 뇌의 지능이 몸보다 높다면, 우리는 몸을 자동차나 컴퓨터처럼 쉽게 진단하고 고칠 수 있어야 한다. 그러나 눈부신 의학의 발전에도 불구하고, 제대로 고칠 수 있는 몸의 질환은 대부분 단순한 것들에 그치고 있다.

감염병 질환들은 항생제로 정복할 수 있을 것으로 생각했지만, 미생물이 강력하게 저항하고 새로운 변종을 만들어 내기 때문에 근본적인 치료가 되지 못하고 있지 아니한가? 암 치료에 그토록 많은 연구와 돈을 투자하고도 아직 암을 정복하지 못하고 있지 않은가? 의학이 병을 고칠 수 있다는 헛된 희망만을 심어 주기도 하고, 때로는 몸을 제대로 알지 못해 엉뚱하게 진단하고 치료하므로 오히려 병을 악화시키기는 경우도 많지 아니한가?

제3부

인간 생명과
의식

1.

인간의 생명은
곧 자기(Self)다

우리는 생명의 신비를 느끼며 살고 있지만, 인간의 정보적 차원으로는 생명의 본질을 알아차리기 어렵다. 생명의 기운, 즉 생명력을 알아차릴 뿐이다. 생명력은 실제로 뇌섬엽의 중간핵(MIC)에서 느낄 수 있다고 한다. 이렇게 생명이 존재하고 살아갈 수 있는 것은 복잡성과 양자 현상이 있기에 가능할 것이다. 그리고 생명을 계속해서 변화시키는 것은 생명력 때문이다. 생명의 상태는 몸의 어떤 느낌이나 정서로 표현될 수 있다. 긍정적인 정서는 생명의 상태가 좋다는 뜻이고, 부정적인 정서는 그 반대라고 볼 수 있다.(스피노자)

생명과 생명력이란 전체를 느끼게 하는 전체적인 정보이다. 생명체의 각 부분의 정보가 어떠하든 그 생명체를 전체적인 인격과 개체로 인지하게 하는 것이 바로 생명이다. 생명과 의식은 둘 다 몸에 의존하고 있지만 물질적 현상만으로 다 설명할 수 없는 초월적, 관통적인 속성이 있다.

모든 생명은 엘랑비탈(Elan Vital)이다. (앙리 베르그송) 즉 생명은 도약하는 힘이자 창조적인 힘이다. 따라서 생명은 물질로 환원할 수 없다. 살아 있는 꽃을 가지, 뿌리, 잎사귀와 꽃송이의 합으로 환원할 수 없는 것처럼, 인간도 머리, 심장, 팔, 다리 등 신체의 각 부분으로 환원할 수 없다. 어떤 사람의 머리만 보고, 또는 다리 하나만을 보고 그것이 바로 그 사람이라고 말하지 않는다. 온전한 한 인간으로서 그 사람을 본다. 이 온전한 한 인간이 바로 그 사람의 자기(self)다.

내가 어떻게 해서 이런 모습으로 살고 있는지를 한 번 생각해 보자. 어떤 사람은 "열심히 공부하고 성적도 좋았던 내 모습, 이것이 내가 자랑스러워하는 내 모습이지. 이런 모습이 바로 나야!" 하고 생각할지도 모른다. 또 어떤 사람은 "불행한 삶을 살았던 아버지가 끊임없이 꾸짖고 쓸모없는 놈이라고 말했던 내 모습. 그런 모습이 나는 아니지! 나는 그런 모습으로 살아서는 안 돼!" 하고 생각할지도 모른다. 하지만 사람들은 어떻게 해서 자기가 그런 모습을 갖게 되었는지 따져 보지 않는다. 그냥 원래부터 있는 자기라고만 생각한다.

의식도 생명과 마찬가지로 하나의 전체성 정보다. 의식도 여러 다양한 부분의 정보들이 있지만 하나의 전체적 정보로 느끼고 보게 한다는 말이다. 이러한 전체성의 인식은 생명과 의식이 같은 양자 정보에서 나오기 때문으로 볼 수 있다. 양자 정보의 특징이 바로 전체성 인식이기 때문이다. 생명을 살게 하는 사랑이라는 것도 단순한 감정이 아니라 그 생명을 전체적인 인격으로 보고 인격적으로 대우한다는 뜻이다.

자기와 비자기는 어떻게 만들어지는가

인간은 뇌와 몸으로 이루어진 생명체이다. 몸에는 적어도 3차 이상의 고차 정보가 대부분이다. 몸의 지능도 수십조의 세포와 분자, 원자, 양자들이 모여 집단으로 발생하는 복잡성 집단 지능이다. 몸의 대부분 기능은 수많은 요인이 복잡성 망을 통해 서로 연결되어, 수시로 정보들을 교신하며, 가장 적합하고 효율적인 상태로 변화시켜 나가는 것이다. 이처럼 몸은 고도의 질서를 만들고, 스스로 해체적 혼돈을 다시 만들어 질서와 혼돈의 임계 상태까지 형성하는 고도의 복잡성 반응을 통해 스스로를 운용해 간다. 생명체는 이러한 질서와 혼돈의 임계적 경계에서 존재해 나간다는 말이다. 마치 날씨가 변화무쌍하게 변해 가듯이 신체적인 자기(self)도 그때마다 변해 가면서 복잡성 반응에 의한 자기 조직화를 통해 형성되는 것이다. 이처럼 몸은 복잡성에 의해 운용되면서 인간은 '나는 누구인가'의 자기를 형성하고 산다. 이 하나의 생명을 전체적인 자기라고 부른다.

자기는 두 개의 큰 요인이 변화하고 상호 작용함으로써 형성된다. 이른바 외적 요인과 내적 요인이다. 외적 요인이란, 자신의 세상과의 관계에 영향을 주는 외부의 수많은 사건이나 경험 등을 말한다. 어린 시절의 정신적 충격, 비극적 사건, 또는 성취감이나 보람을 느꼈던 일과 같은 결정적인 계기, 자신의 인생을 좌우할 만한 중요한 선택 등이 있다. 그리고 자신에게 긍정적이든 부정적이든 큰 영향을 미친 인물들도 있다. 오늘날의 자기 모습에 매우 큰 영향을 미친 이런 외적 요인들(즉, 계기와 선택과 사람)을 잘 살펴보면 자신이 어떤 사람이며 어떻게 이런 사람이 되었는지 알 수 있다. 그래서 이런 외적 요인들이 자기 개념의 형성에 중요한 요인이 되는 것이다.

사실 자기를 형성하는 외적 요인들은 고정 불변의 것이다. 그것은 이미 종료된 것이기 때문이다. 하지만 그 외적 요인들에 대한 스스로의 반응을 변화시킬 수는 있다. 전쟁이나 극한의 경험 등을 통해 자기가 다시 태어나는 경우 등이 그 예이다. 즉 자신의 내적 요인은 스스로의 반응을 변화시킬 수 있는 힘이 될 수 있는 것이다.

내적 요인은 지금의 내가 있게 한 내적인 요인을 말한다. 자신에게 하는 말과 스스로에 대한 믿음, 자신과 나누는 '내적인 대화'까지를 포함하는 것이다. '자기 내면에서 이루어지고 있는 일'이 바로 내적 요인이다. 만약 스스로를 능력이 없거나 쓸모없는 사람이라고 생각한다면 그것을 진실로 받아들이고 그에 따라 살게 된다. 이 내적 요인을 아는 것이 왜 중요한가? 자신이 모르는 것을 바꿀 수는 없기 때문이다. 따라서 내적 요인을 제대로 진실되게 아는 것이 무척 중요하다. 세상에서 실제 일어난 사건이나 상황 또는 자극을 뇌가 어떻게 해석하여 자기의 반응을 보이는 것인가를 보여 주기 때문이다. 그래서 실제 세상에서 일어난 사건과 뇌가 인식하는 것은 다른 것이다.

예를 들어, 자신이 직장에서 해고를 당했다고 하자. 그것은 외적인 사건이다. 그에 대해 자신은 내적인 반응을 하게 된다. 이때 자신의 자기개념에 영향을 미친 것은 해고라는 행위 자체가 아니라, 해고에 대한 자신의 내적 반응이다. 자신의 내적 반응을 보자. 그 하나는, "해고당하는 것은 정말 끔찍한 일이야. 하지만, 솔직히 난 일을 잘 하지도 재능이 있었던 것도 아니지. 그래, 이 일로 나는 많은 것을 배웠어. 앞으로는 잘 해낼 테야." 또 다른 하나는, "나는 일을 망쳐 놓았어, 해고당해도 싸지. 나는 아무짝에도 쓸모없는 놈이야!" 이처럼 하나의 외적인 사건이, 자신의 자기 개념에 영향을 미치는 두 가지 결과를 만들어 내는 것이다. 요점은 자신이 일어난 일에 반응하는 것이 아니라 그것을 내재화하는 방식에 반응한다는 것이다. 이것은 결국 자신의 자기 개념에 영향을 미치고 그것을 통제할 수 있는 거대한 힘이 자신 안에 있다는 말이다.

자기에는 신체적인 자기, 정신적인 자기, 그리고 신경적인 자기로서 연속체를 이룬다. 그리고 이들은 상호 정보 교류를 통하여 하나의 전체적인 자기와 비자기의 정보망을 형성한다. 자기 형성은 뇌가 중요한 역할을 하지만 일차적으로 몸, 특히 소화기에서 가장 먼저 이루어진다.

몸의 중요한 정보는 자기와 대상에 관한 정보이다. 자기는 대상이 있어야 한다. 자기의 거울 역할을 해 주는 대상이 있어야 자기가 형성된다는 말이다. 그 대상이 반응을 해 주어야 자기의 존재가 드러나기 때문이다. 아무도 자기에게 반응을 해 주지 않으면 자기가 과연 존재하는지 알 수가 없다. 아기는 어머니가 적절히 반응해 줌으로써 자기를 인식하기 시작한다. 좋은 반응을 해 주면 자기를 귀한 존재로 인식하고, 나쁘게 반응해 주면 무가치한 존재로 여기게 된다. 결국 자기는 대상의 반응에 따라 결정되는 것이다.

신체적인 대상과 자기는 곧 자기가 가지고 있는 면역계의 항원과 항체를 말한다. 항원이란 많은 세균과 독소처럼 생체의 조직 속에 들어가 항체를 형성하게 하는 단백질 물질을 말한다. 그리고 항체는 항원에 대한 면역성을 갖게 해 주는 물질을 말하는데 항원의 침입에 의하여 형성되는 것이다. 뇌는 외부 정보에 대해 반응할 때, 미리 예측 모델을 준비하고 시뮬레이션을 마친 정보 안에서 선택을 한다. 따라서 우리 속에는 사전에 비자기 정보가 있어야 하고, 이 비자기 정보를 가지고 이에 대응하는 정보를 만들어 놓는 것이다. 그래서 비자기는 자기를 형성하는 과정에서 필수적으로 필요하며 자기 형성의 핵심적인 역할을 하는 것이다.

몸에서 면역이 작동하려면 '자기'와 '비자기'를 구별해야 한다. 자기란 자신을 말하며, 비자기는 바이러스나 세균 등 감염을 일으키는 것, 그리고 진드기나 꽃가루처럼 알레르기 반응을 일으키는 것 등을 포함한다. 이러한 비자기를 극복하고 자기를 회복하는 것이 건강을 지키는 것이며, 행복을 얻는 길이다. 우리 몸의 모든 세포는 자신과 남을 구분할 수 있는 세포막의 수용체를 가지고 있다. 이 수용체는 마치 열쇠 구멍과 같아서 세포나 균이 열쇠 구멍에 맞는지 아닌지를 통해 자기와 비자기를 구분하는 것이다. 이처럼 자기와 비자기를 구별하게 해 주는 역할을 하는 단백질이 주로 백혈구에 많이 분포되어 있어, 백혈구 항원(또는 HLA 항원)이라고 한다. 친자 감정의 수단으로 이용되는 것이 바로 HLA 항원이며, 장기 이식 시에 이식 장기를 비자기로 인식하여 거부 반응을 일으키는 것도 이 HLA 항원 때문이다.

면역적인 자기는 확정돼 있기보다는 상황에 따라 다양한 면역 세포들이 서로 교류하고 소통하며, 복잡성을 통해 형성된다.(이성훈, 142) 면역에는 선천적으로 타고난 선천 면역(자연 면역)과 후천적으로 학습된 후천 면역(획득 면역)이 있다. 우리 몸의 혈액은 혈구와 혈장으로 구성되어 있는데 면역 기능은 이 혈구 중 백혈구가 담당한다. 즉 백혈구가 바로 면역 세포인 것이며, 혈장은 항체를 포함하고 있다. 선천 면역 세포는 외부에서 침입한 병원균에 빠르게 대응하여 짧은 기간 격렬하게 싸우고 난 후 항원을 만들어 후천 면역 세포에 정보를 전달하고 전사한다. 그리고 후천 면역 세포는 병원균이 다시 침입했을 때 빠른 대응을 위해 항체를 생성하는 것이다. 즉 선천 면역은 1차 방어선이고, 후천 면역은 2차 방어선이 되는 셈이다.

심리적인 자기는 유아기 때 소화기를 통해서 먼저 형성된다고 한다. 입술과 젖을 통해 어머니를 접촉하고 이를 통해 자신과 대상을 경험해 가기 때문이다. 갓난아이는 입으로 세상을 처음 접한다. 모든 것을 입에 갖다 댄다. 입은 단지 영양공급을 위해 먹는 것만이 아니라, 성인이 되면 사랑의 창구도 된다. 구강기는 영양만이 아니라 심리와 성격에 큰 영향을 미치는 것이다. 따뜻하고 충분히 사랑을 받을 때 세상과 대상을 신뢰하게 되고 그 경험을 통해 자기도 형성된다. 뇌가 직접 형성하는 것이 아니라 장의 미생물을 통하여 이를 장에 전달하는 방식으로 형성되는 것이다. 장을 통해서 간접적으로 형성해 간다는 말이다. 장에서는 미생물, 내분비 세포, 면역 세포, 미주 신경이 연합하여 이를 형성해 나간다. 1천 종이 넘는 미생물과

500조 개가 넘는 미생물이 다양한 비자기의 정보를 제공하며, 어린 면역 세포들에게 자기 훈련을 시킨다. 미생물이 자기 형성에 매개 역할을 하는 것이다.

사실 자기와 비자기는 엄밀하게 구분되지 않는다. 복잡성의 변수에 의해 얼마든지 자기와 대상이 변할 수 있기 때문이다. 나를 이루는 것이 바로 비자기(즉, 대상)이기 때문이다. 나를 이루는 것은 대상에 대한 반응이므로 대상인 비자기가 나를 형성한다고 볼 수도 있다. 태아 상태에서는 면역적으로 어머니와 태아는 구분되지 않는다. 어머니가 곧 나를 형성한다. 그래서 나와 비자기는 완전하게 구분되지 않는다. 어른이 된 다음에도 자기와 비자기는 지속적으로 교류되면서 대상이 연속적으로 자기를 형성한다. 더 나아가 더 높은 차원의 자기를 형성하기도 한다. 극한 경험을 거쳐 새로 태어남의 삶을 살거나, 의식혁명의 과정을 거쳐 깨달음을 얻은 성인들의 경우처럼 말이다. 이처럼 자기는 한 번 형성되면 불변하는 것이 아니라, 지속적으로 자기와 대상관계를 통해 변해 가는 것이다.

자기의 변화에 대해 좀 더 구체적인 이야기를 해 보자. 이것은 인간의 문제에 관한 것이기에 인간을 이해하기 위한 매우 중요한 방법이다. 우선, '나'라는 사람 A를 생각해 보자. 여기서 A는 세 가지 차원의 '나'가 나타날 수 있음을 알게 된다. 즉 ① 나 자체 (A) ② 내가 생각하는 나 (A') ③ 상대방이 본 나 (A")가 그것이다. 이것은 각각 자기 자체, 자기가 본 자기, 상대방이 본 자기를 의미한다.

먼저 자기 자체(A)를 보자. 이것은 실체로서의 자기, 존재하는 자로서의 자기, 유전적 자기를 말한다.

다음으로 자기가 본 자기(A')를 생각해 볼 수 있다. 이것은 자기의 의식으로 자신을 평가하는 자기다. 여기에는 심리적인 자기, 정신적인 자기, 기억하는 자기, 경험하는 자기 등 여러 가지가 있을 것이다.

그리고 상대방이 본 자기(A")를 생각해 보자. 이것은 타인이 생각하는 자기로서 상대방은 나를 어떤 사람으로 보느냐를 의미한다. 상대방은 나를, 내가 생각하는 나와 다른 사람으로 보는데도, 그것을 모른다. 내가 생각하는 자기로 볼 거라고 착각하기 일쑤다. 또는 어쩌면 상대방이 생각하는 자기가 내가 생각하는 자기보다 더 정확하고 바르게 나를 보는 것일 수도 있을 것이다. 이러한 이유 때문에 나는 상대방을 의식해 행동하게 되는 타인의식을 가지고 살아가기 쉽다. 또한 나보다 상대방이 나를 더 잘 알 수도 있기에 상대방을 나의 스승이나 멘토로 삼기도 한다. 심지어는 나의 배우자나 가족 또는 친구보다 이미 구글, 페이스북, 유튜브 알고리즘들이 나의 성격과 기질을 더 잘 알고 있다는 조사 결과도 있다.(유발 하라리, 465) 상대방이 본 나(A")는 자기에 대한 성찰을 제공하기도 하며, 윤리 도덕에 의한 이타적인 행동을 유도한다고 생각된다. 더구나 유독 한국인은 타인의식이 행복에 결정적인 영향을 미치는 것으로 나타나고 있다. 따라서 상대방이 본 나(A")는, 특히 나를 자각하는 자기, 깨달음의 자기로 변화시키는 데 큰 역할을 한다고 볼 수 있다. 자기(A)가 깨달음을 얻거나 의식수준이 더 업그레이드된 자기로 다시 태어나는 경우가 되는 것이다. 즉 본래의 자기에서 새로운 자기로, 변화된 자기로, 작은 자기에서 더 큰 자기로 다시 형성되는 것이다. 물론 이것은 자기의 고차적인 의식과 극한적인 경험 등을 통하여 자기에 대한 자각과 성찰이 뒷받침될 수 있을 때 가능한 것이다. 이 문제는 의식혁명의 차원에서 뒤에 다시 논의하게 될 것이다.

이처럼 '자기'도 누가 보느냐에 따라 달라진다. 여기서 타인까지를 포함시켜 인간의 문제에 대한 이해의 폭을 더 넓혀 보자. 나와 너 즉 A와 B 두 사람이 있다고 치면 실제로는 여섯 사람이 있게 되는 이치를 보자는 말이다.

① A 자체가 있다(A) ② A가 본 A가 있다(A') ③ B가 본 A가 있다(A")

④ B 자체가 있다(B) ⑤ B가 본 B가 있다(B') ⑥ A가 본 B가 있다(B")

이 중에서 ①, ④만이 사실이고, 나머지 넷은 보는 사람의 감정과 생각에 따라 달리 나타나는 가상이요 허구다. 여기서 우리는 자기를 보거나 상대방(비자기)을 보는 데는 두 종류가 있음을 알 수 있다. 하나는 자기나 상대방을 긍정적인 쪽으로 보거나 이해하는 것이요, 다른 하나는 부정적으로 보거나 이해하는 것이다. A에게 B가 전에 못되게 굴었던 사람이었다면 A는 B를 인격체로 보지 못하고 싫은 사람으로 볼 것이다. 이처럼 우리는 부정확한 것, 잘못 보거나 오해한 자료를 가지고 자기 스스로 판단하고 결정을 내린다. 대부분 우리는 이런 식으로 판단한 다음 그에 따라 행동한다. 따라서 자료나 정보의 오류는 판단의 오류를 낳고, 판단의 오류는 행동의 오류를 낳게 되어, 결국 많은 편견과 선입견과 오해를 가지고 살아간다. 이러한 이치는 A에게도 B에게도 똑같이 적용된다. '나'라는 자기가 만족스러우면 기분 좋게 느끼고, 만족스럽지 못하면 기분 나쁘게 느낀다. 그리고 상대방이 나에게 기분 좋게 느껴지면 나는 즐거워하고, 기분 나쁘게 느껴지면 나는 불쾌감을 가진다. 상대방의 나에 대한 감정도 마찬가지다.

영국 작가 Jane Austen도 자신의 대표작《오만과 편견》(Pride and Prejudice)에서 이러한 문제를 잘 지적하고 있다. 같은 사람에 대해서도 그 사람의 인격이나 내면의 마음을 제대로 보지 못하고, 내가 보고 싶은 것, 내가 듣고 싶은 것, 겉모습이나 피부 색깔만으로 그 사람을 평가하는 편견에 사로잡힌다는 것이다. 그 편견이 사라질 때라야만 진정한 인간관계를 유지할 수 있을 텐데도 말이다.

진정한 자기는 누구인가

저차 정보는 정보의 강한 보존성 때문에 강한 자기성을 갖는다. 그렇지만, 고차 정보는 오히려 해체성이 강하기 때문에 자기가 없다. 양자 정보는 비개체적으로 자기가 없지만 하나의 양자로 움직이고 또 하나의 결로 움직이기 때문에 사실은 또 다른 더 큰 자기가 있는 것과 마찬가지다. 양자 정보는 이처럼 하나의 자기로 관통되는 관통성을 가지고 있다. 이와 마찬가지도 의식도 다양한 차원의 정보를 관통하는 관통성을 가지고 있다. 그러나 관통되는 자기에도 어떤 계층이 형성된다. 마치 나무에서 뿌리와 줄기, 가지, 잎 등의 식물적인 계층에 각각의 자기가 있고, 그것이 나무라는 하나의 자기를 형성하고 있는 것과 같다. 감나무를 보면 우리는 그것을 하나의 전체로 보아 감나무라는 것을 안다. 감나무라는 하나의 자기를 형성하고 있기 때문이다. 그리고 감나무의 뿌리나 잎, 또는 열매를 보면 그것이 감나무의 뿌리나 잎이요, 그 열매가 감이라는 사실도 알아차린다. 그 각각에도 자기가 있다는 말이다. 그러나 우리가 하나의 감나무를 그 뿌리와 줄기, 잎 등으로 분리해 놓고 그것이 곧 감나무라고 말하지는 않는다. 그리고 분리된 코끼리의 코만으로 또는 몸통만으로 그것을 코끼리라고 말하지 않는다. 식물도 동물도 인간도 하나의 전체적인 자기를 이루지 못하고 본체로부터 분리되면 생명을 잃고 죽기 때문이다.

이처럼 고차 정보 속에 있는 자기는 자기의 계통에 가장 근원적인 자기가 되고, 그리고 그 각각의 계층마다 각각의 자기가 형성되어 있는 것이다. 한편 우리에게는 신체적 자기, 정신적 자기, 심리적 자기, 면역적 자기가 연속체를 이루며 서로 의존하고 교류하며 소통한다.

그렇다면 진정한 자기는 누구일까? 나의 실체는 하나다. 담배를 끊겠다고 결심한 것도 내가 한다. 그러다가 나 몰라라 하고 다시 담배를 피우는 것도 내가 한다. 나의 실체는 하나인데 하나의 목소리를 내지 못한다. 마찬가지로 나는 투표소에서도, 결혼의 문제에서도 하나의 목소리를 내지 못하고 이럴까 저럴까 망설이기 일쑤다. 다양한 목소리를 가지기 때문이다. 이런 점에 비추어 보면 진정한 자기는 존재하지 않는다고 볼 수도 있다.

예를 들어 보자. 메르세데스 벤츠 차가 아니라 제네시스를 사는 것, 태국이 아니라 이탈리아 로마로 여행 가는 것, 미국 증권거래소가 아니라 한국의 중소기업 금융 채권에 투자하기로 결정하는 것은 도대체 누구인가? 대부분의 실험들은 이런 결정을 내리는 하나의 자기는 존재하지 않는다는 것을 보여 준다. 그 결정들은 오히려 서로 충돌하는 자기 내적 실체들 사이의 줄다리기 끝에 나온 것이다.

노벨경제학상 수상자인 대니얼 카너만의 2002년의 획기적 실험도 이것을 잘 보여 준다. 이른바 '찬물실험'과 '대장내시경 환자 실험'이다. 이들 실험은 우리 안에 적어도 두 개의 서로 다른 자기가 존재한다는 것을 보여 준다. '경험하는 자기(experiencing self)'와 '기억하는 자기(remembering self)'가 그것이다.

어린 시절 못 먹고 가난하게 살 때는 무척 괴롭고 힘든 고통을 느꼈을 것이다. 그렇지만 지금 자기는, 그래도 그때가 좋았다며 아름다운 추억으로 이야기한다. 우리 안에 서로 다른 두 개의 자기가 있는 것이다. 경험하는 자기란, 현재 내가 경험하는 것을 느끼는 자기다. 이 자기는 지금 벌어지는 기쁨과 쾌락을 즐기는 반면 고통이나 괴로움을 피하려고 한다. 한편 기억하는 자기는 지나간 경험을 회상하고 평가하는 자기다. 그러한 회상은 스토리텔링(story-telling)의 형태로 나타난다. 자신의 의미에 대해 끊임없이 의미를 부여하고 스토리텔링을 하는 자기인 것이다. 그런데 경험하는 자기가 느끼는 것과 기억하는 자기가 판단하는 것은 대체로 일치하지 않는다는 것이 카너만 교수 이론의 핵심이다. 그리고 미래에 대한 예측과 어떻게 할 것인가의 의사 결정 등은 전적으로 기억하는 자기에 의존해서 이루어진다. 즉 직업, 배우자, 거주지, 자동차, 여행 등 인생에서 중요한 선택의 대부분은 기억하는 자기에 의해 이루어지는 것이다.

여기서 '대장내시경 환자 실험'의 결과를 통해 좀 더 구체적으로 살펴보기로 하자. 실험에서 A 환자 그룹은 8분간 고통스러운 검사를 받았고, 검사는 고통스러운 순간에 급작스럽게 끝났다. 반면 B 환자 그룹은 그보다 3배나 긴 24분간이나 검사를 받았고, A 환자 그룹만큼 고통스러운 순간도 겪었지만 고통이 줄어들면서 검사가 끝났다. 실험 결과 경험하는 자기의 평가를 보면, B 그룹의 경험하는 자기는 A 그룹보다 훨씬 더 큰 고통을 받았다. 그러나 기억하는 자기의 평가는 완전히 반대였다. B 그룹이 검사를 훨씬 덜 고통스럽게 기억했다. 고통이 점차 감소하거나 줄어들면서 끝났기 때문이다.

기억을 끄집어내고 이야기하고 중요한 결정을 내리는 것은 모두 우리 안의 기억하는 자기가 한다. 기억하는 자기는 경험을 평가할 때 정점과 결말만 기억해서 둘의 평균으로 경험 전체를 평가한다고 한다. 이것을 '정점-결말 법칙'이라고 한다.

이러한 실례는 소아과 의사, 수의사들의 치료 요령이나, 여성들의 출산 등의 예에서 쉽게 찾아볼 수 있다. 소아과 병원에서 의사들이 어린이에게 아픈 주사를 놓은 뒤, 우는 아이에게 사탕 과자 몇 개를 건네며 달래는 것이 바로 그러한 요령이다. 또한 출산 여성에 있어서도, 분만 마지막 순간부터 며칠 동안 산모의 몸에서 코르티졸과 베타 엔돌핀이 분비되어, 출산의 경험이 고통에서 긍정적인 기억으로 바뀐다고 한다.

우리는 여기서 중요한 시사점을 얻을 수 있다. 인간은 실험실에서는 과학을 믿고, 세상이나 시장에서는 전혀 다른 것을 믿을 수 있다는 점이다. 개인들은 파탄 난 결혼생활과 앞날이 보이지 않는 직업에 매달리기 일쑤다. 기업들도 실패한 사업에 엄청난 돈을 쏟아붓는다. 그러나 경험하는 자기와 기억하는 자기는 별개의 실체가 아니라 서로 긴밀하게 영향을 미친다. 예를 들어 기억하는 자기가 배고픔에 부여하는 각기 다른 의미들은 매우 다른 경험을 불러일으킨다. 건강 검진을 위해 금식하는 것과 돈이 없어서 먹지 못하는 금식은 배고픔을 서로 다르게 경험한다. 또 때로는 경험하는 자기는 기억하는 자기가 세운 최상의 계획마저 무너뜨릴 정도로 강력하다. 예컨대 기억하는 자기의 독단에 의해 나는 새해부터 매일 근육 운동을 하기로 결심한다. 하지만 막상 운동할 시간이 되면 경험하는 자기가 우세해져 나는 운동을 내팽개치고 소파에 앉아 TV의 미스 트롯을 본다. 그럼에도 불구하고 우리는 대부분 자신을 '기억하는 자기'와 동일시한다. 우리가 '나'라고 말할 때, 그 '나'는 내 머릿속에 기억하고 있는 상상 속의 '나'를 말한다는 뜻이다. 나의 경험에 의해 형성된 실제적인 자기는 따로 있는데도 말이다. 이처럼 우리는 태어날 때부터 죽을 때까지 불변하는 단 하나의 정체성을 가지고 있다는 굳은 믿음으로 살아간다는 것이다.

　우리는 상상 속 이야기를 위해 많은 것을 희생하거나 많은 고통을 당할수록, 그 환상에 집요하게 매달리며 살아간다. (유발 하라리, 411-419) 자신의 희생과 고통에 필사적으로 의미를 부여하고 싶기 때문이다. 유발 하라리는 이런 현상을 정치학에서는 '우리 아들들의 죽음은 헛되지 않았다' 증후군이라고 부른다며, 1915년 제1차 세계대전에 참여했던 이탈리아의 예를 들어 설명하고 있다. 이탈리아의 목표는 오스트리아-헝가리 제국이 부당하게 차지한 이탈리아의 영토를 수복하고자 한 것이었다. 그러나 전쟁이 끝나고 원했던 영토를 수복하지 못하자, 이탈리아 민주주의는 무솔리니와 파시스트 일당에게 권력을 넘겨주게 되었다. 이 전쟁으로 다리를 잃은 상이군인이 "내가 어리석어서 자기 잇속만 차리는 정치인들을 믿은 탓에 다리를 잃었어"라고 생각하는 것보다는 차라리 "이탈리아의 영원한 영광을 위해 내 한 몸을 희생했어!"라고 생각하는 편이 낫다는 것이다.

　환상이 그 고통에 의미를 부여하기 때문에 환상을 갖고 사는 것이 훨씬 더 쉽다는 것이다. 값비싼 황소를 제우스에게 바치는 가난한 농부는 제우스가 실제 존재한다고 확신할 것이다. 그게 아니라면 그가 그처럼 어리석은 행동을 할 이유가 없다. 만일 내가 조국 이탈리아를 위해 자식을 바쳤다면 나는 그 일만으로도 열렬한 이탈리아 민족주의자가 될 수 있다는 것이다. 달러화가 가치를 잃어도 그 달러화는 고통을 느끼지 않는다. 달러화는 우리를 도우라고 인간이 발명한 것이지 실체가 아니기 때문이다. 기업이 파산해도 기업은 고통을 느끼지 않는다. 이탈리아가 전쟁에 패배해도 그 나라가 실제로 고통을 느끼지 않는다. 가상의 고통이기 때문이다. 그러나 병사가 전투에서 부상을 당하면 그는 실제로 고통을 느낀다. 돈, 기업, 국가가 가상인 것과 마찬가지로 '기억하는 자기' 역시 가상의 것이다. 그래서 행복하면 웃기도 하지만, 억지로라도 또는 가상으로라도 웃으면 행복해진다는 것도 같은 이치가 아닐까? 우리를 도우라고 AI도 발명했는데, 우리가 AI를 위해 우리의 생명을 맡기는 이치와 같은 것이 아닐까?

우리는 기억하는 자기와 경험하는 자기에 대해서 자세히 살펴보았다. 그런데 또 있다. 이른바 필자가 말하는 '각성하는 자기(realizing self)'다. 예를 들어 보자. 알베르트 슈바이처(Albert Schuweizer)는 학생시절의 자기가 있었을 것이다. 그런데 14세 때 경험했던 사건이 그의 인생을 결정짓는 또 다른 자기를 만들었다. 학교시절 그는 동네친구와 싸움이 붙었다. 어렸을 때는 싸움을 잘했던지 상대를 두들겨 팼다. 그때 매 맞던 아이가 이렇게 울부짖었다고 한다.

"내가 만약 너처럼 매일 잘 먹을 수 있었으면 이렇게 얻어맞지는 않았을 거야!"

그 말 한마디가 슈바이처의 의식을 관통했다. 이 한마디가 그의 가슴과 뇌리에 깊게 각인되었던 것이다. 나보다 못한 사람들을 도와야 한다는 각성으로. 27세 때 신학대학 교수가 된 그는 아프리카 흑인들의 비참한 생활을 낱낱이 소개한 보고서를 보고, 14세 유년시절의 기억을 새삼 떠올리게 되었다. 그는 다시 의학을 공부해 38세에 의학박사 학위를 받고 마침내 아프리카로 향했다. 그곳에서 헐벗고 병든 사람들을 위해 평생을 헌신한 것이다. 그는 나보다 못한 사람들을 도와야 한다는 '각성하는 자기'로 다시 태어나 이타적 자존감을 발휘했던 20세기 최고의 지성이다. (정진홍, 75-76)

2.

인간도
알고리즘(Algorithm)이다

동물의 일반적인 감정은 행복, 놀람, 슬픔, 공포, 혐오, 분노 등이다. 인간은 이를 기초로 해서 더 세분화된 감정으로 발전시킨다. 인간의 감정을 이해하기 위해서는, 그리고 인간의 삶과 행복을 이해하기 위해서는 반드시 알아야 할 중요한 개념이 하나 있다. 바로 알고리즘이다. 알고리즘이 무엇이고 그것이 인간의 감정과 어떤 관계가 있는지를 반드시 알아야만 한다.

알고리즘은 계산을 하고 문제를 풀고 결정을 내리는 데 사용하는 일련의 단계적 절차나 과정을 말한다. 즉 특정한 계산이나 의사 결정이 아니라 그것을 실행하기 위한 절차나 과정이다. 대부분의 알고리즘은 컴퓨터 프로그램으로 구현되지만, 전기 회로나 생물학적 신경 회로를 사용하기도 한다. 컴퓨터 시대 이후 알고리즘은 컴퓨터를 통해 실행되는 것이라 믿는 경향이 있으나, 사실 알고리즘 자체는 컴퓨터가 등장하기 이전부터도 존재해 왔다. 즉, 사람이 수동으로 종이를 사용해 일정한 절차로 문제를 푸는 것도 알고리즘에 해당한다. 다만, 컴퓨터의 등장과 함께 알고리즘 역시 급속도로 발전하게 된 것은 사실이다.

인간도 컴퓨터에게도 알고리즘이 필요하다. 왜 그럴까? 사실 인간은 의식적 무의식적으로 알고리즘에 의하여 행동하며 의사 결정을 내린다. 또한 인간은 컴퓨터 알고리즘을 이용하면 특정 문제의 해결이나 행동을 자동화할 수 있다. 단순한 예를 들어 보자. 당신의 어린 자녀가 두 수의 평균을 구한다고 하자. 그의 알고리즘은 이렇게 작동한다. '먼저, 두 수를 더해라. 그다음, 그 합을 2로 나눠라.' 이 알고리즘에 두 수를 입력하면 그 답이 나온다.

좀 더 복잡한 경우의 예를 들어 보자. 사과, 비트, 당근을 사용하여 ABC 주스를 만든다고 해 보자. 당신의 알고리즘은 이렇게 작동할 것이다. 먼저, 3가지 재료와 믹서기를 준비하라 → 3가지 재료를 깨끗이 씻어 칼로 잘게 썰어라 → 믹서기에 적당량의 물을 부어라 → 잘게 썰어 놓은 3가지 재료를 믹서기에 넣어라 → 믹서기 작동 스위치를 눌러라. 이런 과정을 거쳐 당신은 ABC 주스를 만들어 낸다. 또 당신의 블로그를 방문한 사람들에게 컴퓨터로 메일을 보내는 경우도 마찬가지다. 당신이 자동으로 메일을 보내는 알고리즘을 컴퓨터에게 명령하면 컴퓨터는 알아서 자동으로 그 일을 처리해 준다.

재료나 레시피만으로 평균값이 구해지거나 ABC 주스가 만들어질 수는 없다. 재료나 레시피를 읽고 일련의 단계들을 시키는 대로 행할 사람이 필요하다. 사람 대신 이 알고리즘을 자동으로 실행할 컴퓨터나 기계(믹서기, 자판기)를 사용할 수도 있다. 그 컴퓨터나 기계에 재료나 데이터를 넣기만 하면 알고리즘에 따라 알아서 자동으로 처리해 준다.

이처럼 알고리즘은 어떠한 정보의 입력이 있다면 이 입력에 따라 명령을 명확하게 실행하고, 효과적으로 입력에 따른 결과물을 도출할 수 있는 것을 말한다. 따라서 알고리즘은 외부에서 입력된 자료가 있어야 하며(입력), 알고리즘의 각 단계는 명확하여 애매함이 없어야 하고(명확성), 유한한 횟수의 단계를 거친 후(유한성) 문제를 해결하고 결과를 얻음으로써 종료해야 한다(출력). 알고리즘이 위의 요건들을 모두 만족한다면 문제를 풀 수 있다고 할 수 있지만, 알고리즘은 시공간적 한계성을 가진다고 보아야 한다. 컴퓨터나 기계에 의한 비의식적 알고리즘으로 3, 4차의 복잡성 정보까지 처리할 수 있는 수준으로 발달해 오고 있는 것은 사실이지만, 더욱 고차적인 5, 6차원의 정보까지를 효과적으로 풀어내기는 어렵기 때문이다. 몇 달 혹은 몇 년이 걸려 문제를 푼다면 무슨 소용이 있을 것이며, 양자적 현상과 같은 엄청난 정보와 변수를 처리하여 과연 해답을 얻어 낼 수 있을 것인가?

지난 몇 십 년 동안 생물학자들은 사람 역시 알고리즘이라는 확고한 결론을 얻었다. 인간이 자판기보다 훨씬 더 복잡한 알고리즘이지만 알고리즘인 것은 분명하다. 또한 인간은, 자판기와 같이 올바른 조합의 버튼을 누르면 또 다른 자판기가 탄생하는 것처럼 자신을 복제하는 알고리즘이기도 하다. 자판기를 제어하는 알고리즘은 기계 장치와 전기 회로를 통해 문제를 해결한다. 인간을 제어하는 알고리즘은 감각, 감정, 생각을 통해 문제를 해결한다. 쥐들도, 개나 닭, 돼지들도, 비의식적 알고리즘에 따라 행동할 뿐이다. 긴팔원숭이와 공작의 경우도 마찬가지다. (서은우, 유발 하라리)

긴팔원숭이는 생존과 번식을 위해 몸이 계산기처럼 반응한다. 배고픔에 바나나를 보면 입에 침이 고이고, 근처에 숨은 사자를 보면 두려움을 느껴 벌벌 떤다. 순간적으로 이런 감각, 감정, 욕망의 폭풍을 경험하는 것이다. 이것은 단지 계산 과정일 뿐이다. 계산의 결과는 느낌으로 나타난다. 그는 갑자기 정신이 번쩍 들고, 털이 쭈뼛 서고, 근육이 경직되고, 가슴이 터질 것 같다. 그래서 심호흡을 한 다음 '나는 할 수 있다. 바나나를 향해 진격하자!'라고 결정한다. 또는 겁먹어 어깨가 움츠러들고 다리가 풀려 '엄마야! 사자다! 걸음아 나 살려라!'하고 도망친다. 또 때로는 반반의 확률이어서 망설이면서 '에이, 모르겠다. 도대체 어떻게 해야 하는 거야!?' 하고 갈팡질팡하기도 한다.

배우자, 직업, 집 등 인생에서 매우 중요한 선택들을 포함해 우리가 내리는 결정의 99%는 감각, 감정, 욕망이라고 불리는 정교한 알고리즘을 통해 이루어진다. (유발 하라리, 126) 심지어 대니얼 카너만 같은 노벨상 수상자들조차 자신이 하는 결정 가운데 극히 일부만을 펜, 종이, 계산기를 이용해 결정할 뿐 거의 전부를 알고리즘에 따른다. 인간도 알고리즘이기 때문에 우리는 일상생활에서 수없는 알고리즘들과 더불어 산다. 따라서 유튜브, 인스타그램 등 소셜 미디어 알고리즘, 컴퓨터의 모든 전자 알고리즘, 인공지능 알고리즘, 블록체인과 비트코인 등 P2P 기반 암호 알고리즘 등을 제대로 이해하고 활용할 필요가 있다.

문명을 이루고 사는 사람들은 네트워크로 조직되어 있어서 개인들은 알고리즘이 중요한 결정을 내린다. 병원을 예로 들어 보자. 병원에 가면 먼저, 접수대 직원이 문진표를 작성하라고 한다. 작성한 문진서는 간호사에게 전달되고, 간호사는 그 내용을 보고 병원 내규에 따라 사전 검사가 필요한지를 결정한다. 그런 다음 필요하다면 혈압과 심박수를 측정하고 혈액을 채취할 것이다. 담당 의사는 검사 결과를 보고 절차에 따라 더 철저한 검사를 한다. 그런 다음 전문의가 데이터베이스를 통해 그 결과를 분석하고 어떤 약을 처방할지 또는 어떤 검사나 수술을 받아야 할지를 결정한다. 이러한 알고리즘식 체계에서는 접수원, 당직 간호사, 또는 의사가 누구인지는 중요하지 않다. 이들 모두가 시스템상 정해진 규칙과 규정을 제대로 지켜 나를 치료하는 한 성공할 가능성이 높다. 이런 알고리즘의 이상에 따르면 나의 운명은 각 부서에서 일하는 누군가의 손에 달려 있지 않다. '시스템'의 손에 달려 있다는 말이다. 학교, 군대, 기업, 교도소도 마찬가지다. 물론 현실에서는 부정과 비리가 판을 치는 경우가 많은 것도 사실이지만.

나보다 나를 더 잘 아는 컴퓨터 알고리즘이 있다고?

지금까지는 의식을 가진 존재만이, 자동차를 몰고, 질병을 진단하는 등의 높은 지능을 요하는 일을 할 수 있었다. 하지만 이제는 아니다. 그런 일들을 인간보다 훨씬 더 잘할 수 있는 새로운 유형의 비의식적 지능, 즉 비의식적 알고리즘이 출현하는 중대한 혁명의 시대에 살고 있는 것이다.

여기서 전혀 새로운 중요한 질문이 생긴다. 무엇일까? 지능과 의식 중 진정 어느 것이 더 중요한가? 인공지능과 인간의 의식 중 진정 어느 것이 행복에 더 중요할까? 알고리즘이 진화하는 것인가, 인간이 진화하는 것인가? 이것이 문제다. 여기에 의식혁명의 중대성이 있다. 인간 택시 기사는 붐비는 서울 거리를 운전하면서 'Seoul! My Soul!'을 외치며 신나게 음악을 들을 수도 있고, 밤하늘의 별의 신비에 경외감을 느낄 수도 있을 것이다. 그러나 자율주행 시스템은 택시기사의 이런 경험들이 필요 없다. 승객을 원하는 장소까지 안전하고 신속하고 싼 비용으로 데려다주기만 하면 된다. 자율주행 자동차가 곧 인간 택시 기사보다 훨씬 더 운전을 잘 하게 될 것이다. 따라서 이제 성능을 높이지 못한 인간은 곧 무용지물이 될지도 모른다. 로봇과 3D 프린터가 셔츠 제조 같은 육체노동을 대체할 것이며, 일부 직장과 회사 직원들은 이제 자동화 시스템에 의해 설 자리를 잃을 위기에 처했다. 인공지능은 인간 의사들보다 더 정확하게 당신의 감정 상태까지도 알아챌 수 있다. 2012년 이후의 실험에서조차도 의사들의 폐암 진단의 정확도는 50%에 그친 반면, 컴퓨터 알고리즘의 성공률은 90%에 달했다.

거의 모든 것을 인간보다 더 잘 할 수 있는 높은 지능의 비의식적 알고리즘이 생긴다면, 의식을 가진 인간은 무엇을 할 것인가? 지금은 의식적 알고리즘이 비의식적 알고리즘보다 잘 하는 일들이 많은 것이 사실이고, 어떤 일은 영원히 비의식적 알고리즘이 해결할 수 없을 것이라는 전문가들의 견해도 있다. 하지만 이제는 다르다. 그 알고리즘들이 스스로 주인이 될지도 모른다. 아니면 전능한 알고리즘을 소유한 소수 엘리트 집단의 손에 부와 권력이 집중되고, 따라서 전례 없는 경제적 사회적 불평등이 덮칠지도 모른다. 현재 기업이나 국가 같은 실재들은 사람처럼 인격을 부여받아 '법인'으로 인정받고 있다. 도요타나 아르헨티나는 육신도 정신도 없지만 사람처럼 국제법의 적용을 받고, 땅과 돈을 소유할 수 있으며, 제소하거나 피소될 수 있다. 우리는 곧 알고리즘에도 이와 비슷한 지위를 부여하게 될 것이고, 그때는 알고리즘이, 인간(주인)의 뜻에 따를 필요 없이 스스로 운송제국을 건설하거나 벤처 금융을 소유하게 될 것이다.

21C의 기술로는 나보다 나를 훨씬 더 잘 아는 외부 알고리즘을 만들 수 있다. 그렇게 되면 권한은 내가 아니라 알고리즘이 가지게 될 것이다. 이미 우리는 의학에서 이를 경험하고 있다. 일생 동안 우리의 몸과 건강에 관한 가장 중요한 결정들의 대부분을 컴퓨터 알고리즘과 인공지능이 내리고 있지 않은가? 2024년 2월에 인공지능을 장착하여 몸 건강과 생체 데이터를 체크해 주는 360도 접는 스마트 폰 앱, 손가락 반지 등이 세상에 나왔다. 픽시 사이언티픽(Pixie Scientific)이 아기 똥을 분석하여 아기의 질병 여부를 알려 주는 '스마

트 기저귀'를 판매한 것은 이미 오래전이다. 베드포스트(Bedpost)라는 회사는 성관계를 하는 동안 착용할 수 있는 생체완장을 판매한다. 심박수, 시간, 땀의 양, 오르가슴 지속 시간, 소비 칼로리 같은 데이터를 분석해 당신의 성적능력을 수치로 평가한다. 이제 자신을 알고 싶다면 철학, 명상, 심리 분석에 시간을 낭비할 필요 없이 알고리즘에게 생체 데이터를 체계적으로 수집·분석하도록 맡기면 되는 시대가 된 것이다.

2013년 5월 14일 '뉴욕타임스'에 안젤리나 졸리가 양쪽 유방 절제술을 받기로 했다는 기사가 났다. 유전자 검사 결과 졸리는 유방암에 걸릴 수 있는 유전자의 돌연변이를 가지고 있음이 밝혀졌다. 이 돌연변이를 가진 여성들이 유방암에 걸릴 확률이 87%라고 한다. 당시 졸리는 암에 걸리지 않은 상태였지만 그 끔찍한 병을 사전에 막기 위해, 그리고 다른 여성들도 유전자 검사를 받아서 그 위험을 사전 예방하도록 하기 위해 양쪽 유방 절제술을 받기로 했다는 것이다. 당시 그녀는 통증도 불편함도 없었기에 속으로는 "괜찮아, 다 잘될 거야."라며 다독였다. 하지만 컴퓨터 알고리즘은 "지금은 아무 문제도 못 느끼지만, 당신의 유전자에는 시한폭탄이 있다. 당장 조치해라!"고 말했다. 앞으로 당신도 졸리와 똑같은 방식으로 건강에 관한 중대 결정을 내리게 될 것이다.

페이스북이 의뢰한 최신 연구를 보자. 이 연구는 페이스북 계정을 가진 자로서 성격에 관한 100문항 설문지에 답변한 98,200명을 대상으로 한 것이다. 이 연구 결과는, 한 사람의 성격과 기질은 그의 친구나 부모 또는 배우자가 잘 알 것이라는 우리의 생각과는 달리, 이미 페이스북 알고리즘이 더 잘 알고 있더라는 사실을 보여 주었다. (유발 하라리, 465)

구글, 네이버, 페이스북, 유튜브, 마이크로소프트, 그 밖의 알고리즘들이 모든 것을 아는 전능한 알고리즘이 되면, 그다음에는 대리인으로 진화하고, 마침내는 주권자로 진화할 것이다. 인간의 진화가 아니라 알고리즘의 진화 아닌가? 마이크로소프트의 인공지능 Cortana와 구글의 Now, 애플의 Siri 등도 같은 방향으로 작동한다. 21C의 신기술들은 이렇게 인간의 권한을 박탈하고 비인간 알고리즘들의 권한을 강화하고 있는 것이다.

이제 실제 세계는, 생화학적 알고리즘들과 전자 알고리즘들이 뚜렷한 경계도 없이 그물망처럼 네트워크로 얽힌 상태임이 드러나고 있다. 그리하여 21C의 과학기술은, 인간의 욕망과 경험이 중심인 세상이 아니라, 정보와 데이터가 권한과 의미의 원천이 되어 가는 세상을 만들고 있는 것이다. 이것은 두 과학적 조류가 격정적으로 합쳐진 데에서 비롯된다. 찰스 다윈이 《종의 기원》을 발표한 이후 150년에 걸쳐 생명과학은 유기체를 생화학적 알고리즘으로 보게 되었다. 그리고 앨런 튜링이 튜링 기계라는 개념을 창안한 때로부터 80년 동안 컴퓨터 과학자들은 점점 더 정교한 전자 알고리즘을 설계하는 방법을 알아냈다. 이 둘이 합쳐지면서, 똑같은 수학적 법칙들이 생화학적 알고리즘과 전자 알고리즘 모두에 적용되게 된 것이다. (유발 하라리, 472, 503)

3.

마음의 문제를
과학은 풀고 있는가

　인간의 삶은 문제의 연속이다. 인간의 정치 경제 사회 문제, 건강 문제, 행복 문제, 범죄 문제 등에 대한 해답을 얻고자 막대한 시간과 인력과 돈을 투입하고 과학기술을 개발하여 왔지만, 지금껏 우리는 그 어느 것도 속 시원한 해결책을 찾지 못하고 있다.

　인간의 행복 문제가 그 대표적인 것이다. 그것은 자료와 정보의 부족 때문도 아니다. 오히려 자료와 정보의 홍수 속에 살고 있다. 해결해야 할 문제의 의미나 본질을 제대로 이해하지 못해 왔을 뿐 아니라, 그 해결을 위한 올바른 질문조차 하지 못하는 경우가 많았다. 그리고 질문 자체의 정확성, 타당성을 측정할 수 있는 믿을 만한 도구도 없었다고 볼 수 있다. 또한 눈에 보이지 않는 세계에 대해서는 인간 능력의 한계에 부딪혀 간과하거나 도외시하기 일쑤였다. 따라서 인간의 딜레마는, 지금도 그렇고 언제나 그렇지만 인간 자신이 가공해서 만들어 낸 것을 사실인 것처럼 믿어 온 데에 있다고 해도 과언이 아닐 것이다.

우리는 부정확하거나 잘못보거나 오해한 자료 때문에 발생하는 선입견과 편견을 경계해야 한다. 행복의 문제도 마찬가지다. 보이지 않는 세계까지도 올바르게 보고 느낌으로써 올바른 판단을 얻고, 올바른 판단에 의해 올바른 행동을 하게 되며, 올바른 행동에 의해 올바른 해답을 얻을 수 있도록 노력할 필요가 있다.

대부분의 인간은 문제의 원인을 명확히 모르면서 눈에 보이는 결과만을 고치려고 안간힘을 써 왔다. 이것이 인간 의식의 진보가 더디게 진행될 수밖에 없는 이유 중 하나일 것이다. 눈에 보이는 세상에서는 나타난 결과물만 보기 때문에 진정한 원인을 찾을 수 없다. 진정한 원인은 겉으로 드러나는 원인들 속에 숨어 있어 눈으로 볼 수 없기 때문이다. 필자는 인간의 진보에 가장 큰 장애물은 의식의 본질에 대해 잘 알지 못하는 데 있다고 생각한다. 순간순간의 마음의 움직임을 살펴보면, 사실 마음이라는 것은 사물을 미처 알기도 전에 움직인다는 사실을 알게 될 것이다. 의식은 순간순간마다 최선의 선택을 하는데, 이것이 결국 의식 자체의 고유한 기능이다. 인간은 눈에 보이는, 자신이 조절할 수 있는 법과 제도, 돈 등의 힘 덕분에 살아간다고 생각한다. 하지만 사실은 눈에 보이지 않지만 분명 존재하면서도 무의식적으로 작동하는 강력한 끌개(attractors)의 에너지 패턴에 의해 살아가고 있다는 것을 이 책의 서두에서부터 언급해 왔다.

흔히들 과학(Science)의 개념을 좁은 의미의 과학(자연과학)을 말하는 것으로 오해하기 쉽다. 그러나 과학의 대상은 자연현상은 물론 사회현상이나 정보현상 등도 포함된다고 보아야 한다. 그래서 사회 과학도 있고, 정보과학도 있는 것이다. 따라서 모든 과학은, 물리적 이건, 생화학적이건, 수학적이건, 심리적이건 간에 그 원리나 법칙 성을 밝히려는 작업을 말한다. 우리는 보이는 세상이 세상의 전부인 것처럼 믿고 살아오기 일쑤였지만, 우주에는 보이지 않는 세상이 분 명 존재한다. 인간이라는 생명체도 마찬가지다. 그래서 우주와 인 간과 생명의 그 어떤 것도 문제가 단순하고 간단명료할 수 없다. 그 러나 문제가 아무리 복잡하고 이해하기 힘든 것이라 하더라도 그 문 제는 법칙에 따라 일어나고 법칙에 따라 해결된다는 것을 밝히려는 작업이 바로 과학 아닌가?

우리는 마음에 대해 잘 모른다. 마음의 스펙트럼이 얼마나 넓은 지, 마음의 목표 지점이 어디에 있는지 잘 모른다. 심리적 메커니즘 이나 과학기술을 통해 마음 상태를 조작하는 방법을 알아냈지만, 그 완전한 마음의 세계를 아직 파악하지 못하고 있다. 고래들은 수 백 km 떨어진 곳에서도 서로의 소리를 들을 수 있고, 각각의 고래들 은 엄청나게 복잡한 패턴으로 몇 시간 동안 이어지는 자기만의 노래 레퍼토리를 가지고 있음을 밝혀냈다고 한다.(유발 하라리, 490) 인간은 모 든 사물의 특징적인 모양과 색깔로 사물들을 구별한다. 하지만 박쥐 는 인간과는 달리 모든 사물들의 특징적인 반향 패턴을 가지고 사물 들을 구별하며, 들을 수 있는 소리 진동수도 인간보다 5배 이상이나 된다고 한다. 인간은 전자기파 스펙트럼 중 400나노미터~700나노

미터 사이의 파장에 해당하는 빛(5%)만 볼 수 있을 뿐, 가시광선 영역 위의 적외선, 마이크로파, 라디오파 등의 거대 영역과, 가시광선 영역 아래의 자외선, X선, 감마선 등의 거대 영역은 눈으로 볼 수 없다. 전체 스펙트럼은 우리가 볼 수 있는 가시광선 스펙트럼보다 약 10조 배나 더 넓다고 한다.

그렇다면 마음의 스펙트럼도 이처럼 무한할지도 모른다. 그리고 일반인들은 초월적인 경지와 그런 경지에 이른 사람을 알아볼 수 없다는 인식 능력의 한계도 있다. 낮은 수준의 의식으로는 고차적 수준의 의식을 알지 못한다. 그런데도 과학은 지금까지 그중 매우 작은 두 영역, 즉 '표준이하' 영역과 '서구의 교육받고 산업화되고 부유하고 민주적인 WEIRD'(Western Educated Industrialised Rich Democratic) 사회만을 대상으로 인간의 마음과 경험에 대한 연구를 해 왔다. 즉 마음 또는 의식에 대한 대부분의 연구가 보통 사람들의 영역이 아니라 주로 미국인 중심, 그리고 심리학과의 학생 중심으로 이루어졌다는 말이다. 심리학자들과 생물학자들은, 지금까지 백년 이상의 세월 동안 표준이하의 영역에 있는 자폐증, 조현병 등 여러 정신질환자들을 대상으로 많은 연구를 해 온 것이 사실이다. 한편 과학자들은 표준적이라 생각되는 사람들의 마음상태를 연구해 왔지만, 그 대부분의 연구가 WEIRD 사회만을 대상으로 해 왔다고 말할 수 있다. 이들이 인간을 대표하는 표본이 아닌 것은 물론이다. (유발 하라리, 484-492)

따라서 우리는 광대한 마음과 의식의 상태를 잘 알지 못한다. 인간에게는 사랑은 붉은 색, 질투는 녹색, 우울은 파란색으로 표현된다. 하지만 암컷 박쥐의 새끼에 대한 사랑이 어떻게 표현되고 박쥐로 사는 느낌이 어떤 것인지를 우리는 알지 못한다. 고래로 사는 느낌이 어떤 것인지도 알지 못한다. 절세의 미인 양귀비를 보면 모든 남자들은 아름답다고 넋을 놓지만, 물고기는 보자마자 수초나 바위 밑으로 숨고, 새는 날아가 버리고, 사슴은 급히 도망쳐 버린다. 이넷 중에서 어느 쪽이 아름다움을 바르게 안다고 하겠는가?(장자, 113) 즉 인간은 인간, 박쥐, 고래, 그 밖의 모든 동물들이 가진 마음의 스펙트럼 너머의 훨씬 더 광대한 마음의 상태를 알지 못한다. 그리고 지난 40억 년의 진화 동안 한 번도 경험해 보지 못한 무한하게 다양한 마음 상태를 알지 못한다. 그래서 강력한 약물, 유전공학, 전자 헬멧, 뇌와 컴퓨터를 직접 연결함으로써 인간의 마음을 업그레이드하여 그 미지의 세계를 열어 보고자 온갖 노력을 다하고 있지 아니한가?

이처럼 의식 또는 마음의 문제에 대한 과학적 연구가 충분히 이루어지지 못하고 있을 뿐만 아니라, 실행된 연구마저도 보통 사람들이 아니라 주로 표준 이상의 사람들, 미국인, 그리고 심리학과 학생 등을 대상으로 이루어져 그 한계성을 가질 수밖에 없게 된 것이다.

사실 우리는 행복에 대한 과학적 정의나 척도를 갖고 있지 않다. 아이스크림을 먹으면 행복하고 진정한 사랑을 찾으면 행복한데, 그렇다고 아이스크림을 충분히 많이 먹으면 진정한 사랑을 찾은 기쁨과 맞먹을 정도로 행복해지는지 우리가 어떻게 아는가? 바라거나 구하는 것을 얻었을 때 행복한데, 그것을 얻고자 하는 갈망으로 꾸준히 추구하는 것은 그보다 못한 행복일까? 또 새만금 방조제를 쌓아 새만금을 개발하는 궁극적 목적이 우리를 더 행복하게 만드는 데 있다는 점을 인정한다 하더라도, 갯벌과 어업과 환경을 보존하는 것과, 농토나 산업단지를 만드는 것 중에서 어느 것이 더 큰 행복을 가져올지 어떻게 알겠는가? 의식의 신비를 풀지 못하는 한, 우리는 행복과 고통의 보편적 척도를 가질 수 없고, 서로 다른 개인들의 행복과 고통을 비교하는 방법도 알 수 없을 것이다. 행복과 불행이 당초부터 더하기 빼기를 할 수 있는 수학적 실체는 아니지 않은가? 행복은 어차피 개인에 따라 달라지는 주관적인 것이지 않은가?

그래서 필자는 행복 문제의 근원이 의식에서 비롯된 것임을 직시하고, 의식을 정보과학적 방법으로 제대로 이해하고 그 창조적 진화를 통하여 진정한 행복의 진실을 밝혀 보고자 하는 것이다. 과학에 의해 밝혀진 법칙은 인종이나 성별 등의 차별 없이, 그리고 종교적 신념이나 감정에도 좌우됨이 없이 누구에게나 받아들여진다. 이것은 인류 역사를 통해서도 여러 차례 확인된 예가 있다. 갈릴레오가 오랜 종교적(?) 전통의 천동설을 뒤엎고 불변의 지동설을 확립한 바 있고, 아인슈타인이 상대성 원리를 발표하자 그에 대해 어떤 누구도 시비를 걸지 못하였던 사실을 기억하자.

4.

의식과
창조적 진화

의식이란 무엇인가

의식이란 어떤 대상에 대해 인간이 인지하는 것을 말한다. 인간의 의식은 대상이 없으면 존재하지 못한다. 네가 있기에 내가 있고, 이것이 있기에 저것이 있다. 부정이 있기에 긍정이 있고, 선이 있기에 악이 있다. 그런데 이 의식은 인간의 성장 과정을 따라 단계를 거쳐 성장하여 비로소 자기의식을 완성한다. 헤겔도 그의 저서 《정신현상학》에서 이를 말해 주고 있다. 먼저, 태어난 이후 유아기 어느 때까지는 자기를 의식하지 못하고 동물적인 감성에 따라 대상을 인식한다. 자기의식이 아니라 대상에 대한 의식이다. 이를 헤겔은 '대상의식'이라 불렀다. 그 다음 단계에 와서는, 인간은 비로소 자신을 알기 시작한다. 즉 자기와 자기라는 대상에 대한 의식을 가진다. 이를 '자기의식'이라 한다. 반대편 상대를 보며 나를 알게 되는 것이지만, 상대를 나와 같은 자의식을 지닌 인간으로 생각하지 않는다. 그래서 서로 노예로 부리려 하고, 서로 주인으로 인정받기 위한 인정 투쟁 즉 생존경쟁을 벌이게 된다. 마지막 단계는, 이 인정투쟁의 과정을 거친 후 비로서 나 = 우리임을 깨닫게 되고 서로를 인정하고 존중하는 길만이 진정한 자유를 얻는 길임을 인식하게 된다. 이제야 비로소 인간은 자기의식의 완성 단계에 이르는 것이다.

의식은, 뇌의 뉴런이라는 신경세포와 그 말단의 시냅스가 작용한 결과로서 나타난다. 한마디로 정보를 수집, 처리, 보관하는 뇌의 기능을 말한다. 사람마다 의식이 다른 이유는 이미 형성된 100조가 넘는 뉴런 네트워크에 투입되는 정보가 사람마다 다르기 때문이다. 그중 가장 큰 이유는 부모로부터 물려받은 유전자에 코딩된 정보의 차이이며, 나머지는 태어나면서부터 받는 외부 자극에 기인한다. 따라서 뇌 속의 뉴런 네트워크는 의식먹기에 따라 바꿀 수 있다. 그 방법 중 하나가 공부나 여행 등을 통해 새로운 뉴런 네트워크를 만들어 냄으로써 기존의 네트워크와 공조를 이루는 방법이다. 또 하나는 창의적인 상상을 통해 기존의 네트워크와 합쳐지면서 새로운 네트워크를 만들어 내는 방법이다.

의식은 한마디로 깨어서 생각하고 기억하고 판단하는 자기자각의 세계를 말한다. 따라서 의식은 넓게 보면 무의식, 전의식(또는 잠재의식), 좁은 의미의 의식(표층의식)까지를 모두 포함한다. (이영돈, 168) 의식은 정신적인 성질을 가지고 있기에, 낮은 의식수준에서부터 높은 의식 수준으로까지 관통할 수 있는 관통성을 가진다. 그리고 무의식, 잠재의식까지 의식의 세계에 끌어올려 위대한 힘을 발휘하기도 한다.

무의식은 자기가 자각할 수 없는 의식을 말하며, 자신도 모르는 사이에 어떤 행동이나 사고, 감정, 인간관계에 영향을 미치는 것이다. 무의식의 세계가 세상의 거의 대부분을 차지하고 있으면서도 인간에게는 보고자 하는 것만 보이며, 듣고자 하는 소리만 들리는 법이다. 의식과 무의식은 동시에 작동하기도 한다. 무의식에 있던 것들이 의식수준까지 올라온 전의식이 바로 그것이다. 무의식적으로 긴장되고 불안증상이 있을 때 마음세계를 들여다보면 왜 긴장되고 불안한지 알 수 있는 것처럼, 우리가 조금 더 깊이 들여다보면 의식으로 나타날 수 있는 영역이다. 무의식이나 전의식이 의식의 표면 위로 나타나는 것을 표층의식이라고 한다. 공기를 예로 들어 보자. 우리는 공기 속에 살면서 생명을 유지하고 있다. 그러나 평소에 공기를 의식하지 못하고 산다. 무의식적이라는 말이다. 고맙다고 느끼거나 감사하다는 말을 건네지도 않고 산다. 왜냐하면 공기의 존재를 의식적으로 떠올리지 못하기 때문이다. 그러나 미세먼지가 심하고 공해가 심한 상태에서는 우리는 공기를 의식의 수면 위로 떠올린다. 우리의 생존에 직접 영향을 미치는 것으로써 좋은 공기, 나쁜 공기를 식별한다는 말이다. 무의식에 있던 것도 의식적으로 떠올려 놓고 보면 보이는 것이다.

　종종 의식과 무의식은 잘 작동하기도 하지만 동시에 5%인 의식과 95%인 무의식간에 긴장이 발생하기도 한다. 사실 인간은 80% 이상의 결정을 무의식적으로 내린다고 한다.^(호이겔)

의식의 핵심은 전체성과 관통성이다

에델만과 토노리, 크릭과 코흐의 의식이론, 그리고 이성훈 교수의 신경면역 이론 등에 의하면, 의식은 정보를 통합하고 축약하는 기능을 하는 것은 물론, 그 반대의 방향으로 정보를 분화하고 해체하는 기능도 한다.(이성훈, 275-278) 마치 마음의 구심력과 원심력으로 비유할 수 있을 것이다. 마음을 대상에 빼앗기지 않고 집중하는 것이 구심의 마음이요, 대상에 빼앗겨 분산되는 것은 원심의 마음이다. 이것을 의식에도 적용할 수 있는데 이것이 바로 의식의 통합과 해체 기능이다.

뉴런의 통합과 분화는 에너지 방향이 반대이다. 통합은 여러 뉴런을 하나로 모으는 집중(conversion)의 기능이지만, 분화는 하나를 여럿으로 분산(divergence)하는 것을 말한다. 따라서 진정한 분산이 이루어지려면 먼저 집중의 힘을 해체시키는 작업이 반드시 필요하다. 뉴런을 하나로 모으는 집중의 방법은 무엇일까? 그 기초적인 형태가 내측강화와 외측억압이다. 내적으로 자기는 강화하고 외부적인 소음 등은 억제하는 것을 말한다. 그래야 집중이 가능하기 때문이다. 집중의 기능은 정보를 축약함으로써 효율적으로 처리하게 만들지만 현실의 다양한 정보를 놓칠 수 있다. 한편 분산은 특히 외측억압을 푸는 해체 작업이 있어야 가능하다. 그 때문에 사고와 판단에 갇혀 있는 저차 정보를 해체해야만 미세하고 상세한 고차 정보를 받아들일 수 있는 것이다.

이처럼 의식은 통합성과 해체성의 두 힘을 가진 양자적인 성질을 띤다. 의식은 그 내용이 서로 다양하더라도 하나로 유지되는 전체성이라는 양자적 속성을 갖는다. 뇌는 두개골 내부에 고정되어 있어 눈앞의 것들에 대한 차이를 찾아내지만, 의식은 시공간을 넘나들며 먼 곳에서도 작용한다. 한편 의식은 정보를 전체적으로 볼 수 있으면서 저차부터 고차에 이르기까지 여러 계층의 정보들을 관통해서 볼 수 있도록 하는 관통성을 가지고 있다. 의식의 가장 중요한 기능이 바로 이 관통성이다. 그런데 의식은 뇌의 에너지 수준에 따라 낮은 수준에서부터 높은 수준에 이르는 지도를 구성한다. 이것을 의식지도라 한다. 즉 수면은 뇌의 에너지 수준이 낮은 상태에서 이루어지지만 명상이나 영성 등은 높은 수준에 이르는 경우다. 의식은 이처럼 관통성이 있고 정보처리를 전체로서 통합적으로 보는 역할을 한다. 이 때문에 의식의 수준을 높은 수준으로 끌어올리는 의식의 혁명이 가능하다.

뇌에는 몸과 달리 모든 차원의 정보들을 통합하고 관통할 수 있는 의식이 존재한다. 이 의식을 통해 몸과 뇌의 정보를 바로 살피고 잘 통합되도록 할 수 있어야 한다. 그러나 의식이 뇌의 저차 정보에 지배당하게 되면 몸의 고차 정보와 소통하기 어렵다. 우리의 언어와 사고는 저차 정보가 중심이라고 했다. 그런데 우리는 그것을 고차적인 정보라고 잘못 믿고 있다. 이것이 문제다. 현실에 적응하기 위해서는 2차 정보가 중요하지만, 고차적인 몸의 정보로 들어가기 위해서는 고차적인 정서, 느낌과 같은 고차 정보로 해체되어야 한다. 몸의 양자 정보는 이것이면서 저것일 수도 있는 중첩성을 가지며, 비개체적이고 불명확하며 모호한 정보다. 그래서 전체를 보아야 하고 모순되더라도 그 울림과 떨림을 이해하고 공감해야 한다. 그리하여 고차 정보와 소통이 되어져야 하는 것이다.

우리의 의식수준은 우리가 바라보는 것, 직면하는 세상을 결정한다. 수감자를 생각해 보면 쉽게 알 수 있을 것이다. 똑같은 감방, 극심한 곤경과 긴장 속에서 수감자들은 그들의 관점에 따라서 현저한 반응의 차이를 보인다. 낮은 의식수준의 수감자들은 자살을 기도하거나 망상적 죄의식에 사로잡히기도 한다. 반면 어떤 수감자들은 자신이 왜 거기에 가게 되었는가에 대한 진실을 알고자 하는 용기를 발휘한다. 그래서 자신의 인생을 정직하게 바라보기 시작하거나 독서에 열중하기도 한다. 우리가 어떻게 반응하는가에 따라 우리가 대하는 세상이 달라지는 것이다.

관점에 따라 사람이 보고 느끼는 것은 전혀 다를 수밖에 없다. 우리가 보는 것뿐만 아니라 우리가 되고자 하는 것 또한 우리의 의식에 따라 결정된다. 의식은 고차 정보가 숨겨져 있는 보이지 않는 세계까지도 우리가 보고 느끼고 인식하고 생각할 수 있도록 연결하는 에너지장이 이끌고 나간다. 마음은 마음에 비치는 경험을 진실된 것으로 믿으려는 본성을 가지고 있기에, 사람은 저마다 자신의 세상과 경험만이 진실한 것이라고 착각하기 쉽다. 그러나 우리에게는 의식이라는 위대한 무기가 있다. 인간이 유산으로 물려받은 것이다. 우리가 곧 마음 그 자체라고 생각해 보자. 그러면 우리는 마음을 '가지고 있다'는 것을 알게 된다. 생각, 믿음, 느낌, 견해의 주인은 바로 마음이라는 것을 깨닫게 되는 것이다.(데이비드 호킨스, 234) 때문에 의식을 제대로 인식하는 것만으로도 우리의 의식수준을 높일 수 있다.

의식의 관통성이 창조적 진화를 이끈다

진화론에 의하면 생명체는 생존과 번식을 위한 적응의 결과로 진화해 왔다. 조화와 균형의 힘의 작용에 의하여 그리고 돌연변이에 의하여 진화해 온 것이다. 진화의 과정에서 보면 돌연변이가 혁명이듯이, 의식의 진화도 의식의 혁명으로 온다 할 것이다. 즉 의식도 조화와 균형의 힘의 작용에 의하여 그리고 의식수준의 창조적 도약이라는 돌연변이에 의하여 진화한다고 볼 수 있다는 말이다.

의식과 생명 모두 고차 정보와 소통해야 하기 때문에 본질적으로 초양자와 양자상태에 뿌리를 두고 진화해 나간다. 그렇기에 의식과 생명은 관통성이 강하고 양자와 초양자적 성격을 많이 띤다.

의식은 물질에 의존하여 진화하기 때문에 처음에는 물질처럼 저차원적이지만, 물질이 고차원적으로 진화하면서 의식도 고차원적으로 변화되어 간다. 의식은 자체에 내재된 고차적인 양자성으로 인해 자기반성과 창조를 가동하게 되고 이를 통해 생명지향적인 고차 정보를 추구하게 된다. 우주는 눈에 보이지 않는 질서(접힘)와 눈에 보이는 질서(펼침)의 관계 및 운동을 통해 진화하고 움직여 나간다고 알려지고 있다.(데이비드 봄, 183-218) 의식의 관통성도 이 접힘과 펼침의 관계적 운동으로 작동한다. 의식은 저차 정보가 무작위적으로 해체되는 과정을 통하여 고차 정보로 접혀 들어간다. 그리하여 의식은 저차에서 고차 정보까지의 다차원적인 정보로 관통하게 되고, 이러한 뇌 의식의 관통성을 통하여 우주의 양자 정보와 소통할 수 있게 되는 것이다. 이것이 의식의 진화다. 따라서 정보와 물질의 소멸을 방지할 수 있는 길도 결국 의식이 지닌 고유의 관통성을 활성화시켜 정보가 고차 정보와 하나 되게 하는 데 있다고 할 것이다.

의식에도 수준이 있다고 했다. 호킨스 박사는 인간의 의식수준을 저차적 수준부터 고차적 수준의 깨달음에 이르기까지 17단계로 나누고 각각의 의식수준을 1부터 1,000까지의 측정치로 나타내는 의식수준의 지도를 개발하였다. 그 방법과 내용의 신뢰성·정확성 등은 마땅히 비판과 검증의 대상이 되어야 할 것이다. 하지만, 그가 개발한 의식지도는 인간의 의식수준을 이해하는 데 많은 도움을 준다고 생각된다. 그에 의하면 의식은, 수치심(의식수준 20)으로부터 슬픔, 두려움, 욕망, 분노 등의 부정적 의식으로 표현되는 낮은 수준의 의식이 있다. 그리고, 생명에 대한 긍정적 영향력과 부정적 영향력을 구별해 주는 임계선상의 의식으로서 용기(의식수준 200)를 들고 있다. 나아가 점차적으로 더 높아지는 에너지 수준으로서 사랑, 기쁨, 평화, 깨달음(의식수준 700~1,000)까지를 들면서 이를 고차적 수준의 의식으로 나타내고 있다. 이해를 돕기 위해 다음의 도식을 제시하니 참고하기 바란다.

(https://search.naver.com/p/crd/rd?m=1&px=405&py....)

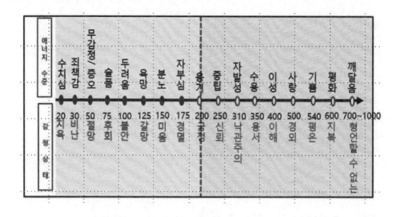

그는 간디의 비폭력 불복종 운동을 예로 들면서, 간디가 대영제국을 상대로 한 투쟁에서 승리한 것은, 대영제국의 식민주의가 가진 자만심(의식수준 175)보다 훨씬 더 높고 큰 의식수준인 평화 의식(의식수준 600)의 결과 때문이라고 설명한다. 그는 의식수준에 의하여 자기의 사익에 영합하고자 하는 정치인과 공익을 먼저 생각하는 정치인을 구분하는 것이 가능하며, 우리 의식수준을 끌어내리는 작품과, 보기만 해도 의식수준의 도약을 이룰 수 있는 예술 작품을 구분하는 일 역시 가능하다고 말한다. 각종 병의 원인이 되는 스트레스의 근원 역시 그것을 대하는 우리의 의식수준에 달려 있다는 해석이 가능하다. 어떤 이에게는 이혼이 불행이 되는 반면, 어떤 이에게는 행복을 주기도 하지 않는가? 이러한 원리에 따르면, 우리는 자신의 목표와 추구 가치를 높은 의식수준의 에너지와 일치시킴으로써, 즉 우리 안에 내재한 의식수준의 도약을 통해 고통에서 벗어나 행복과 평화를 얻을 수 있을 것이다. 사랑(의식수준 500)이라는 생각의 에너지가

수치심(의식수준 20)보다 엄청 더 강하다는 단순한 사실에 따르면, 우리는 사랑 의식으로의 창조적 진화를 선택함으로써 스스로를 행복의 길로 인도할 수 있을 것이다. 필자는 이처럼 고차적인 의식작용을 통하여 깨달음과 알아차림으로 다시 태어난 자기를 '각성하는 자기(Realizing Self)'로 표현하고 있음을 밝힌 바 있다.

돌덩어리를 정해진 모양으로 깎아 내야 한다고 생각하는 기술자는 다비드상을 조각하지 못한다. 그러나 미켈란젤로는 같은 돌덩어리에서 피에타의 성모상이나 다비드상을 창조해 냈다. 그리고 스티브 잡스는 창조적 진화의식으로 아이폰을 만들어 냈다. 인간의 언어 표현의 한계를 넘어서기 위해, 예술가는 예술 작품으로, 무용가는 몸짓으로, 화가는 붓질로, 시인은 영감 어린 시어로 자신의 특별한 감정을 표현한다. 창조적 진화의식의 표현이다.

햄버거는 빵에다가 양배추, 토마토, 양파, 피클과 다져 구운 고기를 넣어 만든다. 햄버거용 피클을 생산 판매하는 회사(Vlasic) 직원들은 피클이 빵 사이로 삐져나오는 미끄러짐 현상이 골치였다. 햄버거를 만드는 데 그것이 문제였다. 그 문제를 어떻게 해결했을까? 차량용 타이어가 표면에 홈을 파서 미끄러짐을 방지한다는 아이디어를 피클에 응용해서 피클에 홈을 팠다. 단번에 문제를 해결한 것이다. 의식의 창조적인 빅뱅이다. 이처럼 다양한 생각, 서로 다른 분야가 만나서 전혀 새로운 것이 창조되는 현상을 '메디치 효과(Medici Effect)'라 부른다. (김상근, 72-73) 창조적 힘은 충분하고도 넘친다. (론다 번, 176-177) 의식의 힘이 무한하듯 의식으로 창조하는 힘도 무한하기 때문이다.

의식이 뇌에 머물러 있다면 그 의식으로서는 감성의 정보나, 생명력이 넘치는 고차 정보를 이해할 수 없다. 고차 정보의 망은 몸에 있다. 몸의 고차 정보망을 활성화시키지 않으면 뇌의 의식은 결코 저차 정보의 힘에서 벗어날 수 없을 것이다. 따라서 뇌의 정보 보존성을 해체하고 몸의 고차 정보와 소통할 수 있도록 뇌 의식의 확장이 필요하다. 의식의 통합성과 해체성이라는 두 기능이 균형을 이루면서 더 높은 수준의 고차 정보로 통합되는 진화의 과정이 필요하다는 말이다. 뇌의 의식이 고차 정보까지를 아우르는 몸의 의식으로 진화할 수 있어야 한다. 마음은 몸과 분리될 수 없기 때문에 결국 고차 정보를 담고 있는 몸을 열어야 한다. 마음을 열고, 감성의 소리를 들으며 더 고차적인 정보로 들어가야 한다는 말이다. 그러나 그것이 생각대로 쉽게 되는 것이 아니다. 마음은 기계가 아니라, 인격이요 생명체이기 때문이다. 따라서 몸과 마음을 자각하고 이해하며, 통찰하고 공감하는 법을 알고 그 기술을 익히고 연습해야 한다. 행복은 바로 거기에 있기 때문이다.

그렇다면 뇌 의식을 몸의 의식으로 진화하게 하는 방법은 무엇일까? 의식혁명이다. 쉽게 설명해 보자.

뇌 의식은 깨어나 있는 의식, 즉 자각의 의식이다. 감각으로 느끼고, 주로 이분법적으로 판단하고 비판하는 의식이요, 2차 정보 중심의 의식이다. 깨어나 있지 못한 의식 상태를 뇌사라고 한다. 하지만 몸의 의식은, 뇌 의식이 그 의식수준을 높여 몸의 고차 정보와 소통하고 깊은 통찰과 공감을 보임으로써 더 높은 의식수준으로 다시 깨어나는 것을 말한다. 이러한 깨달음을 '각성'이라고 불러도 좋을 것이다. 따라서 각성은, 깨어 있는 뇌의식이 가지는 스스로의 자각과, 몸의 고차 정보까지를 껴안는 통찰과 공감으로 이루어진다고 볼 수 있다. 즉 필자가 말하는 '각성하는 자기' 또는 '깨달음의 자기'에 있어서 "각성 = 자각 + 통찰과 공감"이라고 표현할 수 있을 것이다. 여기서 통찰이란, 뇌와 몸이, 그리고 나와 남이 하나이기에 몸의 고통도 내 고통이며, 남의 고통도 나의 고통이라는 것을 깨닫는 것을 말한다. 그리고 공감이란 그러한 뇌와 몸의 소리, 나와 남의 내면의 소리를 '사랑'으로 보살피는 것을 말한다. 따라서 참 행복의 길, 참사랑의 길은, 실체를 자각하고 이해함과 동시에, 고통에 대한 통찰과 그 고통을 공감하여 사랑으로 위로하고 격려하는 데에 있다 할 것이다. 이러한 참 행복의 길에서는 뇌의 소리, 몸의 소리는 물론, 자연의 소리, 우주의 소리까지도 듣고 느낄 수 있다. 그림을 보고서 소리까지를 듣고, 음악을 듣고서는 그림까지도 볼 수 있을 것이다.(톰 하트만)

맹자는 인간에게는 이미 선한 본성 즉 측은지심, 수오지심, 사양지심, 시비지심이라고 불리는 사단(四端)이 있다고 말한다. 단(端)이란 단서 즉 실마리를 의미하는 것이다. 따라서 감성을 실마리처럼 소중히 여기고 잘 풀어 나가면 법 없이도 선한 본성을 이루어 나갈 수 있다는 것이다. 또한 칸트도 그의 《실천 이상 비판》에서, 분석적, 계산적인 생각으로는 접근할 수 없는 보편적 도덕 법칙으로서의 도덕심을 설파하고 있다. 그래서 이성과 감성이 하나로 조화되는 신성한 의지를 도덕이 지향해야 할 궁극 목표로 간주한다. 여기서 맹자와 칸트까지 연관 지어 언급한 이유는 고차적이고 진화적인 의식의 확장이 필요하다는 것을 강조하기 위해서다.

우주의 법칙에서처럼 정보의 보존성과 해체성의 관계 속에서 뇌에 내재된 의식의 창조적 진화를 통하여 몸의 고차 정보와 소통함으로써 뇌와 몸이 하나 되는 전체적인 행복을 얻어 낼 수 있도록 연습하고 교육하는 길이 참 행복의 길이라 할 것이다. 《짜라투스트라는 이렇게 말했다》에서 니체가 창조의 기쁨을 위해서는 파괴의 고통을 긍정하는 힘이 필요하다고 주장한 것이나, 앙리 베르그송이 생명은 우주의 근원적인 힘인 엘랑비탈과 결합하며 생명체의 창조적 진화를 이끌어 간다고 역설한 데서도 알 수 있듯이 의식의 힘에 의해 그 창조적 진화는 가능할 것이다. 신체적으로는 몸의 고차 정보를 회복하고, 정신적으로는 의식의 고도화 경지에 이를 수 있도록 창조적 진화를 거듭함으로써 참 행복을 이룰 수 있을 것이다.

이상에서 의식혁명이란, 자기의 의식수준을 높여 고차적인 의식으로 다시 태어남, 즉 의식의 창조적 진화임을 설명했다. 실로 의식의 창조적 진화는 인류 진화의 가장 핵심적이고도 중요한 과제의 하나임에 틀림없다. 그런데 의식혁명과 관련하여 간과해서는 안 될 다른 측면에서의 과제가 또 하나 있다.

인류 역사상 치명적 전염병이었던 14C 중세 유럽의 흑사병(페스트)과의 전쟁을 치르고 나서도, 다시 2019년도부터는 Covid-19 바이러스와의 전쟁 속에서도 인간은 굴하지 않고 싸워 인간을 지켜 오고 있듯이, 이제 인간은 또 다른 AI와의 전쟁에서도 승리해야 하는 과제를 안고 있는 것이다. 의식을 가진 AI와의 전쟁에서 누가 승리하느냐 하는 문제에 봉착해 있기 때문이다. 즉 의식을 두고 벌이는 의식전쟁이다. 지금까지 인류가 정보의 일방적 질주 속에서도 균형을 잡으면서 살아온 것은, 의식 속에 정보를 통제하는 힘이 있기에 가능했지만, 이제는 정보의 독주시대, AI 및 AGI와의 전쟁의 시대에 살고 있지 않은가? 이제 인공지능이 인간의 의식을 앞서 나가려는 상황에 살고 있는 것이다. 따라서 의식을 가진 인간이 주인이 될 것인가, 인공지능과 컴퓨터 알고리즘이 주인이 될 것인가에 대한 심각한 문제와 전쟁을 치러야 하는 것이다. 이것이 또 다른 의식혁명이 필요한 이유 아니겠는가? 인간이 온전히 인간의 의식을 지킬 것인가, 인간의 의식을 대체하는 비의식적 알고리즘에 빼앗기고 말 것인가? 이것이 문제다. 그렇다면 희망은 없는가? 희망은 있다. 아무리 비의식적 알고리즘들이 뛰어나다 하더라도 3차, 4차 차원 이상의 정보 처리에는 한계가 있을 것이기 때문이다. 그러나 의식은 3, 4차 차원 이상의 양자 정보적 성질도 함께 가지고 있기에, 인간의 주인 된 권한을 지켜야 한다는 것을 자각하는 의식혁명을 이룰 수 있기 때문이다. 정보과학적 차원에서 의식혁명을 통하여 인간이 비의식적 알고리즘과의 전쟁에서 승리하게 될 때 인간의 행복은 지켜지고 얻어질 수 있을 것이다.

제4부

행복의
메커니즘

1.

행복의
과학적 의미

인류 역사에서 수많은 선각자가 행복의 본질을 탐구해 왔지만, 우리가 여태껏 행복에 목말라 하고 선뜻 행복하다고 말하지 못하는 이유는 무엇일까? 이제부터는 뇌와 몸이 만드는 행복의 메커니즘은 무엇일까를 논의해 보자.

'행복'이라는 말의 사전적 의미는, '생활에서 충분한 만족과 기쁨을 느끼어 흐뭇함 또는 그러한 상태'를 말한다. 하지만 모호한 개념이다. 충분한 만족과 기쁨의 한계는 개인에 따라 달라지기 때문이다.

일반적으로 행복이란, 동물로서의 원초적 본능과 인간적인 이성을 가진 인간이 인간관계에 의한 사회성을 가지고 활동하는데서 느끼는 주관적 느낌과 경험을 의미한다. 한마디로 행복은 자기만족 그 자체이다. 누군가를 만족시킬 수 있는 방법은 외부적인 것도 있고 내부적 방법도 있다. 하지만 외부적인 원인도 자신의 주관적 느낌과 경험으로 인식하기에 결국 내부적인 원인으로 형태가 바뀌어 자기만족을 취할 수 있게 된다. 여기서 행복의 속성을 유추해 볼 수 있다. 먼저, 행복은 주관적인 것으로서 행복감, 만족감, 쾌감, 안전감 등으로 나타난다. 나만을 위한 것이 아니라 다른 사람, 다른 문화와의 관계 속에서 형성되는 관계성 및 사회성을 지닌다. 그리고 이성과 감성, 뇌와 몸의 합작품이자, 물질적 가치와 정신적 가치 등의 양립성을 가진다.

또한 행복은 지속적인 것이 아닌 일시적인 속성을 지닌다는 것을 아는 것도 매우 중요하다. 미국 일리노이주에서의 100억 원 복권 당첨자들에 대한 연구 결과, 복권 당첨 1년 뒤, 21명의 당첨자들과 주변 이웃의 행복감은 놀랍게도 별 차이가 없었던 것으로 나타났다. 새 집, 새 자동차의 짜릿함도 지속적인 즐거움을 주지는 못한다. 이처럼 행복이라는 감정도 지속적이지 못하다. 일시적인 것이다. 왜 그런가? 인간은 새로운 것에 놀랍도록 빨리 적응하는 동물이기 때문이다. 기쁜 일도 슬픈 일도 시간이 지나면 빨리 잊혀진다. 한편 한번 경험을 하고 나면 그 후 어지간한 일에는 감흥을 느끼지 못한다. 감정이 반응하는 기준선이 달라지기 때문이다. 중상위권 학생이 전교 1등 한번 하고 나면 다시 예전 성적을 받았을 때 실망하는 것처럼.

생명은 몸 전체의 고차 정보의 망으로 구성되어 있다. 생명도 우주 진화의 방향과 같이 보존과 해체의 경계에서 진화해 나간다. 그 경계는 곧 저차 정보와 고차 정보의 경계이기도 하고, 거시적 세계와 미시적 세계의 경계이기도 하다. 생명체는 그 경계에서 줄타기하며 어느 한쪽으로 기울지 않고 절묘한 균형을 이루며 진화의 길을 가고 있다. 니체가 《짜라투스트라는 이렇게 말했다》에서 묘사한 광대의 줄타기와 같은 것이다. 따라서 인생은 그 균형의 중심에 있을 때 행복을 느끼게 된다. 이러한 생명의 본질은 양자와 그 이상의 고차 정보에 있다.

그런데 과학적으로 몸에서 가장 고차적인 정보가 많이 모여 있는 곳이 장(臟)이다. 그래서 장은 생명 존재의 핵이라고 볼 수 있다. 그 핵에서 늘 생명의 신호가 올라오는 것이다. 그 신호는 뇌에서 느낌과 감성으로 인지된다. 감성과 느낌은 두 가지 방향이 있다. 즉 긍정적인 것이 있는 반면 부정적인 것도 있다. 긍정적인 느낌이란, 좋고 평안한 느낌, 가볍고 상쾌한 느낌, 좋고 기쁜 감성 등이다. 반면, 불쾌하고 아픈 느낌, 불안하고 힘든 느낌, 두렵고 화나는 감성 등이 부정적인 느낌이다. 긍정과 부정의 느낌과 정서를 통틀어 하나의 감성으로 표현하는데 이것이 바로 행복과 불행이다. 이 모든 것들은 사실 생명에서 나오는 소리이다. 생명 자체는 아주 고차적인 정보이기에 그 자체를 의식하기는 어렵다. 그 대신 거기서 저차 정보로 붕괴되어 나오는 신호들이 있다. 그것이 바로 느낌과 정서라는 정보다.

따라서 과학적으로 행복이란 몸과 뇌가 느끼는 행복한 감성이자 느낌이다. 그렇지만 사실 몸이 어떤 자극을 받으면 뇌에 전달되고, 뇌가 그에 의한 반응으로 나타나는 것이 감성과 느낌이다. 따라서 감정과 느낌의 원천은 바로 몸이다. 그리고 그 감정과 느낌이 곧 나의 생명에 대한 정보이다. 나의 생명이 안정하다는 신호가 바로 행복이며, 그 반대로 나의 생명이 무언가 불편, 불안하며 보살핌이 필요하다는 신호가 불행이다. 이처럼 생명에 대한 상황이 긍정적인 신호로 나타나는 것이냐, 부정적인 것으로 나타나느냐 등으로 구분 지어 보면 그에 대한 느낌과 정서는 서로 달리 표현될 수 있을 것이다. 따라서 우리가 하나의 포괄적인 개념으로 사용하는 넓은 의미의 행복감은 안녕감, 쾌감, 자존감, 만족감, 행복감 등을 포괄하는 것이라 할 것이다. 필자가 대학 강의에서 정부 정책에 대한 최종적 차원의 효과로서 민본효과를 설명할 때도 이러한 행복감의 개념을 동원한다.

먼저 쾌감의 경우를 보자. 쾌감에는 식욕 성욕 돈과 같은 물질들로 인해 얻게 되는 육체적 쾌감(pleasure), 성취감이나 봉사 등 의미 있는 것들로부터 얻게 되는 정신적 만족감 즉 협의의 행복감(happiness, a feeling of well-being)이 있다. 육체적 쾌감과 정신적 만족감은, 통상의 상태에서 맛있는 음식이나 마음에 드는 이성, 좋은 일들과 같이 뭔가 긍정적인 것들이 만들어졌기 때문에 느끼는 긍정적 감정들이다. 이 둘의 차이를 뇌과학적으로 명쾌하게 제시한 학자가 미국의 로버트 러스틱(Robert Lustig)이다. 그에 의하면, 쾌감은 원초적 뇌에 집중 분비되는 도파민이 주도하고, 협의의 행복감은 고차원적 뇌 전체에 분비되는 세로토닌이 주도한다고 밝히고 있다. 실제로 도파민은 낭만적이거나 짜릿한 흥분을 느낄 때, 또는 로맨틱한 감정 상태에서 분비되고, 세로토닌은 숲속을 거니는 등 자연과 마주할 때 많이 분비된다. 그래서 도파민을 쾌감 호르몬, 세로토닌을 행복 호르몬으로 부르기도 한다. 그리고 이 두 호르몬을 행복의 비밀 열쇠로 간주하기도 한다. 그렇지만 중독의 늪도 조심해야

한다. (이기훈)

하지만 인간이 추구하는 행복은 '불행에서 벗어났을 때의 기쁨'을 빼놓고는 생각할 수 없다. 그렇기에 안전감(안녕감)도 빼놓을 수 없는 중요한 행복의 개념 중 하나가 되는 것이다. 고통과 위험을 느끼는 상황이나 스트레스 받는 불안한 상황에 있는 사람은 행복할 리가 없다. 그러한 부정적인 상황에서 벗어나 고통과 위험과 불안 없는 정상 상태의 편안한 기분을 얻고자 노력하는 것이다.

현재 자신이 평범한 상태보다 못한 마이너스(-) 상태에 있다고 가정해 보자. 건강을 잃었거나 병에 걸렸을 경우, 또는 실직 상태가 그것이다. 이런 경우라면 육체적 쾌감과 정신적 만족감을 얻는다는 것은 그림의 떡이다. 그저 한시라도 빨리 이 불편하고 불안한 상태에서 벗어나 정상적인 상태로 전환되는 것을 우선으로 하게 된다. 맛집의 행복도 치아가 받쳐 줘야 느낄 수 있고, 사랑하는 사람과의 만남도 일자리가 있을 때 행복하다. 즉 부정적인 상황에서 벗어나 정상적 상황으로 바뀌는 것 자체가 행복일 것이다. 21세기에서 세계적인 팬데믹을 겪고 난 지금 전 세계가 팬데믹 이전의 평범한 일상으로 돌아가기를 간절히 바라고 있는 것도 마찬가지다. 그 부정적 상황에서 벗어난 상태가 바로 안전감, 안녕감이다. 행복에 있어 이 안전감이 차지하는 비중은 육체적 쾌감이나 정신적 만족감에 못지 않을 것이다. 가령 건강을 잃은 사람에겐 쾌감보다 건강(즉 안녕감)이 최고이기 때문이다.

행복은 자존감과 매우 밀접한 관련을 가진다. 나 한 사람의 '자기'

에 대해서도 3가지의 자기가 있음을 보았다. 실체로서의 자기, 내 스스로가 바라보는 자기, 타인이 바라보는 자기가 그것이다. 자존 감이란 스스로 인식하는 자기의 가치를 말한다. "나는 별 볼 일 없는 인간이야!"라며 자신을 우습게 평가하는 사람이 행복할 리 없을 것이다.

자신의 가치를 스스로 남보다 높다고 평가하는 것을 이기적 자존 감이라 한다면, 자신이 세상에 도움을 주는 가치 있는 사람이라고 인식하는 것을 이타적 자존감이라고 한다. 뇌 과학적으로 보면 뇌 부위에 따라 자존감을 높이는 방식이 서로 다르게 나타난다. 감정 과 본능을 담당하는 원초적 뇌 부위(편도체, 해마 등)인 '야성의 뇌(짐 승의 뇌)'는 '나는 남보다 가치가 높다'는 '이기적 자존감'을 높이려 한 다. 즉 자신의 가치를 높이기 위해 상대를 억누른다. 또 돈, 외모, 권 력, 지위, 지식을 더 많이 소유함으로써 남보다 더 가치가 높은 사람 이 되려고 한다. 이 자존감이 인류 역사상 인간이 만들어 낸 비극의 주요인이었다고 주장하는 사람도 있다. 그러나 이기적 자존감은 잘 쓰이면 개인의 성장과 발전에 큰 기여를 하고, 잠재적 재능을 끌어 낼 수 있다. 그래서 개인은 행복을 느낀다.

한편 이성과 이타심을 관장하는 뇌 부위(전두엽을 비롯한 대뇌피질 등)를 '지성의 뇌(현자의 뇌)'라고 부르는데, 이것은 이타적으로 자신 의 가치를 높이려는 특성이 있다. 그래서 '나는 세상에 도움을 주는 가치 있는 사람'이라고 생각하고, 세상과 타인에게 도움과 친절을 베푸는 '이타적 자존감'을 보인다. 이타적 자존감의 전형으로서 "세상에서 가장 행복한 사람"으로 불리는 사람이 있다. 2012년 한국을 방문한 프랑스 출신 마티유 리카르(Matthieu Ricard)다. 세계 최초로 명상을 뇌과학적으로 연구한 리처드 데이비드슨 교수가, 기능성 자기공명영상장치(fMRI)로 리카르의 뇌파를 관찰한 결과 행복할 때 나오는 감마파가 뇌과학 역사상 가장 높은 수치를 보였다고 한다. 리카르의 좌측 뇌 전두엽피질이 엄청 활성화되어 비정상적인 큰 행복감을 발생하는 것을 확인한 것이다. 이타주의를 기꺼이 실천하는 것이 행복의 지름길임을 리카르의 사례가 단적으로 보여 준다.

이 두 자존감 외에 제3의 자존감도 있다. 이른바 생존적 자존감이다. '나는 이 세상을 살아갈 만한 가치가 있는 사람'이라고 느끼는 인식을 말한다. 내가 세상에 왔는데 세상이 나를 반겨 준다고 느끼는지, 아니면 푸대접한다고 느끼는지에 대한 인식이다. 이 세 자존감의 총합이 전체 자존감의 크기를 결정한다. 이들 자존감이 동시에 높은 것, 그리고 균형을 이루며 이타적 자존감이 이기적 자존감을 잘 조절·통제하는 것이 이상적이라 할 것이다. (이상준)

그런데 이러한 인간의 이기성과 이타성은, 인간이 가지고 있는 이기적 유전자와 이타적 유전자의 명령에 따른 것이라는 과학적 연구가 주류를 이루고 있다. 찰스 다윈의 진화론은 외부 환경에 조금이라도 더 유리한 신체나 사회 구조를 가진 생물들이 살아남아 더 많은 후손을 남기게 된다는 것이 요지이다. 이후 리처드 도킨스는 그의 저서 《이기적 유전자》에서 진화 메커니즘은 생식을 위한 개체 간의 경쟁이 아니라 유전자들 간의 경쟁인 것이며, 인간은 '유전자의 운반자'일 뿐이라고 주장한다. 또한《이타적 유전자(The Origins of Virtue)》의 저자인 옥스퍼드대학의 매트 리들리 교수는 물론, 세계적 사회생물학자인 하버드 대학교의 에드워드 윌슨 교수나, 세계적 진화생물학자인 뉴욕주립대학교의 데이비드 윌슨 교수 등은 이타적 유전자의 존재를 주장한다. 인간은 본래 도덕성과 이타성, 사회성을 지니고 있는데, 이것은 이타적 유전자의 명령에 의한 것이라고 한다. 즉 인간의 도덕성, 사회성, 문화 등 모든 면도 다 궁극적으로는 진화의 산물이라는 주장에 주목할 필요가 있다.

행복의 측면에서 보면, 생존적 자존감은 안전감(안녕감)과, 이기적 자존감은 쾌감(특히 물질적 쾌락)과, 그리고 이타적 자존감은 행복감(즉 정신적 만족감)과 연결된다고 할 수 있다. 사람이 행복을 느끼는 순간은, 자신이 안전하고 안녕하다고 느낄 때, 그리고 자신은 필요한 사람이며, 다른 사람이 행복하도록 도와주는 데 중요한 역할을 하고 있다고 생각할 때이다.

스마트폰이 남녀노소 모두의 필수품이 되면서, 인간 사회가 점점 더 빠르게 개인 중심으로 돌아가고 있다. 원하는 정보를 홀로 찾을 수 있고, 쇼핑도 온라인으로 홀로 할 수 있다. 심지어 앱을 통해 식사 주문도 홀로 할 수 있게 됐다. 그러면서 사람들 간에 '혼자 잘 살 수 있는데 왜 남들까지 신경 쓰고 관심을 가져야 하지?'란 생각이 점점 더 확산하는 것 같다. 그렇지만 분명 인간은 혼자 살 수 없는 동물이다. 같이 모여 살 수밖에 없는 숙명을 갖고 태어났다. 같이 살아가야 한다면 누구나 남들에게도 도움이 되는 일을 해야만 한다. 그런 의무를 실행하지 않는 사람은 인간사회에서 도태되고 말 것이다.

또한 몰입감, 초월감과 같은 행복의 느낌은 일상적인 의식수준을 넘어선 고차적 정보의 세계에서 느끼는 행복감이 될 것이다. 몰입감은 어떤 일에 열심히 몰입하는 것과 같은 고도의 의식 몰입 작업에서 느끼는 행복감이다. 탁월한 창조를 이루어 낼 때 얻는 창조감 같은 것이다. 아인슈타인, 뉴턴, 갈릴레오, 레오나르도 다빈치 등의 위대한 발견과 창작은 몰입감의 산물이라고 생각된다.

그리고 초월감은 일반적인 자아 정의가 해체될 때 느끼게 된다. 이때는 '타인과 주변 환경으로부터 분리된 별개의 나'라는 개념을 넘어, 타인이나 주변 환경과 하나가 된 듯한 깊은 일체감을 느끼게 된다. 즉 자아개념이 타인과 주변을 포함하도록 확장된 개념으로서 자아가 희미해지는 것을 말한다. 초월감은 뇌의 DMN(Default Mode Network)과 후상부두정엽이 비활성화될 때 나타난다. 다음의 그림에서 이 DMN을 확인할 수 있다. (https://search.naver.com/p/crd/rd?m=1&px=420&py....)

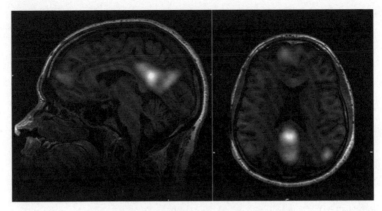

Default Mode Network(DMN, 기본 모드 네트워크)

이 DMN(기본 모드 네트워크)은 휴식 중이거나 특정 작업에 참여하지 않을 때(not engaged in any task)에도 지속적으로 활성화되는 뇌 영역의 네트워크이다. 혈류의 변화를 감지하여 뇌의 활동을 측정하는 fMRI 연구를 통해 처음 확인되었다.

우리가 눈을 감고 호흡하거나 다른 대상에 집중하고 앉아 있으면 신체의 움직임은 멈추지만 뇌는 끊임없이 기억과 상상을 반복한다. 그런데 뇌는 기억/상상과 현실을 구분하지 못한다. 즉 몸은 움직이지 않는데 뇌는 다른 시공간에서 계속 작동한다. 즉 나의 위치에 대한 감각이 무너지기 시작하면서 '위치정보의 혼란'이 일어나는 것이다. 이것이 자아의 경계를 무너뜨리는 핵심이 된다. 이 과정을 계속 반복하면 비로소 DMN이 비활성화되기 시작한다. 그리하여 인간은 초월감을 느끼게 된다. 깨달음의 경지에 이른 자아실현자가 갖는 행복감일 것이다. 초월감은 일종의 호르몬 폭발에 가까운 특정한 감정

상태라고 말할 수 있다. 여타의 다른 행복감은, 타인이나 대상 물체와의 의존적 관계에서 발생하기에 자기 밖의 타인이나 세상이 변하면 행복도 변할 수 있다. 이에 비하여 초월감은 자기 내부에서 자기 능력을 자주적, 자족적으로 발휘하여 생겨나기 때문에 자신에게 기쁨을 안겨 주는 것이다. 자신의 깨달음을 얻는 것이 초월이고, 또한 타인이나 세상에 대한 의존을 극복하고 홀로 서려는 자아가 초월이지만, 무조건적으로 타인이나 사회를 부정하고 도전하는 것은 독선에 불과하다는 점에 유의해야 할 것이다.

초월감은 우주비행사가 우주에서 지구를 바라볼 때 느끼는 인류 전체와 연결된 듯한 느낌(이를 '조망효과(overview effect)'라고 한다), 죽음에 이르렀다가 다시 살아나는 임사체험(臨死體驗), 그리고 이즈니스-D 등에서 경험할 수 있다. 글로와키는 사실 가상현실을 통해 환각제가 이끌어 내는 '자기 초월적 경험'을 재현하기 위해 이즈니스-D를 만들었다. '자기 초월적 경험'을 이용한 '환각 보조 요법'은, 강박장애, 외상 후 스트레스 장애(PTSD), 주요 우울증(MDD) 등 증상 완화에 매우 효과적이라는 것이 입증되었다.

대부분의 사람들은 오감으로 인지되는 감각현실만을 전부라 생각하고 자신의 욕구를 모두 감각현실에서 얻으려고 한다. 그러나 자신 내면의 본질을 이해하고자 하는 현명한 사람은 우주적인 힘의 원리와 자신의 깊은 내면을 탐구하고자 꾸준한 훈련을 반복한다. 그리하여 영적인 행복감을 얻은 대표적인 사람이 석가모니 부처다. 그는 인간의 고통과 행복의 시발점과 종착점이 모두 자기 몸의 내부 즉 신체의 감각기관에 있다고 보았다. 따라서 욕망을 줄이고 삶의 괴로움을 즐거움의 상태로 바꾸기 위해 원래의 마음으로 되돌아가는 '알아차림'의 방법으로 초월적인 행복을 얻은 것이다. 그가 말하는 천상천하유아독존(진리로서의 나만 홀로 존귀하다)은 바로 그것을 말해 주는 것이 아닐까? 이처럼 행복에 대한 느낌은 자신의 가치를 어떻게 느끼느냐, 그리고 의식수준의 차원이 어떻게 달라지느냐에 따라 다르게 나타나리라 생각된다.

2.

행복의
수신 발신 시스템

한마디로 행복은 자기만족 그 자체라고 말했다. 누군가를 만족시킬 수 있는 요인은 외부적, 내부적인 것이 있지만, 결국 외부적인 요인도 내부적인 원인으로 형태가 바뀌어 자기만족을 취할 수 있게 된다는 것도 알았다. 예를 들어 보자. 애인에게서 선물을 받아서 행복하다고 느끼는 남자가 있다. 그가 행복한 이유는 선물 자체에 있는 것이 아니라, 선물을 받은 것이, 그녀가 나의 존재감을 인정하여 나를 즐겁게 했기 때문이다. 반대로 누가 봐도 귀한 선물을 받아도 그의 마음이 편치 않으면 그는 행복하지 않을 수도 있다. 따라서 행복은 외부의 자극보다 스스로의 마음에 달려 있다는 것을 알 수 있다.

즉 행복은 결국 자기의 마음속에서 만들어지는 것이다. 우리 몸은 감각기관을 통하여 어떤 자극에 대해 느낌과 정서를 발생시키고 (신체적 각성), 이를 뇌의 신경세포가 그에 반응하여 괴로움과 즐거움을 자각하며(의식적 인식), 다시 그에 대응하는 외적 표현의 통합적

시스템으로 작동한다. 즉 우리 몸의 감정적 경험은 감정의 세 가지 구성 요소인 신체적 각성, 의식적 인식, 외적 표현이 잘 통합될 때 일어난다. 이 세 가지 요소 중 하나라도 부족하게 되면 사회생활에 적응하는 데 문제가 생긴다.

감정은 편도체라는 뇌 구조가 결정적으로 중요한 역할을 한다. 그러나 단지 뇌의 현상만이 아니라 온몸이 같이 느끼고 반응해야만 하는 것이다. 어떤 의미 있는 자극이 오게 되면 뇌(편도체)는 어떠한 정서를 유발하고 이 정서는 신체 속에서 자율신경인 미주 신경, 내분비 물질과 화학물질, 세포 속 정보망이 가동되어 일차적인 정서를 일으킨다. 이러한 신체 정보는 다시 뇌(뇌섬엽)에 신체 지도를 작성하게 하여 더 강한 느낌(feeling)이라는 감정 상태를 일으킨다.

감각기관에는 귀, 눈, 입, 코, 몸과 마음 등이 있다. 이 감각기관은 외부의 현상(소리, 색깔과 모양, 맛, 냄새, 감촉)과 짝이 되어 감각을 받아들이고 내보내는 역할을 한다. 감각기관은 온갖 외부의 자극이나 정보를 받아들이는 창구 역할을 하며, 이를 의식으로 자각한 후, 다시 밖으로 드러내는 창구 역할도 동시에 한다. 감정과 정서를 느끼는 것을 몸이 먼저 한다는 말이다. 우리의 문제는 오직 하나, 우리의 삶을 불안과 고통으로부터 안녕과 기쁨의 상태로 바꿔 가는 것뿐이다. 그것이 바로 행복이기에.

여기에 대입하여 예를 들어 보자. 이몽룡이 문득 어느 날 모르고 지내던 춘향이를 만났다. 이몽룡의 안테나에 춘향이라는 정보가 걸려 들어온 것이다. 그녀를 알아보고서는 그녀는 여자이며 처녀이면서도 아름다운 자태를 지닌 여인이라는 것을 알게 된다. 그리고는 그녀에 대한 느낌을 가지게 된다. 그는 좋은 느낌, 싫은 느낌, 그냥 무덤덤한 느낌 중 어떤 느낌을 가질까? 당연히 좋은 느낌을 가질 것이다. 그리고 그 느낌으로부터 갈구가 발생한다. 즉 그는 그녀에게 말을 걸어 볼까, 만나자고 해 볼까 하는 등의 마음을 일으킨다. 이 갈구는 고통을 벗어나 기쁨을 얻고자 하는 이고득락(離苦得樂)의 법칙에 따른 것이다. 즉 싫으면 그 싫은 느낌을 약화시키고(이고의 갈구), 좋으면 그 좋은 느낌을 강화하고자 하는 마음이 일어나기 마련이다(득락의 갈구). 자연계의 법칙이기 때문이다. 여기까지가 정보 수신의 과정이다. 즉 만남(부딪힘) → 알아봄(분별) → 느낌(감정, 정서)까지의 과정인 것이다.

여기서부터 이제 정보 발신의 과정이 시작된다. 즉 느낌 → 갈구의 마음 발생 → 행동 → 인격(기질)의 형성 과정이 발생한다. 이런 방법으로 사람의 생각은 행동으로 옮겨지며 그 행동은 반복되어 습관으로 굳어지며 결국 그 사람의 인격 혹은 기질이 된다. 이러한 과정은 고통과 괴로움에 대해서도 똑같은 방법으로 나타나 그 사람의 인격이 형성되는 것이다.

따라서 사람의 능력과 갈구량을 기준으로 구분해 보면, 4가지 유형이 나타나게 될 것이다. 능력보다 갈구량이 지나치게 큰 다갈구자(多渴求者), 약간 큰 소갈구자(少渴求者), 능력에 걸맞게 갈구하는 적갈구자(適渴求者), 갈구가 없는 무갈구자(無渴求者) 등이 그것이다. 일반적인 사람들은 대개의 경우 소갈구자라고 여겨진다. 따라서 능력에 걸맞게 적당히 갈구하는 적갈구자가 우리가 나아가야 할 방향임에 틀림없다. 다시 말하여 적절한 균형점을 찾는 길로 가야 한다는 말이다.

　현실적으로 인간이 자기와의 경쟁에서 자신이 얻을 만한 정도를 갈구하는 적갈구자가 되어야 하는 것이다. 즉 자신의 능력에 비해 갈구가 큰 사람은 자신의 욕망을 줄이는 대신 자신의 능력을 키울 필요가 있다는 것을 알게 될 것이다. 마치 시소에서 보는 것처럼 양쪽의 힘이나 무게가 같아질 수 있도록 균형의 원리를 찾아야 한다. 한쪽의 힘이나 무게가 크다면 다른 쪽도 그 만큼의 힘이나 무게를 가질 수 있도록 균형점이 이동해야 하는 것이다.

　한편 인간을 고통과 즐거움(즉 불행과 행복)에 어떻게 반응하느냐의 기질(인격)에 따라 구분하여 보면 다시 4가지 유형이 나타나게 될 것이다. 고통과 즐거움에 매우 민감하게 반응하는 강기질자(強氣質者), 약간 민감한 약기질자(弱氣質者), 별 민감하지 않은 적기질자(適氣質者), 거기에 초연한 탈기질자(脫氣質者) 등 4부류가 그것이다.(김정빈, 162) 우리의 삶은 강기질자로부터, 약기질자로, 다시 적기질자로, 다시 탈기질자로 향상되어야 함은 물론이다. 그러한 흐름이 행복을 증진시키기 때문이다. 대부분의 사람은 현실적으로 약기질자의 상태에 있다고 보인다. 적기질자의 경우 시소의 경우처럼 그 중간 지점에 있어 마음은 중심을 잡고 안정을 찾게 된다. 이것이 행복한 사람의 기질 아니겠는가? 탈기질자의 경우 도(道)나 해탈(解脫)의 경지에 이르는 초월감을 가지게 된다고 생각된다.

이상에서 본 행복의 수신 발신 시스템에서, 우리가 깊이 생각해 봐야 할 중요한 문제가 하나 있다. 이 시스템이 자기의식의 영역 안에서만 작동하느냐 아니면 무의식이나 전의식까지를 포함한 더 넓은 의미의 의식 영역에서도 작동할 수 있도록 해야 하느냐의 문제다. 필자는 당연히 의식을 더 넓은 의미의 의식으로 보고 문제를 풀어 가야 한다고 생각한다. 왜냐하면 인간 의식에서 무의식의 세계가 차지하는 비중이 95%나 될 뿐만 아니라 그 무의식의 세계에서 생겨나는 정보를 제대로 처리하지 못하면 불행을 가져오는 경우가 너무도 많기 때문이다.

　안젤리나 졸리는 자신이 유방암에 걸릴 수 있는 유전자의 돌연변이를 가지고 있다는 사실을 알지도 못했다. 폐암이나 위암 등은 우리가 자각할 수 없는 상태에서 온다고 한다. 평소 일상적으로 약간의 두통을 겪어 왔던 사람이 그것을 의식적으로 대처하지 않은 채 살아오다가 어느 날 갑자기 뇌졸중으로 쓰러져 거의 식물인간이 된 사람도 많다. 인간의 행동은 95%의 무의식적인 것이고 그것은 곧 본능적인 것인데도, 그리고 인간은 그 알고리즘으로 작동하는데도 이 무의식의 세계를 제쳐 놓고 인간의 행복을 논한다는 것은 어불성설이다. 따라서 우리는 평소 인식하지 못하는 무의식적인 현상이라도 그것을 의식의 수면 위에 올려 놓고 긍정적인 행복의 상태로 갈 수 있도록 노력해야 할 것이다. 그리고 몸이 아프고 스트레스가 있다는 것을 인식한다 하더라도 그것을 무시하거나 짓눌러 버림으로써 몸이 더욱 망가지는 길로 가지 않도록 해야 할 것이다.

이러한 행복의 수신 발신 시스템의 작동원리를 보면, 행복이라는 문제를 어떻게 생각해야 할 것인가에 대한 사고의 법칙과, 행복을 얻기 위해서는 어떻게 행동해야 할 것인가에 대한 행동의 원칙을 도출할 수 있음을 알게 된다. 이에 대해서는 제7부에서 살펴보게 될 것이다.

3.

행복의 법칙과
그 해법

행복의 법칙 제1조는 무엇일까

우리는 일생 동안 고락(苦樂)을 함께 하며 살아간다고 말한다. 그렇다면 행복의 법칙 제1조는 무엇일까? 바로 '이고득락의 법칙'이다. 즉 고통과 괴로움에서 벗어나(이고, 離苦) 즐거움을 얻고자(득락, 得樂) 하는 동기에 의해 살아가는 것이 행복을 쟁취하는 길이다. (김정빈, 86) 인간뿐만이 아니라 모든 생명체는 이 법칙 아래서 일생을 살아간다. 사람이든 동물이든 식물이든 모두 두려움을 느끼면 도망치고 피하기 마련이고, 즐겁고 기쁜 것이 기대되면 그것을 얻으려고 안간힘을 쓴다. 식물들도 햇빛이 비치는 쪽으로 가지를 뻗어나가고 습기 있는 쪽으로 뿌리를 뻗어나간다.

이에 대한 반문도 있다. 어떤 사람은 스스로 고통을 선택하거나 즐거움을 버리는 경우도 있지 않느냐며 말이다. 자살을 택하는 경우가 그 예가 될 것이다. 그러나 엄밀히 말해 그는 사는 쪽이 죽는 쪽보다 더 고통스러워 그 길을 택한 것이며, 덜 괴로운 것은 더 괴로운 것보다 나은 것이기에 이고득락의 원칙을 위배한 행동이라 볼 수 없다. 나는 노벨상 수상도 거부한 사람을 보았다. 실존주의 철학의 핵심 인물이자 20세기 프랑스 철학자요 극작가 소설가였던 장 폴 사르트르(Jean Paul Sartre)는 1964년 10월 노벨문학상 수상을 거부했다. 작가나 문학은 어떤 제도화의 틀 속에 들어가면 안 된다는 이유로 거절했다고 한다. 북베트남의 장군이자 외교관이었던 레득토도 1973년 베트남 전쟁 정전 협정을 마련한 공로로 헨리 키신저와 노벨평화상 공동 수상자로 결정되었으나, 베트남에 평화는 없었다는 이유로 수상을 거절했다. 한 번도 노벨상을 받지 못한 러시아의 대문호 톨스토이(Leo Tolstoy)는 자신의 작품에 대해 돈으로 평가되는 것은 자신의 자존심을 꺾는 일이라고 여겼다고 한다. 이 또한 이고득락의 원칙을 벗어난 것이 아닐 것이다. 스스로 고통을 선택할 때도 그 고통이 즐거움을 줄 것이라 기대하기 때문이다. 그리고 스스로 즐거움을 저버릴 때도 그것이 더 큰 즐거움을 줄 것이라 기대하거나, 즐거움에 탐닉하여 새로운 고통이나 더 큰 고통을 당할까 두려워서일 것이다. 마약 중독의 경우가 그 예다. 우리의 행동이 의식적이든 무의식적이든 그 어떠한 경우에도 이 이고득락의 법칙과 알고리즘에 따르지 않은 것이 없다. 따라서 행복을 얻기 위한 우리의 모든 삶은 결국 연속적으로 이 법칙을 추구하는 것임에 틀림없다 할 것이다.

이고득락의 법칙에 의한 행복 추구는 당연히 두 가지 방식이 있게 마련이다. 그 하나는, 욕망을 충족하려는 갈구요, 다른 하나는 욕망의 불충족을 피하려는 갈구다. 욕망의 그릇이 생겨나면 그에 따라 행동하게 되는데 그 결과 충족이 이루어지면 즐거움을 얻고, 충족되지 않으면 괴로움을 얻게 된다. 따라서 욕망에는 즐거움과 괴로움의 두 가지 감정이 뒤따르게 마련이다. 같은 욕망을 놓고 충족되면 즐겁고 충족되지 않으면 유쾌하지 못한 것뿐, 사실 고통과 즐거움의 근원은 하나 즉 욕망에 있다. 따라서 고통과 즐거움은 욕망이라는 동전의 양면인 것이다. 동전을 가지고 있는 사람이라면 한 면만 갖고 다른 면을 버릴 수 없다. 둘 다 갖든지 둘 다 버리는 수밖에 없는 것이다. 즉 즐거움을 가지면 가질수록 괴로움도 갖는 셈이 되며, 고통을 가지면 가질수록 기쁨도 갖는 셈이 된다. 또한 기쁨을 버리면 고통도 버려지고 고통을 버리면 기쁨도 버려진다는 말도 성립한다.

예를 들어 보자. 만일 어떤 사람이 사랑을 하고 있다가 이별했다고 치자. 그러면 그는 큰 괴로움을 느낄 것이다. 그런데 사랑하는 사람이 없었던 처음 상태로 계속 지냈다면 그는 그 괴로움을 느낄 필요가 없다. 즉 정확히 즐거웠던 만큼의 괴로움을 겪는 것이다. 다시 반대의 경우도 마찬가지다. 병을 앓고 있다가 병에서 쾌유된 사람이 있다고 치자. 만일 그가 당초에 병을 앓지 않았다면 그는 자기의 건강을 별로 즐거워하지 않을 것이다. 이 경우에도 그는 병을 앓았을 때의 고통만큼 쾌유에서 즐거움을 느낀다.

그런데 사람들은 대부분 이런 이치를 잘 알지 못한다. 그 때문에 즐거움에 대해서는 집착하여 붙들려고 하고, 괴로움에 대해서는 어떻게든 물리치려 한다. 즐거움을 느끼려면 고통도 피하려고만 해서는 안 된다. 그리고 괴로움을 그저 피하려 들면 즐거움도 느껴 볼 생각을 말아야 한다. 그런데도 미래에 괴로움이 올 거라는 생각은 하지 못한 채 즐거움에 빠져드는가 하면, 막상 괴로움을 당하면 그것을 피하려고만 하니 괴로움에 또 다른 괴로움을 더하는 셈이 되는 것이다. 이것이 통상적인 사람들의 대응 방식 아닌가?

《도덕경》을 쓴 노자도, 《소유냐 존재냐》를 쓴 에리히 프롬도, 인간의 소유와 욕망에는 포화점이 없기에 욕망을 채우려 드는데, 정작 그로 인한 심리적 괴로움과 고통이 커진다는 사실은 모른다고 했다. 그리하여 인간은 소유와 욕망의 노예가 돼 버린다고 보았다. 그래서 그 고통과 괴로움을 해소해 보려고 안간힘을 쓰지만 욕망을 줄이거나 존재의 가치를 느끼기는 어렵다.

즐거움에 집착하면 할수록 그것이 떠나갈 때 더 괴롭고, 괴로움에 집착하면 할수록 그것이 잘 떠나가 주지 않기에 괴롭다. 따라서 집착을 버리는 것이 중요한데 문제는 그렇게도 붙들려고 하는 행복이 금방 사라져 버린다는 데에 있다. 즉 한번 얻은 행복이 계속되기를 바라지만 금세 적응되는 사이에 행복은 사라져 간다. 복권당첨과 같은 큰 기쁨도, 연인과의 이별 같은 큰 슬픔도 금방 사라지고 다시 세상은 예전과 같은 세상이 되는 것이다. 이것을 심리학에서는 '쾌락적응' 또는 '쾌락 쳇바퀴'라고 표현한다. 이처럼 즐거움과 괴로움의 반복을 되풀이하는 것이 삶이다. 필자가 이미 물극필반(物極必反)의 원리를 들어 설명한 그대로다.

행복의 해법은 크게 두 가지다

이럴 경우 행복의 해법은 크게 두 가지가 있다. 그 하나는 바로 즐거움과 괴로움의 양면을 가진 욕망을 줄이면 되는 것이다. 행복은 자기 마음속에서 만드는 자기만족이기에, 자기가 자기 마음을 움직일 수 있다는 것을 믿어야 한다. 그리하여 알아차림과 깨달음의 자기의식으로 자기의 욕망을 줄이면 되는 것이다. 그러나 세상에서 가장 행복한 사람, 마티유 리카르도 지적했듯이, 현대인들은 자기가 자기 마음을 움직일 수 있다는 것을 믿지 않는 것 같다. 본래 인간 중심의 세상에서 의미와 권위의 원천이 되는 것은 인간의 욕망이다. 그런데 인간의 욕망과 욕구를 완전하게 채울 수 없다는 생각은, 철학은 물론 심리학의 역사에서도 가장 오래된 통찰이다. 소크라테스는 플라톤의 대화편 〈고르기아스〉에서 인간의 욕망을 구멍 난 항아리에 비유한다.(스벤 브링크만, 43)

그렇다면 그 욕망을 줄이는 방법은 무엇일까? 바로 욕망이 생겨나고 자라나고 증폭되고 해결하는 현장인 우리의 감각기관 즉 행복의 수신 발신 시스템의 작동원리를 알면 된다. 행복을 얻기 위해서는 통상 우리가 약기질화의 상태에 있음을 인지하고 그 약기질화인 현재 차원을 적기질 수준으로 향상시켜야 한다. 그러면 적기질화의 방법은 또 무엇인가? 현재의 소갈구자의 상태에서 적갈구자의 길로 나아가도록 우리의 의식수준을 향상시키면 되는 것이다. 즉 자신에 대해 의식적으로 관찰하거나 알아차림으로써 적갈구자의 길을 훈련하고 연습하는 것이다. 그런데 이것이 그렇게 쉽지 않다는 것이 문제다. 왜냐하면 현실적으로 약기질자의 상태에 있는 우리의 기질은, 즐거움과 괴로움에 민감한 강기질자 쪽으로 흘러가려고 하는데, 우리의 의식은 그 반대인 적기질자 쪽으로 거슬러 올라가도록 훈련하고 연습해야 하는 것이기 때문이다. 따라서 무한대의 욕망이 아니라 정당한 기대를 설정하고, 그 추구를 위해 우리의 마음을 적갈구자의 길로 되돌리는 일을 실천해야 한다.

이고득락의 법칙을 추구하는 것은 눈 깜빡거림과 같은 매우 짧거나 작은 단위로도 이루어지지만, 하루 단위, 한 달 단위, 일 년 단위, 심지어는 몇 십 년 단위의 목표에서도 추구된다. 즉 이고득락의 추구 방식에는 단기적인 것과 장기적인 것의 2가지가 있다. 일반인은 눈앞에 닥친 이고득락의 목표에만 급급하지만, 깨달음을 얻은 지혜로운 사람은 긴 단위의 목표까지를 생각하며 행동한다. 그리고 지혜로운 사람일수록 이 둘을 잘 조화시킨다. 살아가는 데 있어 이상과 현실 사이에서 균형되고 조화로운 적당한 정도를 찾아 행동하는 것이다. 이고득락의 원칙에 의하면, 고통스럽고 짜증날 정도로 노력하는 것은 행복을 가져오지 못한다.

돈과 관련하여 생활비를 절약하는 경우를 보자. 어떤 사람은 많은 돈을 벌어 남들에게 자선을 하겠다는 고상한 마음으로 생활비를 지나치게 절약한다. 또 어떤 사람은 미래에 쾌락을 즐기겠다는 마음으로 그렇게 절약한다. 이 경우 그 어느 쪽이건 그는 자기가 원하는 것을 추구한 것이다. 이처럼 모든 행동은 자신의 이고득락을 위해서만 행해진다. 전자의 경우 남을 도움으로써 얻는 행복이 크기 때문에, 또는 남을 돕지 않으면 괴롭기 때문이다. 후자의 경우도 마찬가지로 자신을 위해서 생활비를 아낀 것이지 남을 위해 아낀 것이 아니다. 그러나 지나치게 절약하여 현재 누릴 수 있는 즐거움을 거의 포기하게 된다면 짜증나고 고통스러워진다. 이처럼 이상에 집착하다 오히려 현실의 고통이 커진다면 행복은커녕 불행만 키운 셈이 된다. 그러기에 행복을 위해서는 고통과 불행을 느낄 정도 이상의 비율로 높여서는 안 될 것이며, 이상만을 쫓는 것도 현명한 것은 아닐 것이다. 여기서 보면 괴로움과 고통의 원인이 바로 욕망에 있으며, 따라서 행복을 저해하고 있는 요인에 대한 정확한 파악과 그 극복 노력, 그리고 이상과 현실 사이의 균형 있는 조화가 필요하다는 사실이 명확해 진다.

이상에서 말한 행복에 대한 욕망 관리는 결국 기대 관리를 잘 해야 한다는 말과 같다. 좀 더 실감나게 이야기해 보자. 뇌는 기본적으로 예측 모델을 가지고 작동한다. 이 말은 기대 없이는 뇌는 돌아가지 않는다는 말과 같다. 문고리를 돌리면 문이 열리리라고 기대하고, 수도꼭지를 틀면 수돗물이 나오기를 기대한다. 그리고 아침이면 해가 뜨리라고 기대한다. 이 기대들을 우리는 잘 의식하지 못한다. 그런데 문제는 우리 뇌가 불규칙적인 상황에 대해서도 기대를 한다는 데 있다. 마이애미 비치를 가거나 발리 섬에 여행 가서도 결혼할 수 있는 예쁜 여인을 만나기를 기대한다. 그러나 비현실적인 기대는 행복은커녕 실망만 키울 수 있다. 연간 수입은 1억 원인데 100억 원짜리의 자가용 비행기를 갖기를 기대한다면 어떻게 되겠는가?

그렇다면 기대를 어떻게 조절하고 관리할 수 있다는 말인가? 통상 우리는 어떤 일이 이루어지기를 바라거나, 그 일을 이루고자 하는 마음을 가지게 된다. 이것을 욕망이라고 부른다. 따라서 욕망은 삶의 목표나 이상을 말한다. 그런데 우리는 내가 마음대로 이룰 수 없는 것을 나의 목표나 이상으로 정하기 십상이다. 내가 이룰 수 있는 욕망인지 아닌지도 제대로 따져 보지도 아니한 채. 그러면 기대란 무엇인가? 어떤 일이 원하는 대로 되기를 바라면서 기다리는 것이 기대다. 비현실적인 기대는 확실히 행복을 죽인다. 따라서 터무니없는 기대 말고 현실적인 기대, 나의 능력과 한계의 범위에 들어오는 기대를 가져야 한다. 많은 불행은 기대를 잘못 관리하기 때문에 생겨나기 때문이다.

그렇다면 기대수준을 현실적인 수준으로 조절할 수 있는 방법은 무엇일까? 그 첫 번째 방법이 바로 자신의 능력에 맞추어 적정하다고 생각되는 적정 기대치를 정하는 방법이다. 우선 어떤 행동을 계획하기 전에 그에 대한 욕망과 기대를 구분한 후, 이룰 수 없는 욕망과는 구분하여 자신의 현실적인 기대를 명확히 한다. 다음으로, 그 기대를 최저 기대치 0에서 최대 기대치 10까지로 점수를 매겼을 때 자신이 가장 적정하다고 생각되는 기대치를 기대 목표치(또는 균형점)로 정한다. 예를 들어 6점을 목표치로 정하는 것이다. 그다음, 목표치를 중심으로 자신의 능력과 한계 범위 내에서 허용할 수 있는 최저치(예를 들어 2점)와 최대치(예를 들어 9점)를 정하고, 자신과의 협상을 통해 행복을 극대화하는 방법으로 관리하면 될 것이다. 기대는

헬륨 풍선과 같다. 헬륨이 채워지지 않은 0의 상태에서, 채워지기 시작하는 1의 상태, 그리고 최대한 채워졌다고 생각되는 9의 상태가 있을 것이다. 그 9의 상태를 넘어 10의 한계점에 이르면 결국은 터져 버린다. 기대나 욕구를 창조적 진화의식으로 잘 조절할 필요가 있다. 이에 대해서는 제7부에서 행복부등식과 관련하여 다시 자세히 설명하기로 한다.

다른 두 번째의 해법은 무엇일까? 바로 생화학적 해법이다. 인간의 욕망과 경험이 중심이 되고 그것이 힘을 얻는 세상 대신, 이제 정보가 중심이 되고 만물 인터넷, AI 등 새롭고 효율적인 데이터 처리 시스템이 힘을 가지는 세상으로의 해법이다. 즉 생화학적 알고리즘을 전자 알고리즘으로 결합하고 해독해 냄으로써 끊임없이 쾌감을 제공하는 치료법과 제품을 개발하는 것이다. 사실 우리는 수많은 세대를 거쳐 오면서 생존과 번식의 기회를 늘리기 위해 생화학적 기제에 적응했을 뿐 행복을 위해 적응하지 않았다. 그러나 현재 인류는 이 해법에 훨씬 더 관심이 많다. 철학자들이나 도인들이 뭐라고 하든 행복은 곧 쾌락이기 때문이다.

시간이 갈수록 불쾌감에 대한 인내심은 줄고 쾌락에 대한 갈구는 커진다. 과학적 연구와 경제적 생산 활동도 그 목표에 맞춰, 매년 더 좋은 진통제, 더 새로운 맛의 아이스크림, 더 중독성 있는 스마트폰 게임을 생산한다. 감각기관의 기능이나 성능을 높여 생활의 자기만족을 높여 주는 기자제도 수없이 쏟아져 나온다. 귀에는 뇌에 칩을 심어 소리를 잘 듣게 하는 인공 와우를 장착하고, 눈에는 망막 두

께를 깎거나 인공수정체를 넣어 시력을 높이고, 입은 기분 좋게 하는 음식, 몸에 좋다는 건강 기능 식품, 성 기능을 향상시키는 식품 등을 날마다 먹고, 코는 향기로운 향수 제품으로 즐겁고, 피부는 각종 생체 기능을 체크하는 생체기계를 장착하여 상태를 체크하거나 인공 피부까지 만들어 그 감각을 느끼고, 몸을 위해서는 각종 호르몬제를 투여하고…… 이제는 일상적 기분 저하와 주기적 우울감에 대처하거나 심신을 피폐하게 하는 정신질환을 치료하기 위해 정신과 치료약을 복용하기도 한다. 결혼생활이 불만인 아내에게는 항우울제를 복용하게 한다. 주의력 결핍 과잉 행동장애(ADHD) 등에 그 치료약을 쓰면 더 편하게 살 수 있다. 자신이 저지른 학살에 대한 죄책감에 시달리는 군인에게는 프로작을 준다. 군대도 마찬가지다. 이라크나 아프가니스탄에 주둔중인 미국인 병사 가운데 약 15% 정도가 전쟁의 압박과 고통을 덜기 위해 수면제나 항우울제를 복용한다고 한다. 이 병사들에게 두려움, 트라우마를 일으키는 것은 포탄, 지뢰가 아니다. 호르몬, 신경전달물질, 신경망이 그런 문제를 일으킨다. 전문가들은 이미 뇌의 적절한 위치에 직접적인 자극을 가하거나 몸을 유전적으로 조작하여 재설계하는 등 인간의 생화학적 기제를 조작하는 정교한 방법들을 시험하고 있다. 돌연변이가 유전자 변형에서 온다고 볼 때 유전자 조작에 의한 몸의 재설계는 충분히 가능할 것이다. 끊임없이 쾌락을 경험하는 데 알맞도록 적응하기 위해 생화학적 기제를 바꾸거나 몸과 마음을 재설계하고자 하는 것이다.

그러나 생화학적 행복 추구는 세계 최대의 범죄 원인이기도 하다. 2009년 미국 연방 교도소에 수감된 죄수 중 절반이 약물 범죄자였으며, 이탈리아에서는 수감자의 38%가, 그리고 영국에서는 수감자의 55%가 마약 관련 범죄자였다. 2020년 이후 한국에서도 마약 관련 범죄가 급증하고 있어 2023년의 경우 마약과의 전쟁을 벌이기도 했다. 국가는 생화학적 행복 추구를 규제하고자 좋은 조작과 나쁜 조작을 분리하여 시행한다. 정치 경제 사회의 안정과 성장을 강화하는 생화학적 조작은 허가하는 것을 넘어 장려한다. 예를 들면 학교에서 과잉행동을 하는 아이들을 안정시키거나 불안해하는 병사들을 진정시켜 전투에 내보내는 것 등이다. 그리고 안정과 성장을 위협하는 조작은 금지한다. 하지만 매년 새로운 약물이 대학 연구실, 제약회사, 범죄 조직에서 탄생하고, 생화학적 행복 추구가 가속화하고 있다. 인간에게 쾌락이 영원히 지속되도록 호모 사피엔스를 재설계하는 길이 또 하나의 해법이 되고 있는 것이 사실이다. 하지만 생명의 기본 패턴을 바꾸는 일이기에 신중해야 할 것이며 마약 등이 가져오는 개인의 신체적, 국가 사회적 폐해의 심각성을 유념하여야 할 것이다. (유발 하라리, 65-68)

4.

행복이라는
목적 함수

현실적으로 인간의 태어남은 목적 없는 생존이요, 생존 이후는 목적을 가지고 삶을 살아간다. 인생의 목표가 그 사람의 성패를 결정한다. 물론 인생을 목적 없이 사는 사람도 있다. 그런 사람은 생존 자체가 목적이다. 생존 자체가 목적이라는 것을 모를 뿐이다. 무의식적이기 때문이다. 마치 공기가 절대적이라는 사실을 모르는 사람과 같다.

행복과 관련지어 보면, 인간 삶의 목적이 무엇이냐에 대해서는 많은 논쟁이 있는 것이 사실이다. 어떤 사람들은 삶의 궁극적 목적이 영적 깨달음, 자아실현 또는 더 높은 신과의 결합을 달성하는 것이라고 주장한다. 이것은 불교, 기독교, 이슬람교, 유대교 등과 같은 종교 및 영적 전통에서 찾을 수 있다. 또 어떤 사람들은 인간 삶의 궁극적인 목적이 행복을 얻는 것이라고 주장하기도 한다. 그 목적 달성을 위해 아리스토텔레스의 최고선, 인간관계, 긍정적 마음, 사회공헌 등 다양한 수단을 활용할 수 있다는 것이다. 또 어떤 사람들은 인간의 삶에는 고유한 목적이나 의미가 없으며, 각 개인이 자신의 선택과 행동을 통해 삶의 목적과 의미를 창조한다고 주장하기도 한다. 허무주의적 관점이 그와 연관된다.

그냥 툭 던져진 채로 세상에 태어난 인간은, 그의 생존경쟁의 과정에서 어떠한 이상이나 소망을 가지고 살아갈까? 단순한 생존일까, 가치 있는 행복일까? 인생의 목적은 생존과 번식에 있느냐, 추구하는 가치 또는 이상(행복)에 있느냐에 있다. 원초적으로 인간은 생존과 번식을 위해 진화해 왔다는 것은 과학적 사실이다. 따라서 생물학적 관점에서는, 인간의 최종적인 목표는 바로 생존과 번식이며 행복은 그것을 달성하기 위한 수단이라는 것을 보여 준다. 세상에서 먹고 살아야 다른 차원도 가능하기에 가장 강조될 수밖에 없다. 동물적 본능에 중점을 두는 이런 입장에서는 인간 삶의 목적은 바로 생존과 번식이다.

그러나 이성적 측면에 중점을 둔 또 다른 입장에서는 삶의 궁극적인 목적은 바로 행복을 얻는 것이라고 주장한다. 행복은 가치 있는 삶을 추구하는 것을 의미하기 때문이다. 따라서 그 추구하는 가치에 따라서 행복의 내용도 달라진다. 행복 그 자체를 인생의 최고 목표이자 이상으로 삼고, 그것의 실현을 도덕적 이상으로 삼는 것을 행복주의라고 부른다.

이상의 내용에서 본다면 인간 삶의 목적은 생존 또는 행복으로 요약될 수 있다. 물론 생존과 번식이 인간 삶의 원초적인 목적이기는 하지만, 현대인들은 의심의 여지없이 행복해지고자 하는 목적을 지니고 살아가고 있지 아니한가? 생존과 번식이 목적이라고 했을 때 행복이 그 수단이 될 수 있지만, 행복 그 자체가 목적이라고 했을 때는 행복을 달성하기 위한 수단도 다양하게 찾을 수 있을 것이다. 인간 삶의 목적을 생존과 번식(상위목적)이라고 했을 때, 행복은 상위목적에 대한 수단이자 2차적인 하위목적이 될 수 있다. 마찬가지로 행복이 상위목적이라고 했을 때도 그 목표를 달성하기 위한 여러 수단을 생각해 볼 수 있을 것이다.

아무튼 목적과 수단 간에는 상호 계층적 목표 구조를 가진다고 볼 수 있는 것이기 때문에, 단순화시켜 행복을 목적함수로 놓고 논의하는 것도 무리가 없다고 생각된다. 즉 목적과 수단은 서로 치환될 수 있는 성질의 것이 된다. 에베레스트 산을 정복하는 경우의 예를 들어 보자. 보통 사람의 경우 그가 산에 오르는 목적은 최초로 에베레스트에 올랐다는 명예를 얻기 위한 것이다. 그리고 그 수단은 산을 오르는 일이다. 그러나 자아실현을 추구하는 사람의 경우 그는 산에 오르는 것 자체가 목적이다. 자신이 에베레스트에 오를 능력이 있기에 그 능력을 발휘한 것일 뿐이다. 한국인으로는 처음으로 에베레스트 정상을 정복한 고상돈 산악대장을 거론하지 않을 수 없다. 필자가 재직하던 직장에서 어느 날 고상돈 대장의 특강을 들을 기회가 있었다. 그가 말했다. 그 험준하고도 위험한 생사가 갈리는 에베레스트 등정을 왜 했는지에 대한 물음에, "그저 나는 곧 산이요, 산은 곧 나였기 때문이지요."라고 말했다. 그 산

을 등정하는 과정에서 위험에 빠져 목숨을 잃을 수도 있다는 생각
이 들지는 않는지를 묻자, "삶과 죽음의 경계 자체를 느끼지 못하지
요. 죽음의 두려움을 전혀 느끼지 못하는 초월의 상태라고나 할까
요?"라고 말하였던 기억이 새롭다.

이제 인간의 원초적 목적까지를 반영하여 도식화한 행복의 목적
구조를 제시하되, 목적과 수단은 상호 치환관계에 있다는 점을 감안
하여, 행복을 목적 함수로 설정하고 논의를 계속해 보기로 한다.

○	본래적 자연 상태의 목적	–	생존, 번식 ←	인간은 무엇(what)을 위해 사는가
		⋮		
○	하위(2차적) 목적	–	행복 ←	왜(why) 행복을 추구하는가
		⋮		
○	목적 달성 수단	–	수단 ←	어떻게(how) 행복을 달성할 것인가

여기서 본래적 자연 상태의 목적이란, 인간이 무엇을 위해 사는
지에 대한 궁극적 목적을 나타낸다. 하위 목적이란, 왜 행복을 추구
하는지에 대한 목적을 나타내며, 목적 달성 수단은, 어떻게 또는 어
떠한 수단과 방법을 동원하여 행복이라는 목적을 달성하는지를 설
명한다.

행복을 목적 함수로 설정한다면 그 목적을 달성하기 위한 수단에

는 어떠한 것이 있을까? 물질적, 정신적 수단을 활용하거나, 생화학적 기제를 사용하는 등 여러 다양한 방법이 있을 것이다. 인간의 능력에는 한계가 있다. 청각의 경우, 인간이 들을 수 있는 소리 진동수는 20~2만에 불과하지만, 쥐는 200~8만, 박쥐는 2000~11만이라고 한다. 시각의 경우, 인간이 볼 수 있는 가시광선은 빛의 세계의 파장 중 5%에 불과하다고 한다. 이 밖에도 인간은 미각, 후각, 뇌와 몸의 한계, 마음 및 정보상의 한계도 가지고 있다. 따라서 인간이 가진 능력의 한계를 극복하고 행복을 얻기 위한 수단 매체가 필요하다.

먼저, 과거에 행복은 철학이나 종교, 그리고 심리학의 대상이었다. 행복은 높은 경지의 목표로 생각되었고 고상한 이상이었다. 인생의 높은 경지에 있는 철학자들이나 현인들의 삶을 교훈 삼아 열심히 살아갔다. 여기서 도덕적 윤리적 삶 자체를 행복이라고 여기는가하면, 한편으로 정신적 가치를 중시하는 행복 추구의 방법을 생각하게 된다. 시간이 흘러도 그 가치가 변하지 않으며 새로운 가치를 끊임없이 창조해 나가는 정신적인 수단을 찾는 것이다. 나를 뒷받침해 주는 가치를 지닌 지혜와 지식, 재능과 기능, 철학과 사상 등이다. 행복의 대상을 더 가성비 높은 영구적인 가치를 추구하는 것에 두는 것이다.

다음으로, 산업화와 민주화에 힘입어 보통 사람들도 먹고 살만하게 되니, 행복을 얻기 위해 물질적 조건을 주로 생각해 왔다. 삶의 외적 조건, 즉 물질적인 조건이 갖춰지지 않으면 보통 사람들은 분명 행복할 수 없다. 따라서 각자 욕구 충족을 위해 경쟁하기 시작했고, 그 욕구 충족이 바로 행복 추구인 것이다. 물질적인 외적 도구의 성능이나 가성비를 높이는 방법을 활용하는 것이다. 즉 돈, 권력, 학력, 집, 자동차, 직장과 배우자 등이 내 인생을 행복하게 만든다고 생각하고, 그것을 가지는 것이 행복을 얻는 길이라고 인식한다. 행복의 대상을 물질적인 것에 두고 그것을 얻고자 노력한다. 그리고 그 목표를 달성하면 행복을 얻었다고 생각한다. 세상을 나의 눈으로 보기보다는 타인의 눈을 통해 보려고 하는 습관이 있기 때문에 그런 물질적 조건을 손에 놓으려고 한다. 그리고 그 행복은 결국 부(富)로 귀결되고 돈이 행복의 중요한 수단이 되는 것이다. 그러나 이 행복은 시간이 흘러가면 금방 사라지기 마련이고 다른 욕구불만으로 바뀌게 된다. 그 약효가 짧아 지속적이지 못하고 가성비가 그리 높지 않은 방법이다.

그다음으로는, 좀 더 가성비가 높은 다른 방법을 찾는다. 그것이 만남이고 만남의 관계에 필요한 선한 영향력 특히 공감력(empathy)이 중요한 수단이 된다. 좋은 사람을 만나면 좋아지지만, 싫은 사람을 만나면 괴롭다. 좋은 사람들과 만나 맛있는 것을 먹으면서 수다를 떨어 보는 것이 적지 않은 즐거움이고 행복이 될 수 있다. 그래서 타인의 자존감을 인정하고, 타인의 관점에서 이해하고 상대방의 마음이 되어 진심을 보이는 공감이 필요한 것이다. 그런데 사람들은 공감하는 것이 아닌 단순한 동정심(sympathy)을 공감력으로 잘못 이해하는 경우가 많다. 그래서 이혼한다. 남편이 부인의 마음속을 헤아리는 공감력이 부족하기 때문이다. 정치인들이 국민을 위한다면서 단식까지 불사하지만, 그것이 왜 국민들의 호응을 얻지 못할까? 자기 성취감은 얻었을지 모르지만 국민의 기대나 정서를 읽어 내지 못했기 때문이다. 공감력이 아닌 단순한 동정심에 불과하기 때문이다. 상대방의 마음속에 잠재해 있는 기대, 아픔, 정서를 읽어 내서 그것을 해결하고 충족시켜 줄 수 있는 공감력이 필요한 것이다. 또한 상대방의 마음에 상처나 아픔을 주지 않도록 해야 한다. 이 공감력은 직접적으로 나의 행복을 구성하는 원리가 되는 것이다.

그러나 이러한 만남도 행복을 지속적으로 보장해 주지는 못한다. 처음은 좋지만 자꾸 만날수록 서로의 기대와 요구가 생기게 되고 이에 대한 비용과 지출이 늘어나면서 피곤해지기 시작한다. 그것들을 서로 채워 주지 않으면 좋은 감정은 곧 나쁜 감정으로 바뀌게 된다. 좋아하는 사람과 연애하고 결혼도 하지만 그것도 생각대로 행복을 보장해 주지 못하는 경우가 많다.

만나 보니 다 비슷하고 피곤하기에 더 가성비가 높은 또 다른 만남을 찾게 된다. 많은 경우 애완용 동물이나 자연을 찾는다. 그러나 애완용 동물에도 사람에게 드는 이상의 비용과 정성이 들어간다. 사랑한 동물과 사별하는 아픔을 맛보기도 해야 한다. 한편 자연을 즐긴다는 것은 큰 만족감을 가져다주기도 한다. 싱그러운 숲속, 새벽의 여명과 밤하늘의 별, 풀벌레 소리에 귀 기울이는 밤, 푸른 바다와 물, 아름다운 자연의 색깔 등은 우리에게 행복을 선물한다.^(미셸르 방 키엠) 이것이 모두 쿼렌시아(Querencia; 안식처)다. 실제로 햇빛만 보아도, 또는 숲속을 거닐 때도 행복 호르몬이라고 불리는 세로토닌이 생겨난다. 그러나 학교생활, 직장생활 등에 시달리는 보통 사람들로서는 이런 일이 쉬운 것만은 아니다. 그래서 깊은 만남보다는 그저 그 상황을 즐기는 자유로운 경험 중심의 만남을 찾는다. 소유보다 경험을 즐기는 삶이다. 소소하지만 작은 것이라도 새로운 경험을 추구해 봄으로써 확실한 기쁨과 행복감을 느끼는 소확행을 찾는 것이다.

인터넷이 발달된 오늘날에는 같은 경험이나 사건을 공유한 사람들을 쉽게 만날 수 있다. 그러나 이러한 행복도 경제적인 비용은 물론, 건강과 심리적인 안정도 따라 줘야 한다. 경험 자체는 가성비가 높을지 모르지만 그 기회비용이 만만치 않은 것이다. 또한 때로는 만나지 않아야 할 사람과의 만남으로 고통을 겪거나 예상하지 못한 사고가 발생하기도 한다.

어떤 사람들은 더 깊은 행복을 얻기 위해 더 높은 이상을 추구하는 방법을 찾기도 한다. 남들이 쉽게 할 수 없는 봉사활동이나 자아실현의 방법을 찾아 행한다. 그러나 심리학자들이 권하는 자아실현의 방법도 일반인들에게는 쉽지 않다. 쉽게 자기의 의지대로 되는 것도 아니며 전문가의 지도와 안내가 필요하기 때문이다.

마지막으로, 몸과 마음을 직접 업그레이드하거나 외적 도구와 직접 결합하는 여러 방법도 있다. 앞으로는 주로 이러한 행복 기제에 많이 의존하게 될 것이다. 몸과 마음을 업그레이드 하는 방법에는 무엇이 있을까? 필자가 생각하는 가장 중요한 수단 매체는 인간의 가장 위대한 유산이자 비장의 무기인 '의식의 창조적 진화'라고 생각한다. 창조적이고도 고차적인 의식으로의 진화는 행복을 위한 가장 강한 추진력이 되기 때문이다. 그것은 무엇을 말하는가? 《장자》에 나오는 '내기 활쏘기'나 '재경(梓慶) 목수 이야기'가 그 적절한 예가 아닐까 생각한다. 내기 활을 쏘는 사람은 기왓장을 놓고 내기를 하면 활이 잘 맞고, 황금을 놓고 쏘면 마음이 흐트러져 잘 맞추지 못한다. 어떤 외면적인 귀한 것을 중시 여겨 내면적인 마음의 무심 상태를 유지하지 못한다는 것이다. 재경이라는 목수도 상을 받고 벼슬을 얻겠다는 생각을 품지 않고 일체의 외부적인 일을 잊어버리고 마음을 초의식적으로 움직여야만 신기(神技)가 나온다고 했다. 이러한 의식과 관련한 또 다른 방법으로, 열정과 몰입감, 초월감과 같은 행복기제를 들 수 있다. 이들은 의식의 고도화에 필요한 것일 뿐 아니라 가치를 창조하는 원동력이요 불쏘시개가 되기 때문이다.

한편 외적 도구와 직접 결합하는 방법에는 무엇이 있을까? 대표적인 것이 생화학적 알고리즘을 전자 알고리즘으로 결합하여 끊임없이 쾌감을 얻는 치료법과 제품을 개발하는 것이다. 정보처리 장치인 뇌와 몸의 기능이나 성능을 높여 생활의 자기만족을 높여 주는 기자제를 활용하기도 한다. 일상적 기분 저하와 주기적 우울감에 대처하기 위해 또는 심신을 피폐하게 하는 정신질환을 치료하기 위해 정신과 치료약을 복용하는 방법도 있다. 뇌의 특정 부위에 직접적인 자극을 가하거나 유전자 조작에 의해 몸을 재설계하는 방법도 있다. 이처럼 행복을 경험하는 데 알맞도록 적응하기 위해 생화학적 기제를 바꾸고 더 나아가 몸과 마음을 재설계하는 방법이다.

5.

행복의
필요충분조건

행복은 한마디로 자기만족이라고 했다. '행복 = 자기만족'이라고 했을 때, 행복과 자기만족은 서로의 필요충분조건이다. 왜냐하면 행복을 쾌감, 안녕감, 만족감, 행복감, 몰입감, 초월감 등의 개념으로 다양하게 표현하지만, 이 모든 표현은 결국 '자기만족'이라는 의미 하나에 포함되는 것이기 때문이다.

행복은 곧 자기만족이라는 것을 단적으로 보여 주는 흥미로운 행복함수가 있다. 필자가 인공지능을 가진 AI에게 물어 얻어 낸 행복함수가 그것이다. AI는 "행복 $H = 0.4S + 0.3C + 0.2A + 0.1E$"라는 함수로 나타낼 수 있다고 말한다. 이 함수는 행복이란, 현재 상황에 대한 만족도(S), 가족, 친구, 동료 등의 관계에 대한 만족도(C), 목표를 달성했을 때의 만족도 즉 성취감(A), 그리고 자기 존중감(E) 등의 요인에 의해 결정된다고 말하고 있다. 이 함수에서 각각의 가중치는 해당 변수가 전체적인 행복에 미치는 영향력을 나타낸다.

행복을 욕구 등 다양한 요인에 의해 영향을 받을 수 있는 것으로 보고, 행복방정식으로 표현하기도 한다. 미국의 경제학자 새뮤얼슨은 "행복= 가진 것/욕망"이라는 공식으로 간명하게 보여 주고 있다. 그리고 통상적으로 사람들은, 인간은 이기적이기 때문에 소유 욕망을 가지기 마련이며 그 소유 욕망을 채우는 것이 행복이라고 착각하고 산다. 한편 영국의 어느 심리학자는 "행복 = (5E)+3H+P"의 공식으로 설명하기도 한다. 행복은 돈이나 건강 등의 생존조건(E), 추구하는 이상이나 기대(H), 그리고 개인적 특성(P) 등의 요인 순으로 영향력을 미쳐 결정된다는 것이다. 이처럼 행복에 대한 영향요인은 다양하고 보는 관점도 각기 달리 나타나지만 행복이란 결국 각각의 요인들에 대한 자기만족임을 알 수 있다.

강남 갔던 제비가 돌아와 집을 짓고 새끼를 낳아 기르는 것을 한번 생각해 보자. 제비도 생존을 위한 집과 먹이, 그리고 새끼를 먹이고 키울 수 있는 환경 등의 조건을 갖춰야만 살아갈 수 있다. 거주와 생계와 환경 등의 조건이다. 제비도 이러할진데, 하물며 사람이야 어떻겠는가? 평생을 살아도 살 집이 없고, 먹고 살 경제적인 능력을 갖추지 못하고, 아이들을 낳아 먹이고 가르칠 수 없다면, 최악의 출산율 저하 요인을 제대로 파악하지 못하고 효과적인 국가 정책을 형성해 내지 못한다면, 그런 생존 조건과 환경을 갖추지 못한다면, 인간은 행복하게 살아갈리 만무하다. 이러한 조건들에 대한 적정한 수준의 자기만족이 곧 행복이다.

여기서 행복의 필요조건을 일반화해 볼 수 있다고 생각한다. 즉 행복을 위한 최소한의 필요조건으로서, 5가지 요인을 들 수 있을 것이다. 즉 돈과 일과 건강 등의 생존조건, 가족이나 사랑하는 사람과 같은 인간관계, 추구하는 이상이나 기대와 같은 목표, 개인적 특성과 같은 유전적 요인, 그리고 문화 환경과 같은 환경적 요인 등의 조건을 충족시켜야 할 것이다. 여기서 개인적 특성 등 유전적 요인, 그리고 문화 환경과 같은 환경적 요인은 선천적인 요인으로 볼 수 있으며, 나머지 3가지 요인은 개인의 삶의 조건을 말해 주는 후천적 요인이 될 수 있을 것이다. 많은 연구에 의하면 행복을 결정짓는 요소는, 개인의 DNA와 유전적 특성 등 선천적 요인이 90%를 차지하고, 나머지 10% 정도가 개인적 삶의 조건이라고 밝히고 있다. 따라서 행복은, 이러한 결정요인에 뇌와 몸의 인식구조가 결합하여 만들어진다고 볼 수 있다. 따라서 선천적 요인이라도 이를 변화시켜 행복을 얻도록 생각과 행동을 바꾼다는 것이 중요하다. 행복은 생각과 행복만으로도 만들어지기 때문이다. 이렇게 본다면, 행복은 뇌와 몸을 통해 나타나는 즐겁고 좋은 느낌과 정서를 자기 것으로 만들려는 의식적 훈련과 실천 노력으로 쟁취할 수 있는 것이다.

좀 더 구체적으로 이야기해 보자. 육체적 쾌감이 있으면 행복하다. 돈과 건강이 있으면 행복하다. 행복하려면 육체적 쾌감이 필요하고, 돈과 건강도 있어야 한다. 여기서 육체적 쾌감과 돈과 건강은 행복을 위한 필요조건인 것이다. 그러나 육체적 쾌감을 느낀다고 해서, 또 돈과 건강이 있다고 해서 반드시 행복한 것은 아니다. 즉 행복 = 육체적 쾌감, 돈, 건강의 등식이 성립되지 아니한다. 따라서 육체적 쾌감과 돈과 건강은 행복을 위한 필요충분조건은 될 수 없는 것이다.

하루 세 끼 식사를 못할 정도의 가난한 사람에게 돈은 매우 필요한 행복의 조건이지만, 다이어트를 위해 세 끼 식사를 하지 않은 사람에게는 돈은 더 이상 행복의 조건이 되지 못한다. 몹시 갈증을 느끼는 사람에게 생수 한 병은 행복을 주지만, 물을 많이 마신 사람에게는 고통일 것이다. 자신의 자동차가 없어 늘 대중교통을 이용해 직장에 출근하던 직장인이 값싼 승용차를 마련했다면 큰 행복을 주지만, 최고급 승용차가 필요한 돈 많은 사람에게 값싼 승용차는 오히려 모욕감을 느끼게 할 것이다.

다시 한 번 요약하자. 행복의 필요충분조건은 자기의 생존에 필요한 여러 조건들에 '자기만족'을 얻는 것이다. 생존에 필요한 조건들에 적정한 정도의 자기만족의 균형점을 찾는 것이 중요하다. 따라서 이 자기만족이라는 기준이 행복의 판단기준이 되는 것이다. 만족수준의 목표를 달성 불가능한 높은 수준으로 잡을 수도 있고, 쉽게 달성할 수 있도록 낮게 잡을 수도 있다. 그 목표치를 어떻게 설정하느냐에 따라 그 목표 달성도는 달라지게 마련이다. 따라서 자신의 능력과 한계에 맞추어 적당한 수준으로 설정하는 것이 무엇보다 중요하다. 만족(滿足)이란 말뜻 그대로, 발목(足)까지 차올랐을 때 거기서 멈추는 것이 바로 가장 적당한 행복일 것이다. 그런데도 우리는 목까지 차오르고, 머리끝까지 채워져야 행복할 것이라는 욕망에 사로잡혀 있지는 않은가? 그것을 알아차리는 의식의 창조가 필요하다.

제5부

행복 근원의
세 기둥

앞서 살펴본 것처럼 행복을 결정짓는 요소는 선천적 요인과 후천적 요인 등 다양하다. 따라서 사람마다 자신의 취향과 환경에 따라 각기 다른 모양의 행복을 추구할 수밖에 없다. 내가 행복하다고 다른 사람에게 일방적으로 권할 수 있는 것도 아니다. 자신에게 맞는 신발이 따로 있듯이 자신에게 가장 좋은 행복의 길을 찾아야 하는 것이 아닐까? 그렇다고 하더라도 행복은 진짜로 있는 것일까? 그냥 상상적인 것일 뿐 붙잡을 수 없는 그런 것은 아닐까? 우리 삶을 돌이켜 보면 이런 질문과 의심은 쉽게 할 수 있다. 자신이 항상 행복하다고 자신 있게 말할 수 있는 사람이 거의 없기 때문이다. 그리고 노력한다고 반드시 얻어지는 것도 아니고 노력하지 않는다고 얻을 수 없는 것도 아니기 때문이다. 그래서 우리가 행복을 붙잡으려고 애쓴다고 시원한 답이 나올 수 있을까마는, 인간은 어떤 수단과 방법을 통해 그 행복의 길을 찾아 나섰는지 살펴보지 않을 수 없다.

행복을 찾는 수단이 다양한 것처럼, 지금까지의 행복에 대한 연구들도 무척 다양하기 마련이다. 기존의 연구에서는 행복의 근원이 어디에 있다고 보았을까? 기존의 행복론을 학문적 기반을 기준으로 분류하여 보면 크게 3가지로 정리해 볼 수 있을 것이다. 이른바 행복의 유리 천장을 떠받치고 있는 3개의 기둥이다. 윤리적 도덕적인 관점에서 논하는 행복, 심리학적 문화적 차원에서 논하는 행복, 그리고 생물학적 관점에서 논하는 행복이 그것이다.

　윤리적 도덕적 관점에서 보면, 윤리적 삶, 도덕적 삶을 실천하는 것이 곧 행복이라고 말한다. 즉 윤리적 삶, 도덕적 삶이 곧 행복의 근원이라고 보는 것이다. 행복은 인간의 이상일 뿐만 아니라, 최고의 선이기 때문에 인간의 윤리적 도덕적 본질이 바로 행복의 근원이라는 것이다. 따라서 이 차원의 행복은 과학적 근거에 기초한 것이 아니라, 뇌의 철학과 사고에 기초를 둔 관념론적인 것이라고 볼 수 있다.

　심리적 문화적 관점에서는, 행복은 객관적 조건보다 인간이 심리적으로 기대하는 심리학적 현상이다. 즉 인간의 기대라는 심리적 현상이 곧 행복의 근원이라고 보는 것이다. 따라서 기대치가 행복을 결정한다는 관점이라고 볼 수 있다. 우리는 평화와 번영을 누릴 때 만족하는 것이 아니라, 우리의 기대치와 실제가 일치할 때 만족을 느낀다. 그런데 객관적 조건이 나아질수록 기대치가 높아지기에 행복을 이루기가 어려워진다는 데에 문제가 있다.

　생물학적 관점에서 보면, 인간의 원초적 본능인 생존과 번식이 행복의 근원이다. 행복을 결정하는 것은 경제적 사회적 상황이 아니라 인간의 생화학적 조건, 특히 유전적 특질이다. 과학이 설명하는 행복이란 실제로 우리 몸의 생화학적 메커니즘에 달려 있다는 설명이다. 따라서 우리 몸에서 일어나는 불쾌한 감각에서 벗어나 유쾌한 감각을 느낄 때 행복하다는 것이다. 진화론에 바탕을 둔 행복론이다. 에피쿠로스, 제레미 벤덤, 존 스튜어트 밀 등도 이와 비슷한 관점에 서 있다. 자, 이제 행복의 근원에 대한 궁금증을 좀 더 구체적인 이야기로 풀어 보자.

1.

행복은
윤리적 도덕적 본질인가

　예전엔 윤리적 삶, 도덕적 삶의 실천이 곧 행복이라고 믿었다. 이런 관점의 행복론이 철학적 관념론적 행복론이다. 아리스토텔레스와 스토아학파들의 행복론이 그 대표적이다. 철학적 관념론적이기에 주로 뇌의 행복이요, 뇌의 '기억하는 자기'를 대상으로 하는 행복이라 할 수 있을 것이다.

　아리스토텔레스(BC 384-BC 322)는 인간이 추구하는 궁극적 목적은 행복이라고 보았다. 그는 '행복(eudaimonia)이란 인간의 고유한 기능이 덕(arete)에 따라 탁월하게 발휘되는 영혼의 활동'이라고 말한다. 즉 행복을 이루게 하는 열쇠는 덕이며, 덕이란 욕구나 감정에 치우치지 않고 이성에 따라 자신의 능력을 조화롭게 발휘하는 것이라고 한다.

　사물의 고유 기능이 잘 발휘될 때 그 사물이 좋다고 말한다. 예를 들면 의자의 덕은 편안하게 앉게 해 주는 것이며, 젖소의 덕은 양질의 우유를 제공하는 것이라는 논리다. 마찬가지로 인간도 그 고유 기능(이성)이 탁월하게 발휘될 때 최고의 좋음 즉, 최고선은 실현되고 그것이 곧 행복이라는 것이다.(아리스토텔레스) 행복이 최고의 선이라는 관점에서 보면 인간의 모든 행위나 일들은 그 자체가 목적이 아니라 행복을 달성하기 위한 수단 또는 과정이다.

과도함과 부족함이 없는 중용이 바로 덕의 특징인데, 무엇이 중용의 지점인지는 인간이 가진 실천적 지혜(프로네시스)를 통해 알 수 있다고 한다. 즉 프로네시스가 알려 준 중용을 실천하고 살면 행복해진다는 것이다. 그는 자기 통제, 용기, 인내, 정의, 겸손, 선의 등 12가지 미덕을 따르는 '덕스러운 삶'이 행복하고 의미 있는 삶이라고 본다. 도덕의 실천을 위해서는 개인의 이익을 희생해야 한다는 기존의 도덕관을 과감히 타파하고 오히려 도덕의 실천을 통해 행복에 도달할 수 있다는 주장을 편 것이다.

또한 행복을 윤리적, 도덕적인 삶으로 정의하는 다른 철학자들의 주장도 있다. 공리주의 철학자들은 윤리적으로 행동해야 모든 사람들에게 최선의 결과 즉 최대이익증진(행복)을 가져올 수 있다고 주장한다. 기원전 시대를 살았던 키케로는 도덕적으로 선한 유익한 것을 추구할 것을 주장한다. 돈이나 권력 등 삶에 유익하다고 생각해 온 것들도 도덕적으로 선한 것이 아니면 유익한 것이 아니며 따라야 할 의무의 대상도 아니라고 말한다. 칸트는 아무런 대가나 목적 없이 어려움에 처한 사람을 도와야 한다는 도덕 법칙을 존중하고, 그것을 따라야 한다는 자발적 의무감에서 비롯된 행위만이 도덕적 가치를 지닌다고 한다. 길을 가다 강도를 만나 모두 털리고 상처 입은 사람을 돌보며 간호하고 도움을 준 사마리아인의 행동이나, 연못에 빠진 사람을 구하려는 행동은 인간의 당연한 도덕이요 윤리라는 것이다. 도덕은 그 자체로 정당하며 그 자체로 숭고하기에 도덕적으로 행동해야 한다고 주장한다. 즉 선한 사람이 행복해져야 인간이 도덕적으로 살려고 할 것이기 때문에 도덕적 행위는 행복을 보장한다는 주장이다.

이상의 윤리적 도덕적 행복론에 대한 학자들의 비판도 있다. 이 행복론은 관념론적 철학적인 것이지 과학에 기반한 행복이 아니라고 주장하는 학자들도 많다. 따라서 과학적 근거에 기반하고 있는 다윈의 진화론적인 행복론과는 대척점을 이룬다고 말하기도 한다. 그리고 도덕론, 윤리론을 설파한 것이기에 엄밀한 의미에서 가치 있는 삶을 말한 것이지 행복한 삶을 말한 것은 아니라고 말하는 학자도 있다. 또한 아리스토텔레스는 마케도니아 왕국의 귀족 가문에서 최고만을 누리며 살았던 인물이고, 그의 스승은 플라톤, 그의 제자는 알렉산더 대왕이라는 인류 역사상 화려한 이력을 가진 사람이기에 그의 행복관도 매우 엘리트주의적이라고 말하기도 한다.

하지만, 윤리와 도덕은 인간의 이성에 의해 이룰 수 있는 중요한 행복의 수단이기에 행복론으로 해석해 보는 것도 의미 있는 일이 아닐까? 정의로운 삶, 훌륭한 삶을 강조했던 소크라테스나, 탐욕을 버리고 무욕의 경지를 강조했던 붓다 석가의 경우나, 모두 인간의 궁극적인 행복이란 무엇인가에 대한 고차원적인 생각을 했던 사람들이라고 이해되기 때문이다. 심지어 기독교 철학도 이러한 관점에서 이해해 볼 수 있다. 예수 그리스도의 "천국으로 들어가는 문이 좁고 길이 협소하며 그 길로 들어가는 이가 적다"는 말씀도 도덕적 삶을 지향하고 인내심을 갖추는 것이 중요함을 강조한 것이라 볼 수 있다. 그 성인들 스스로는 그들의 고차원적인 생각이나 마음을 저술로 남기지 않았기에, 우리는 후세들의 2차원적 정보인 문자 기록에 의해 그들의 생각이나 마음을 읽고자 하나 그것이 그들의 생각이나 마음을 그대로 온전히 표현할 수 없는 한계도 있다는 점을 인정해야 할 것이다.

여기서 꼭 짚고 넘어가야 할 것이 하나 있다. 통상 윤리적 도덕적 행복론을, 인간의 생존 본능과는 별개의 것으로, 또는 진화론적 행복론과는 대척점에 있는 것으로 이해하는 경우가 대부분이라는 사실이다. 그러나 깊이있는 연구를 거듭해온 생물학자들까지도 그와는 다른 연구 결과를 내놓고 있다는 점에 주목해야 한다. 우리에게 《게놈(Genome)》의 저자로 잘 알려진 옥스퍼드대학교 매트 리들리 교수는 유명한 《이타적 유전자》라는 저서를 내놓았다. 그 원저의 제목이 무엇인지 아는가? 《The Origins of Virtue(덕의 기원)》이다. 감이 잡히는가? 인간의 도덕성과 이타성, 사회성, 상호부조, 협동 등도 이타적 유전자의 명령에 의해 나타나는 것이라고 한다. 이것이 바로 인간이 지닌 덕의 기원이라는 것이다. 이기적이기 위해 이타성을 띄는 것이 유전자의 본성이라는 것이다. 인간의 도덕성, 사회성뿐만 아니라, 문화, 학습 등 우리가 특별히 인간적 특성으로 간주하는 모든 면도 다 궁극적으로는 다윈의 진화론적 과정을 통한 유전자의 설계에 따라 만들어진다는 의미다.

하지만 일란성 쌍둥이가 완벽하게 동일한 유전자를 지녔어도 성장하며 독특한 개성을 지닌 다른 두 사람이 되는 것처럼, 인간을 비롯한 모든 생물은 유전자와 환경의 영향을 고루 받으며 만들어지는 존재다. 유전자 자체가 도덕이나 윤리 의식을 가진 주체가 될 수는 없다. 그것은 생명체가 아니라 하나의 단백질 물질에 불과하기 때문이다. 오로지 자기복제를 하기 위해 끊임없이 노력하는 이기적인 존재일 뿐이다. 그러나 역설적이게도 이 이기적 유전자가 우리를 '도덕적인 동물'로 만들어 준 장본인이라는 것이다. 어느 사회에서든 더 도덕적인 개체들이 더 많은 유전자를 후세에 남겼기 때문에 도덕성(morality)이 인간의 본성으로 남아 있다는 것이다. 즉 도덕성도 엄연한 진화의 산물이라는 것이다.(최재천, 165-171)

동물과 인간의 모든 이타적 행동은 '유전자'에 의해 결정된다고 주장하는 세계적 학자들도 있다. '현대의 찰스 다윈'이라고 칭송되며 《인간 본성에 대하여(On Human Nature)》를 저술한 세계적 사회생물학자인 에드워드 윌슨 교수, 그리고 세계적인 진화생물학자인 데이비드 윌슨 교수 등이 대표적이다. 찰스 다윈의 자연선택이 본질적으로 경쟁을 부추기는 이기적인 현상에 의문을 제기한 것이다.

인간은 윤리적 존재라는 것을 보여 준 유명한 실험이 있다. 대니얼 카너만의 '최후통첩 게임'과 '독재자 게임'이 그것이다.(스벤 브링크만, 102-107) 이것은 인간은 합리적이고 이기적이며 자기이익 극대화를 위해 노력한다는 '호모 에코노미쿠스(homo economicus)'적 인간관과는 배치되는 주장이다.

최후통첩 게임은, 두 명의 피실험자 중 한 사람에게 100달러를 주면서 그 돈을 어떻게 나눌지 결정하라는 게임이다. 100달러를 혼자 가지거나 다른 피실험자와 똑같이 나누거나, 또는 서로 다른 비율로 나누어도 된다. 다른 피실험자는 제안자가 제안한 금액의 수락 여부를 결정한다. 수락하면 제안자의 제안대로 나눠 갖지만, 거부하면 둘 다 돈을 가져가지 못한다. 경제적 인간관에 입각하면, 상대가 어떤 금액을 제안하든 수락하는 쪽을 택할 것이다. 거부하면 아무 돈도 받지 못하기 때문이다. 하지만 실험 결과는 그 반대였다. 개인적으로는 손해가 된다 해도 제안자가 부당하게 많은 금액을 갖는 결과가 온다면, 거부하는 쪽을 택하는 경향이 강했다. 특히 덴마크 같은 북유럽 국가에서 이런 경향이 두드러졌다. 이기적인 상대를 응징하려는 욕망이 '최대이익을 얻으려는 욕망'보다 더 강력한 동기로 작용할 때가 있다는 것이다.

'독재자 게임' 실험도 이의 변형된 형태라 할 수 있다. 이 실험에서는 제안자가 제왕적 권력을 휘둘러 금액을 나누면 상대는 어떤 제안이든 그냥 받아들여야 한다. 한 푼도 못 받는다 해도 도리가 없다. 이 실험에서도 경제적 인간관을 가정할 경우에는 제안자(독재가)가 가능한 한 많이 차지하리라고 예측할 수 있다. 그러나 실험 결과는, 많은 참가자가 상대에게 금액의 일부를 나누어 주었고, 그중에는 67%에 달하는 사람들이 기꺼이 돈을 나누어 가졌고, 돈을 독차지한 사람은 33% 정도인 경우도 있었다.

　이들 실험은, 인간은 매순간 최대이익을 얻으려는 계산적인 존재가 아니라 마음만 먹으면 독차지할 수 있는 것들을 타인과 기꺼이 나누기도 한다는 것을 보여 준다. 즉 인간은 근본적으로 이타심과 정의감이 있는 윤리적 존재라는 것을 보여 준다. 이 실험은 대니얼 카너만에게 세계적 명성은 물론 노벨경제학상까지 안겨 주었다. 카너만의 실험 결과는 인간이 윤리적 존재라는 것을 증명해 주고 있는 것이다.

　필자는 개인적으로, 도덕적 삶과 윤리적 삶이 행복과 밀접한 관련이 있다고 생각한다. 윤리적이고 도덕적으로 행동하는 것이 개인과 사회 전체의 행복에 기여하기 때문이다. 그리고 도덕과 윤리는 바로 인간 삶에 있어서 절제가 필요함을 가르쳐 주기 때문이다. 이를 설명할 수 있는 이론 중 하나로 퍼지 이론(Puzzy Logic)을 생각해 볼 수 있다. 퍼지 이론이란 사람들이 자신에 대해서 정의로움과 부정행위의 경계를 애매모호하게 설정하려고 하기 때문에 부정행위에 끌리게 된다는 논리를 말한다. 예를 들면, 세상 사람 중 1%의 정직한 사람은 남의 물건을 훔치려 들지 않지만, 또 다른 1%는 비록 열쇠가 채워져 있다 하더라도 그 물건을 훔치려 든다고 한다. 그런데 98%의 대다수 사람들은 남이 보거나, 남을 의식하면 정직한 상태를 유지하지만, 그렇지 않은 경우 윤리 도덕을 망각한 채 부정한 유혹을 견디지 못한다는 것이다. 즉 대부분의 부조리는 그런 유혹을 이기지 못하는 98% 중에서 발생하고, 결국 그들은 비난받고 고통받는 상황이 발생하여 그들에게 행복이 있을 리 없다. 부정한 유혹을 이겨 내게 하거나 부조리한 행동을 하지 못하도록 만드는 것이 무엇인가? 바로 윤리와 도덕이다.

인간은 감성과 이성을 가진 동물이다. 그래서 인간의 행복은 감성으로서 느끼는 행복과, 이성으로서 느끼는 행복이 있음을 알게 된다. 생존과 번식에 대한 본래적 본능은 원초적 행복이다. 인간은 본능적으로는 쾌락원칙에 따르지만, 한편 생존경쟁의 과정에서 이성에 의해 가치적·도덕적 목적을 지닌 현실 원칙을 따르는 모습도 띠게 된다. 따라서 가치를 추구하는 삶, 도덕적인 삶을 살고자 하는 목적을 지향하고자 노력한다.

가치는 개인이나 사회가 중요하거나 바람직하다고 여기는 신념이나 원칙이다. 가치를 추구하는 삶을 목적으로 할 때, 그 추구하는 가치는 무엇일까? 행복, 성공, 재물, 권력, 자유, 쾌락, 즐거움 등 물질적, 정신적으로 가치 있다고 여기는 그 무엇이다. 예를 들어 개인이 정직이라는 가치를 중시한다면 어렵거나 불편하더라도 그 가치에 따라 행동하고 진실을 말할 때 더 행복할 수 있다. 이러한 가치에 대한 만족을 얻는 것이 바로 행복이라는 것이다.

도덕은 무엇이 옳고 그른 행동인지에 관한 신념과 원칙의 체계이다. 도덕 원칙을 따르면 목적과 의미를 알 수 있으며, 반면 도덕 원칙을 위반하거나 자신의 가치관에 반하는 행동을 하면 죄책감, 수치심이 생길 수 있다. 도덕적 목적이란 무엇일까? 덕스러운 삶을 살고자 하는 인본적 목적을 말한다. 이처럼 덕스러운 삶을 살아가는 것이 바로 행복이라는 것이다.

　따라서 인간의 행복은 감정적 요소와 이성적 요소의 영향을 받는 복합적인 현상으로 이해할 수 있다. 감정적 행복이란 사랑하는 사람과 시간을 보내는 즐거움, 여가 활동에 참여하는 것, 자연이나 예술의 아름다움을 경험하는 것과 같은 외부 자극에 대한 즉각적이고도 긍정적인 즐거운 감정을 말한다. 반면 이성적 행복은 삶에 대한 인지적 평가에 기반한 보다 안정적이고도 지속적인 웰빙과 만족감을 의미한다. 이성적 행복은 우리에게 장기적인 목적의식, 방향성, 성취감을 준다.

2.

행복은
심리학적, 문화적 현상인가

　행복에 대해 가장 흔히 하는 생각이 바로 행복을 심리학적, 문화적 입장에서 보는 입장이다. 행복이 돈과 같은 외적 조건에 의해 좌우된다고 보는 견해가 그 대표적이다. 따라서 뇌의 행복이 중심이요, '심리적 자기'를 주된 대상으로 하는 행복이다. 돈, 권력, 명예, 성공, 외모 등 특정한 외적 조건이 내 인생을 행복하게 만든다고 생각하는 것이다. 행복이든 다른 것이든 세상을 나의 눈이 아니라 남을 의식하며 남의 눈을 통해 보려는 사회에서 흔히 볼 수 있는 현상이다. 지나치게 타인을 의식하여 그 무엇을 가졌느냐 못 가졌느냐 차이로 행복을 인식하는 것과 같은 맥락이다. 성공하면 행복해진다는 믿음도 마찬가지다. 그러나 성공한다고 저절로 행복해지는 것은 아니라고 말한다. 알렉산드로스 대왕, 라이프니츠와 호이겐스 등 위대한 역사적 인물도 결코 행복하지 못했을 것이라고 단언하고 있다. (버틀란트 러셀)

　미국 심리학회 회장을 지낸 스콧 릴리언펠드(Scott Lilienfeld) 교수의 저서가 있다. 《심리학에 대해 일반인들이 가지고 있는 대표적인 오해들》(한국에서는 《유혹하는 심리학》이라는 제목으로 출간되었음)이라는 책이다. 여기서 그는 행복이 외적 조건에 의해 좌우된다는 믿음은 큰 착각 중 하나라고 지적하고 있다. 다른 학자들도 돈, 권력, 종교, 학력, 외모 등 모든 외적 조건은 행복의 개인차 중 약 10~15% 정도밖에 예측하지 못한다고 말한다. 행복한 사람과 불행한 사람과의 차이는 가진 자와 못 가진 자의 차이가 아니라는 것이다. 다른 많은 연구도 "많이 갖는 것이 행복은 아니다"라는 결론을 뒷받침하고 있다.

돈과 행복의 관계에 대한 유명한 연구는 많다. 미국 예일대 로버트 레인(Robert Lane) 교수에 의하면, 2000년도 이전 50년간 미국의 평균가계소득은 약 2배로 증가했지만 미국인의 행복수준은 그대로였다. 경제학자 이스털린에 의하면, 2차 세계대전 직후인 1946년의 미국인의 행복지수를, 24년이 지난 1970년의 그것과 비교했더니, 국민의 생활수준은 약 2배가 높아졌음에도 삶의 행복도는 거의 변함이 없었다. 1970년대의 사람들이라고 2차 세계대전 직후의 사람들보다 더 행복하지 않았던 것이다. 이것은 기본적인 욕구가 채워지면 물질적으로 더 풍요로워진다 하더라도 행복에는 별다른 영향을 미치지 않는다는 것을 보여 준다. 학자들은 이를 '이스털린의 역설'이라고 부른다. 핀란드는 일본보다 국민 소득이 낮지만 행복지수는 훨씬 높다. 핀란드는 많은 다른 나라와 달리 인테리어 소품 등을 디자인했던 알바 알토(Alvar Alto)의 얼굴을 화폐에 새긴 나라다. 노르웨이, 스웨덴, 덴마크 등 스칸디나비아 제국의 행복지수는 특히 높다. 그들 국가에서는 돈이나 지위 같은 삶의 외적 조건보다 자존감, 타인에 대한 신뢰, 다양한 재능의 인정 등이 행복의 원동력이 되고 있는 것이다. Diener & Biswas-Diener 등을 비롯한 많은 연구에서도, 어느 정도의 경제 수준이 되면, 돈을 중시 여기는 물질주의적 태도 자체가 행복을 저해한다고 결론짓고 있다.

한편 소득수준이 매우 낮은 가난한 나라라도 개인의 행복도는 부유한 국가만큼 높을 수가 있다는 것을 보여 주는 연구도 있다. 통념과는 다른 연구 결과로서 2024년 2월, 과학 저널 미국립과학원회보(PNAS)에서 밝히고 있는 내용이다. 네팔, 짐바브웨, 가나, 칠레, 과테말라 등 세계 19개 저소득 국가의 지역 토착민 약 3000명에 대한 조사 결과, 삶의 만족도가 10점 척도에서 6.8점으로써 부유한 국가와 비슷한 수준으로 나타났다. 소득수준이 꼴찌에 가까운 부탄이란 나라가 국민들의 행복지수는 세계에서 가장 높게 나타난다는 조사 결과도 들어 본 적이 있을 것이다. 이들 연구 결과는 빈곤 국가의 국민이라도 행복을 느끼며 살아갈 수 있다는 것을 말해 주고 있다.

그렇다면 당신의 인생에서 돈과 사랑, 이 둘 중에서 하나를 선택한다면? 각자의 선택은 다를 것이고 그에 따른 본인의 행복도도 각기 달리 나타날 것이다. "내 인생의 가장 중요한 목표는 물질적 풍요다"는 설문에 "그렇다"고 답한 응답자의 비율이 전 세계에서 가장 높은 나라는 어디일까? 한국이다. 하루 세 끼조차 보장되지 않는 아프리카 사람들보다 한국인이 돈을 더 중요시한다는 해석이 가능하다.

돈과 행복의 관계에 관한 새롭고도 놀라운 다른 연구 결과도 있다. 기존의 연구와는 다른 결과를 보여 준다. 와튼스쿨의 매튜 킬링스워드(Matthew Killingsworth) 교수가 미국인 3만3천 명을 대상으로 한 2021년의 추적 조사 등이 그것이다. 그 연구 결과의 요지는, 돈과 행복은 정비례한다는 것이다. 기존 연구에서는 연소득이 8만 불 이상을 넘어가면 돈과 행복이 별 관계가 없는 것으로 나타났으나, 이 조사 결과는 연소득 8만 달러 이상에서도 행복수준이 계속 증가하고, 50만 달러가 넘어가도 지속적으로 행복수준이 높아지는 것으로 나타났다. 따라서 돈과 관련한 사람들의 행복도는 연구 대상이 누구냐에 따라 달리 나타날 수 있다는 점도 이해해야 할 것이다.

심리학적, 문화인류학적 입장에서 행복을 이루는 길은 인간의 사회적 연결과 인간관계에 있다고 주장하는 학자와 학파들이 많다. 2023년 1월의 월딩어 하버드대 정신의학과 교수 등에 의한 연구가 대표적이다. 그 연구에서 하버드생과 빈민청년, 그 자손까지 2000여 명의 삶을 추적한 결과, 행복은 우리가 삶의 목표로 쫓는 성공, 성취, 명예에 있지 않았다. 가족·친구·동료 등 주변 사람들과의 좋은 관계에 있다고 말한다. 인간관계에 만족하면 신체도 건강했으며, 50대일 때 인간관계에서 가장 만족도가 높았던 사람들이 80대에 가장 건강한 사람들이었다고 한다. 그리고 그의 저서《The Good Life》에서, 사회와 단절되어 사는 외로운 사람들은 다른 사람보다 건강이 빨리 나빠져서 단명(短命)하기 쉽다고 말한다. 도쿄도 건강 장수의료센터 연구소의 무라야마히로시(村山洋史)도 "술, 담배, 운동 부족 등과 같은 불건전한 생활 습관보다 고독·고립 상태가 사망 위험을 최대 1.9배나 높일 정도로 치명적이다."고 말한다. 또한 많은 연구 결과는, 고독으로 인한 스트레스가 신체 내에 염증을 일으켜서, 심혈관이나 뇌혈관 같은 혈관계 질환 위험을 높이고, 당뇨병이나 암, 치매, 우울증, 자살 등의 원인이 된다고 말하고 있다.

한국에서는 젊은 여성들과 중년 남성들이 고독감을 가장 많이 느끼는 것으로 나타나고 있다. 이런 현상은 비단 한국뿐만이 아니다. 일본의 전 국민 2만 명을 대상으로 한 2021년의 고독 실태 조사 결과에서도, 20~30대 여성과 50대 남성의 고독감이 가장 높은 것으로 나타났다. 영국에 이어 세계 두 번째로 '고독·고립대책담당실'을 신설한 나라가 일본이다. 고독·고립 연구가인 이시다미츠노리(石田光規) 와세다 대학 교수는 "스마트폰이 등장하기 전에는 누구와 만나려면 특정 장소에서 만나 이야기하면서 연결 고리를 만들었다. 하지만 지금은 누구나 스마트폰을 소지하고 있어 자신이 만나고 싶어 하는 사람만을 우선순위에 놓고 관계를 지속하려는 사람들이 늘어났다"고 말한다. 즉 남들과 쉽게 가까워지기 힘든 성격의 사람들은 외로움을 더 강하게 느낄 수밖에 없다는 것이다.

이처럼 행복에 있어서 가장 중요한 요소가 인간관계라는 연구는 너무도 많다. 유명한 하버드대학교의 '그랜트 연구(Grant Study)'도 그 중 하나다. 하버드대 남학생 268명을 72년 동안 추적 연구한 결과 '가족 친구 친지 등 주위의 가까운 사람들과 좋은 관계를 맺을수록 행복해진다'는 결론을 내린 바 있다. 그러나 이러한 연구 결과를 인정한다 하더라도 우리가 간과해서는 안 될 매우 중요한 사실이 있다. 행복은 내 주위 사람들과만 잘 지내는 데 있는 것이 아니라, 남의 행복을 해치는 행복은 있을 수 없다는 사실이다.

2차 대전 당시 한 독일군 장교가 폴란드로 출장을 가기 전에 집에 편지를 부쳤다. "사랑하는 아들딸아. 아빠가 없는 동안 엄마와 행복하게 지내길 바란다." 그의 출장지는 아우슈비츠였고 출장 목적은 유태인 학살이었다. 수많은 독재자들이 타인들에게 끔찍한 짓을 저지르면서 자신의 가족과 측근에게만은 끔찍하게 잘하는 경우가 적지 않다. 이런 극단적인 경우가 아니더라도 남에게 해를 끼쳐서 얻은 돈과 권력으로 가까운 사람들과 행복을 누리는 것이 과연 타당할까? 그럴 수도 없고 그래서도 안 될 것이다. 자신의 행복이 중요하면 남의 행복도 중요한 것이기 때문이다. 남의 행복을 망가뜨린 사람이 자신만은 행복하기를 바라면 될 일인가?

진정한 인간관계가 행복감을 만든다. 행복감은 높은 이타적 자존감에서 비롯된다고 말했다. 그 이타적 자존감은 가까운 사람들 간에도 적용될 수 있다. 형제가 좀 미운 짓을 하더라도 감싸 줄 줄 알고, 상속재산을 서로 더 가지라고 양보도 할 줄 아는 것, 부모님이 좀 상처를 주더라도 그래도 부모님이신데 하며 공경을 멈추지 않고, 자식이 좀 마음에 안 들더라도 감싸 안아 주는 것, 이런 것들도 타인에게 도움을 주는 것만큼 높은 이타적 자존감이라 할 수 있다. 이처럼 이타적 자존감을 가족, 친구, 직장동료, 지인 등 가깝게 지내는 사람들에게도 발휘하여 용서하고 품어 주고 부드럽게 대해 준다면 이 또한 행복감을 얻을 수 있을 것이다.

이러한 주장은 인간의 행복을 위해 긍정적인 사회적 연결의 역할을 강조하는 긍정 심리학자 마틴 셀리그만(Martin Seligman)에서도 찾아볼 수 있다. 그는 긍정심리학의 창시자요, 프로이드 이후 최고의 심리학자로 꼽히는 사람이다. 그는 행복의 5대 요소로 PERMA 즉 긍정적 감정(Positive Emotion), 몰입(Engagement), 인간관계(Relationship), 삶의 의미(Meaning), 성취(Accomplishment)를 제시한 바 있다. 또한 신경과학 및 심리학 등 많은 연구에 따르면 사회적 인간관계는 감정 조절, 스트레스 감소 및 전반적인 건강에 필수적이다. 연구 결과 사회적 관계가 강한 사람은 그렇지 않은 사람보다 더 행복하고 만족스러운 경향이 있는 것으로 나타나고 있다. 여기에는 낭만적인 관계, 우정 및 가족이나 동료와 같은 기타 유형의 사회적 관계가 모두 포함된다.

행복을 관계의 관점에서 설명한 유명한 철학자가 있다. 마틴 부버다. 그에 따르면 관계에는 크게 2가지 종류의 관계가 있다. 나-너의 관계와, 나-그것의 관계가 그것이다. 행복은 '나'와 '너' 사이, 즉 인간 사이, 인간과 자연 사이, 인간과 신 사이의 진정한 관계에서 찾을 수 있다고 한다. 나-너가 맺는 인격적 관계를 나-그것이 맺는 수단적 관계로만 생각하기에 너무도 쉽게 남을 괴롭히고 죽이기도 하면서 뻔뻔스럽게 구는 사람들이 생긴다는 논리다. 따라서 행복의 열쇠는 다른 사람이나 자연을 '나'의 목적을 위해 사용하는 수단으로 취급할 것이 아니라 나와 관계를 맺는 사람들을 내가 먼저 인격적으로 대해 주고 상호존중의 관계를 만드는 것이라고 믿었다. 그는 진정한 행복은 타인의 고유한 가치와 존엄성을 인식하고 그 가치를 존중하는 방식으로 관계를 맺는 데서 온다고 믿었던 것이다. (마르틴 부버, 너와 나) 부버의 철학은 진정하고도 의미 있는 관계의 중요성을 강조하며 행복의 본질을 다루고 있다고 생각된다.

철학, 신학, 음악에 정통했고, 38세에 의학박사 학위를 받고 아프리카로 떠났던 '밀림의 성자' 알베르트 슈바이처(Albert Schuweizer)는 나보다 못한 사람들을 도와야 한다는 각성으로 이타적 자존감을 발휘했던 20세기 최고의 지성이다. 그는 삶의 의미와 행복을 찾는 데 인간관계와 만남의 중요성을 강조한다. 그에 따르면 누구나 삶에서 때로는 내면의 불꽃이 꺼질 때도 있는데, 그 불꽃은 마음에 힘을 주는 다른 사람과의 만남에 의해 다시 타오른다는 것이다. 그러나 유의해야 할 점도 있다. 해롭거나 만족스럽지 못한 다른 사람과의 관계는 스트레스나 부정적인 감정을 쌓이게 할 수 있기 때문이다.

"인간은 뼛속까지 사회적이다." 저명한 미국 마이클 가자니가(Michael Gazzniga) 교수의 말이다. 인간의 뇌는 인간관계를 잘하기 위해 설계되었다고 그는 결론짓는다. 남의 속마음을 이해하고, 설득하고, 속이고… 사람들 간의 이런 복잡 미묘한 일들을 해결하는 것이 뇌의 최우선 과제라는 것이다. 옥스포드 대학의 인류학자 로빈 던바(Robin Dunbar) 교수도 인간의 뇌가 급격히 커진 시기는 10여 명의 정글생활에서 나와 150명 정도의 초원생활로 그 집단의 크기가 팽창할 때와 맞물려 있다는 연구 결과를 발표했다. 타인의 존재가 바로 인간의 뇌를 성장시킨 기폭제였다는 것이 그의 '사회적 뇌 가설'의 핵심이다. 한마디로 사람들과의 관계를 잘 맺기 위해 뇌가 발달했다는 것이다. 뇌의 원래 용도는 연애하고 친구와 사귀는 것과 같은 사회적인 것이지, 이차방정식을 푸는 것과 같은 비사회적인 것들이 아니라고 말한다. 그래서 '짝사랑하기', '배신으로 상처 받기' 같은 학원은 없지만, 비사회적인 것으로서 학습과 노력이 필요한 수학학원, 피아노학원, 골프교실은 골목마다 있다는 것이다.

호모사피엔스라는 인간의 진화 과정에서 집단으로부터의 소외나 고립은 죽음을 의미했다. 우리는 사회적인 인간의 유전자를 받았고, 그것을 통해 사회적으로 생존하기 위한 비법을 전수받았다고 한다. 그 비법 중 하나는 쾌감이라는 감정을 경험하는 것이요, 다른 하나는 고통의 경험이라는 것이다.

먼저 고통을 보자. 고통을 경험하지 못하는 동물은 오래 살 수 없다. 생존에 위협이 되는 불씨를 미리 끄라는 호루라기 소리가 바로 고통이다. 다리에 박힌 못이 아프지 않으면 치료하지 않을 것이고 결국 목숨까지 잃을 수도 있다. 몸에 상처가 난 순간 뇌의 전방대상피질이라는 부위가 활성화되고 이것이 고통이라는 신호로 바뀌어 인식되는 것이다. 집단과 단절된 외로움, 이별의 아픔, 배신감과 같은 사회적 고통도 마찬가지다. 신체적 고통만큼 인간의 사회적 고통도 생존에 위협이 되고 있으니 조치를 취하라는 신호다. 손가락이 잘릴 때와 애인과 이별할 때의 고통, 이 두 가지 고통은 생존을 위협한다는 점에서 별 차이가 없다고 한다. 뇌 영상 사진을 보아도 신체적·사회적 고통은 동일한 뇌 부위에서 발생한다. 그렇다면 이 두 가지 고통을 줄이는 방법도 동일할까? 몸이 아플 때 진통제가 효력이 있을까? 심리학자 네이든 드왈(Nathan DeWall) 등의 연구 결과에 의하면, 타이레놀과 같은 진통제로 애인과의 이별의 아픔 등과 같은 마음의 아픔도 줄일 수 있다고 한다. 우리 뇌는 신체적 고통과 심리적 고통을 똑같이 받아들인다. 몸과 마음의 고통은 인간의 '생존'을 위협한다는 점에서 차이가 없기 때문이다. 그렇다고 진통제 등의 부작용을 무시하지는 말자.

다음, 쾌감을 보자. 고통과 같은 부정적 정서는 우리를 위협으로부터 보호하는 역할을 한다. 그러나 그와는 달리, 쾌감과 같은 긍정적 정서는 생존에 필요한 자원을 확보하도록 하는 기능을 한다. 우리가 매일 밥을 꼬박꼬박 챙겨 먹는 이유? 한마디로 먹는 즐거움 때문이다. 생존경쟁에서 살아남은 동물들은 늘 먹는 즐거움을 추구했다. 며칠 동안 굶주린 배를 채울 때, 꽁꽁 언 몸을 온천탕에 담글 때, 이처럼 몸을 보존하는 경험을 할 때 쾌감 신호는 선별적으로 더욱 강렬하게 발생한다. 그런데 생존에 절대 필요한 하나의 자원이 있다. 사람이다. 사람이라는 자원을 확보하기 위해서는 우선 사람을 아주 좋아해야 한다. 남을 소 닭 보듯 하는 사람에게 친구나 연인이 생길 리 없다. 그래서 친구나 사랑하는 사람을 만나고 살을 비빌 때 우리 뇌는 사회적 쾌감을 대량으로 방출한다. 인간 희로애락의 원천은 대부분 사람이다. 사람의 일상적 대화의 70%가 남에 대한 이야기라고 한다. 초고속 승진의 기쁨도 사실 따져 놓고 보면, 승진 자체보다는 승진이 가져다주는 사람들의 축하와 인정 때문이다. 나를 인정해주는 사람들과 그 기쁨을 나누며 기뻐하고 싶은 것이다. 자랑할 사람도 축하해 주는 사람도 없이 축하 난 하나 놓고 단 둘이 갖는 승진파티를 생각해 보라. 승진이 기쁘기는커녕 눈물 날 것이다.

지구에서 최고의 생존 성공 신화를 쓴 동물은 개미와 인간이다. 이 두 생명체의 공통된 특성은 유별나게 서로 돕고 나누고 이용하는 능력, 즉 사회성이라는 것이다. 그래서 약 5만 년 전 호모사피엔스 중 150명 정도로 추정되는 아주 작은 무리가 아프리카를 나와 중앙아시아를 거쳐, 일부는 유럽으로, 일부는 시베리아, 호주 쪽으로 나와 무섭게 번성하며 불과 몇 만 년 만에 지구를 정복하며 살고 있다. 하버드 대학의 에드워드 윌슨 교수는 이 인간의 지구 정복을 '사회적 정복'이라고 표현했다.

한편, 개인의 행복수준은 그가 살고 있는 문화적 요인에 의해서도 영향을 받는다는 연구 결과도 많다. 이른바 개인주의 문화와 집단주의 문화다. 문화란 생각이나 가치, 규범이나 행동 방식에 대한 사회 구성원 간의 암묵적 합의를 말한다. 학자들이 문화를 이해하기 위해 가장 폭넓게 사용하는 개념이 바로 심리학자 Triandis에 의한 개인주의와 집단주의(또는 전체주의)다.

개인주의는 개인의 가치와 감정을 최대한 존중하고 수용하는 문화다. 개인은 집단으로부터 더 분리되어 있으며 자율적으로 행동한다. 개인의 사회적 행동은 개인적 행복을 최대화하려는 것이다. 개인의 뜻대로 선택하고 표현하는 것이 당연하다고 생각하는 문화다. 따라서 개인주의는 자유주의와 밀접 불가분의 관계를 갖는다.

이에 반해 집단주의는, 개인이 속한 회사나 국가 등 집단의 뜻에 따라 선택하고 움직이는 문화다. 개인보다 집단 전체가 중요하다. 개인은 자기 자신을 집단의 일부라고 생각하고 많은 상황에서 개인적 목표보다 집단의 목표를 우선시한다. 개인은 사회적 규범, 의무, 책무에 따라 행동하는 것이다. 따라서 집단이 유지 발전하기 위해서는 개인의 자유와 권리가 어느 정도 제한될 수 있다는 관점이다.

행복감과 가장 관계가 깊은 문화적 특성은 개인주의다.(서은국, 160-163) 미국, 영국, 프랑스 등 서구 유럽 국가들이 개인주의적 성향이 높은 나라다. 개인주의 문화의 국가들이 행복감이 높은 것으로 나타난다. 그 핵심은 바로 개인이 자유를 누린다는 데에 있다. 자유란 남에게 피해를 주지 않는 선에서 자기 마음대로 사는 것이다. 이러한 개인의 자유감이 높은 토양에서 행복의 씨앗은 쉽게 싹을 틔운다. 철학자 장 자크 루소는 진정한 행복은 오직 자유의 상태에서만 가능하다고 주장한다. 그는 사람들이 천성적으로 자유롭지만 사회는 그들의 자유를 제한하고 따라서 그들의 행복을 방해하는 제한을 가한다고 믿었다. 따라서 사람들이 진정한 행복을 얻기 위해서는 자신의 욕망에 따라 자유롭게 살 수 있는 자연상태로 돌아가야 한다고 주장한다.

집단주의적 성향이 강한 나라는 한국, 일본, 싱가포르 등 아시아 국가들이 대표적이다. 이들 국가는 경제 수준이 매우 높은 국가임에도 그에 비해 국민의 행복도는 이상할 정도로 낮다. 한국과 일본의 행복감은 경제 수준이 훨씬 낮은 브라질, 멕시코들보다 낮다. 집단주의 문화는 일단 공동의 목표가 생기면 무서운 응집력과 추진력을 발휘한다. 축구 응원을 위해 수만 명이 하나의 붉은 악마(?)가 되고, 국가가 경제 위기를 맞으면 너도 나도 금반지 하나씩 모아 함께 이겨 낸다. 그러나 그 문화는 수평적이 아닌 수직적 문화다. 상관과 부하, 정규직과 비정규직, 선배와 후배를 구분하는 문화다. 이 문화에서는 구성원 각자는 자기에게 맡겨진 역할만 수행하면 된다. 만약 그 역할을 제대로 수행하지 못하면 주위의 비난을 받기 십상이다. 그래서 집단의 뜻을 의식하지 않을 수 없고 타인의 평가에 민감하게 반응하지 않을 수 없다. 뭉치면 살고 흩어지면 죽는다는 말은 이때 통하는 말이다. 그러나 집단의 응집력과 통일성을 강조하는 이런 문화에서는 개인의 자유는 힘을 쓰지 못한다.

또한 집단주의 문화는 획일적인 사고를 중시하는 문화다. 획일적인 사고가 개인의 자유감을 무조건 박탈하는 것은 아니지만, 내가 내 삶의 주인이라기보다 타인의 평가나 시선에 더 신경 쓰게 만든다. 이런 문화에서는 뭉치면 피곤하고 흩어지면 자유를 얻는 경우가 더 많다. 회사의 회식문화를 예로 들어 보자. 소위 말하는 답정너(답은 정해져 있어, 너는 답대로 하면 돼)가 되어야 하는 것이다. 정해진 답에서 벗어난 일이나 행동은 불안감을 끼운다. 조직 결속을 위한 회식자리이니 개인사를 제쳐 놓고 참석해야 하고, 상사의 틀에 박힌 인사말에 환호하며 박수 쳐야 하고, 술이 목까지 차올라도 상사보다 먼저 집에 가서는 안 되고, 정당 소속 국회의원들은 계파들의 싸움

끝에 정해진 당론에 무조건 따라야 하고……

이러한 획일적 사고는, 마치 행복에도 정답이 있는 것처럼 행동하게 만든다. 따라서 고급 주택, 값비싼 자동차, 명문대학 간판, 대기업 명함 등의 조건을 맞추지 못한 인생은 행복의 낙제자라는 좌절감에 빠지게 한다. 결혼도 운동도 나를 위해서, 내가 하고 싶어서 하는 것이라고 고개를 끄떡이면서도 우리는 늘 나를 지켜보는 타인의 시선을 의식하면서 산다. "잘 살 테니 지켜봐 주세요", "열심히 할 테니 잘 봐 주세요"라고 말하면서.

나의 삶을 나의 눈으로 보기보다 타인의 눈을 통해 보려고 할 때 행복의 걸림돌이 생겨나게 된다. 먼저, 내 행복마저도 타인의 시각을 통해 판단하고 평가하게 된다. 왠지 내 행복이란 것도 남들로부터 인정받아야 나의 행복이 된다는 착각에 빠지게 된다. 필자의 예전 경험으로 예를 들어 보겠다. 행정학 석사과정으로 미국에 유학 중일 때 행정학, 경제학 과목을 같이 수강하던 흑인 여학생이 있었다. 자신의 차가 없어 늘 대중교통을 이용해 학교에 다니던 그녀가 어느 날 멋진 승용차, 아반테를 샀다며 기쁨에 겨워 자랑했다. 너무 기쁜 나머지 자기 승용차 함께 타고 차창 밖으로 손도 흔들어가며 시라큐스 시내 한번 누비자고 제안했다. 그때 그녀의 행복감이 얼마나 컸던가를 똑똑히 보았다. 우리 기준에서는 어떨까. 자기 차가 제네시스가 아니래서 또는 벤츠차가 아니래서 불만이라고 얘기하지 않을까?

또 있다. 필자가 뉴욕에 소재한 UN 본부에서 근무하던 때의 일이다. UN에서 함께 근무하던 백인 여성 린다가 어느 날 뉴저지의 자기 집으로 우리 가족을 초대했다. 오랫동안 집 없이 고생하다 드디어 너무나 멋진 집을 사서 이사를 했다는 것이다. 린다와 남편은 우리를 집 구석구석까지 안내하고 자세히 설명까지 해 가며 자랑에 열심이었다. 자그마한 잔디 마당으로 데려가더니 손수 잔디 깎는 기계로 잔디를 깎아 가며 너무도 행복해하는 것이었다. 사실 우리는 놀랐다. 집이 크지도 고급스럽지도 않았다. 잔디 마당이 넓은 것도 아니었다. 남들이 보기에는 너무 보잘것없는 집임이 분명했다. 그때 크게 깨달았다. 우리는 남의 잣대로 우리의 행복을 평가하는데, 그들은 자신들의 눈으로 자신의 행복을 보고 느끼는구나 하고.

다음으로, 타인의 평가에 지나치게 신경 쓰다 보면 자연히 주변 사람들에게 관심과 집중을 하게 되어 그만큼 스트레스를 받게 된다. 그리고 타인을 경쟁자로 생각했을 때는 그 관계와 만남이 즐겁기는커녕 오히려 스트레스로 작용한다. 그래서 어쩔 수 없이 만나는 만남보다 만나고 싶어 만나는 만남이 행복을 주는 것이다.

이상에서 행복을 심리학적, 문화적 관점에서 논의한 많은 다양한 견해를 살펴보았다. 그러나 여기서처럼 삶의 외적 조건들이 행복에 큰 영향을 미치는지 아닌지에 대한 주장이 공존한다 하더라도, 행복을 위해서는 생존에 필요한 최소한의 요건들은 갖추어야 한다는 사실을 부인할 수는 없을 것이다. 최소한의 부와 건강, 일과 사람과의 인간관계에 대한 충족 없이 행복이 있을 수 없기 때문이다. 그리고 이러한 요건들은 인간 생존을 위한 필수적인 조건들이기 때문이다.

3.

행복은
진화의 산물인가

인간은 행복을 위해 존재하는가? 아니면 생존과 번식을 위해 행복이란 수단을 활용하는가? 이 문제에 있어, 행복을 생존과 번식을 위한 진화의 산물로 보는 입장이 진화론적 행복론이다. 주로 몸에 대한 행복이요, 몸의 '경험하는 자기'를 대상으로 하는 행복론이다. 생물학적 진화를 근거로, 인간은 어떤 목적이나 이유가 있어서가 아니라 자연의 법칙에 따라 존재하게 된 진화의 산물이며, 인간의 모든 생각과 행위는 따지고 보면 결국 생존과 번식을 위한 것이라고 주장한다. 즉 인간은 행복하기 위해 존재하는 것이 아니라 생존과 번식을 위해서 행복이라는 수단을 활용한다는 주장이다. 한마디로 이 관점에서는 행복은 삶의 최종 목적이 아니라, 생존과 번식을 위한 수단이며 도구일 뿐이라고 보는 것이다. 따라서 이 진화론적 관점은, 아리스토텔레스 철학에 바탕을 둔 전통적 관점(즉 윤리적 도덕적 행복론)과 대립된다고 볼 수 있다. 전통적 관점에서는 삶의 궁극적 목적은 행복이며, 이것은 의미 있는 삶을 통해 달성된다는 목적론적, 가치 지향적 행복을 말하고 있기 때문이다. 현대에 와서는 이 진화론적 관점의 행복론이 주목받고 있다. 그리고 윤리적 도덕적 행복도 사실은 이타적 유전자라는 인간의 본성에서 비롯된 것이라는 연구들도 많이 나오고 있다.

이에 대한 논의를 위해서는 우선 다윈의 진화론과 관련한 내용을 먼저 살펴볼 필요가 있다. 다윈은《종의 기원》및《인간과 동물의 감정표현》등의 저술을 통해 인간의 근원적 본질을 파헤친 사람이다. 그의 생각의 씨앗은 인류학, 사회학, 심리학, 의학 등 거의 모든 분야에 영향을 미치고 있는 것이 사실이다. 그는 갈릴레이, 뉴턴과 함께 인간 사고의 패러다임을 바꾼 세계 3대 과학자 중 한 사람이다.

다윈의 진화론은 주위 환경에 보다 잘 적응하여 자신의 생존과 번식에 유리한 변이로의 선택을 한 종(種)이 살아남아 후대까지 전해져 내려간다는 것이 요지다. 따라서 그의 진화론은 사실 '자연선택(natural selection)' 이론인 것이다. 그의 진화론과 관련하여 우리가 크게 오해하고 있는 것이 있다. 첫째 오해는, 진화론의 최초 주창자가 다윈이라고 잘못 알고 있다는 점이다. 사실 진화론 주창자는 다윈 이전에도 존재했다. 다윈이《종의 기원》의 도입부에 그런 학자들을 거론하고 있는 점이 이를 반증한다. 둘째 오해는, 다윈의 진화론을 마치 진화 = 진보라는 등식으로 잘못 이해하고 있다는 점이다. 그러나 다윈 이전의 진화론이 생물 진화의 패턴이 하등동물에서 점차 고등동물로 진화해 간다는 '사다리 모형'의 이론인 데 반하여, 다윈은 이 등식을 거부하고 '생명의 나무 모형' 이론을 제시하고 있다. 즉 사다리 모형에서는 원숭이도 시간이 흐르면 인간이 될 수 있다고 보았지만, 다윈은 인간과 원숭이가 서로 다른 종으로 갈라져 진화하고 있기 때문에 원숭이가 인간이 될 수는 없다고 주장한다.(정진홍, 196-200) 여기서 이런 부분까지 언급하는 이유가 있다. 필자가 주장하는 '의식의 창조적 진화'와 관련하여도, 의식의 진화가 바로 의식의 진보를 의미하는 것이 아니라 높은 의식수준으로 '변화하는 것'을 의미하는 것이기 때문이다.

사실 다윈은 생물에 유전자가 존재한다는 사실을 죽을 때까지 알지 못했다고 한다. 다윈은 자연선택의 메커니즘을 설명하려 했던 것이다. 자연선택의 구체적 메커니즘이 유전자(gene)를 통한 형질의 유전이라는 사실을 처음 발견한 사람은 멘델이다. 이후 리처드 도킨스는 그의 저서 《이기적 유전자》에서 진화 메커니즘은 생식을 위한 개체 간의 경쟁이 아니라 유전자들 간의 경쟁인 것이며, 인간은 '유전자의 운반자'일 뿐이라고 주장한다. 또한 《게놈》과 《이타적 유전자》의 저자로 유명한 매트 리들리 교수는 물론, 《인간 본성에 대하여(On Human Nature)》를 쓴 세계적 사회생물학자인 에드워드 윌슨 교수, 그리고 세계적 진화생물학자이자 진화인류학자인 데이비드 윌슨 교수 등도 이타적 유전자의 존재를 주장한다. 즉 인간의 도덕성, 사회성, 문화 등 모든 면도 다 궁극적으로는 진화의 산물이라고 주장한다.

피카소도 꿀벌도, 개나 쥐도, 공작새나 긴팔원숭이도 모두 자연의 일부이다. 자연의 생존경쟁은 말 그대로 생존을 건 싸움이다. 경쟁 중 최고의 경쟁이 바로 생존이라는 말이다. 다윈의 진화론은 이 치열한 생존경쟁이 진행되는 과정을 체계적으로 설명한다. 진화론적 관점에서 인간의 모든 특성은 생존을 위해 최적화된 도구라는 것이다. 인간이 가진 신체적 특성뿐만 아니라 생각과 감정 등 정신적인 특성도 모두 우연히 갖게 된 특성이 아니라 생존에 도움이 되기 때문에 보유하게 된 특성이다. (Geoffrey Miller) 공작새는 꼬리를, 피카소는 창의력을, 인간은 마음의 능력을 사용하여 짝짓기 경쟁에서 승부를 가르지만, 판이하게 다른 이 행위의 궁극적 목적은 유전자를 남기기 위함이다. (밀러) 수컷은 자신의 유전자를 남기기 위해 짝짓기에 선택되어야 한다. 실제 칭기즈칸이 세계를 제패하며 뿌린 씨앗의 흔적이 200명 중에 한 명에게 나타난다는 통계는 이런 비유를 잘 보여 준다는 것이다.

이러한 다윈의 진화론적 행복을 주장하는 한국의 대표적 학자로서 《행복의 기원》을 쓴 서은국 교수를 들 수 있다. 여기서는 그의 입장을 중심으로 설명해 보고자 한다. 그에 의하면 인간도 꿀벌도 자연의 일부로서 말 그대로 치열한 생존경쟁을 하며 살아간다. 그래서 꿀벌은 꿀을 모으기 위해 사는 것이 아니고, 인간도 행복하기 위해 사는 것이 아니다. 인간도 꿀벌도 개도 공작새도 모두 생존을 위해서 산다. '인간은 행복해지기 위해 사는 것이 아니라, 생존을 위해 행복감을 느끼도록 만들어진 동물이다.'는 주장이 그것을 말해 준다. 인간도 먹고 자고 사랑할 때 행복을 느끼는 이유는, 사실은 생존을 위해서라고 말한다. 즉 행복(쾌감)을 느껴야만, 또는 쾌감을 느끼기 위해, 먹고 자고 사랑하는 데 집중한다는 것이다. 그가 근거로 삼은 것이 바로 다윈의 진화론이다.

이에 대한 설명을 위해, 새우깡을 먹고 싶어(새우깡이 주는 행복감, 쾌감을 위해) 서핑보드 타는 개와, 크고 화려한 수컷 공작새 꼬리에 대한 실험 결과를 내놓는다. 서핑보드를 잘 타면 주인이 계속 새우깡을 준다. 개는 쾌감을 얻기 위해 계속 새우깡을 먹게 된다. 결국 개는 서핑보드를 타게 된다. 개가 서핑에 성공한 이유는 새우깡을 먹을 때 뇌에서 유발되는 쾌감 때문이다. 그리고 수컷 공작새의 꼬리는 화려하여 포식자의 눈에 잘 띄고 도망갈 때도 큰 짐이 되어 생존에 매우 불리할 텐데도 그 꼬리를 지니고 살아가고 있는 이유는 짝짓기를 위해서다. 생존을 위해 후세에 자기의 유전자를 남겨야 하며 이때의 엄청난 생존경쟁이 바로 암컷과의 성공적인 짝짓기라는 것이다. 이러한 사실을 과학자들이 밝혀냈고, 다윈이 내놓은 성선택(sexual selection)이론도 결국 이를 뒷받침하는 이론이 되었다.

인간도 마찬가지다. 고기 맛에 쾌감을 느껴 목숨 걸고 사냥을 하고 사냥 후 기회 있을 때마다 짝짓기에 열심인 호모 사피엔스만이 우리 조상이 되었다고 한다. 피카소는 생을 바쳐 약 5만여 점의 다양한 미술 작품을 남겼다. 그런데 그의 예술적 창의성이 폭발했던 열정의 시기는 그의 삶에 새로운 여인이 등장하는 시점들과 일치한다고 한다. 창의성과 로맨스의 궁합이 맞아 떨어졌다는 것이다. 그가 창의력을 발휘하기 위해 산 것이 아니라, 그의 유전자를 남기기 위해 창의력이라는 도구를 사용했다고 보는 것이다. 구스타프 클림트, 살바도르 달리, 단테, 그리고 일반 대학생들까지도 모두 마찬가지라고 한다.

생존을 위해 필요한 것 중 또 다른 하나는 사회성이다. 무리 지어 사는 것은 생존에 필수이고, 무리 속에서 잘 지내는 유전자만 남았다고 한다. 사람이 가장 중요한 행복의 원천이기도 하지만 한편으로 고립되어 산다는 것은 스트레스요 죽음이다. 외로움을 느끼면 뇌는 죽을 위험이 증가했다는 의미로 해석한다. (안데르스 한센)

2023년 12월 20일 전후 1주일 동안 서울 기온은 -15℃ 정도를 오가는 북극 한파를 몰고 왔다. 우리 뇌는 '추위 = 생존 위협 = 사회적 고립'이라고 인식할 수 있을 것이란 생각이 든다. 앞서 본 것처럼 인간의 사회적 고립도 생존의 위협이 되기 때문이다. 마찬가지로 '따뜻함 = 안전 = 친구'라는 인식도 가능할 것이다. 이러한 사회적 경험의 위력을 보여 주는 최근의 연구들이 있다. 외로우면 정말 더 춥다고 느끼는 연구 결과들이 나오고 있는 것이다. 그런가 하면 친구가 따뜻하게 손을 잡아 주면 신체적 고통도 더 오래 견딜 수 있다는 연구 결과도 있다. 그렇다면 외로운 싱글들은 추운 겨울에 적어도 애인이나 내복 중 어느 하나는 있어야 하지 않을까(?) 이러한 맥락에서 행복의 핵심을 한 장의 사진에 담는다면 '좋은 사람과 함께 음식을 먹는 장면'일 것이라는 저자의 말이 의미 깊다. (서은국, 192)

앞서 본 생물학적 관점과 유사한 것으로서, 인간 행동과 인식의 진화적 기원에 초점을 맞추는 진화심리학도 있다. 이 관점에서는 행복은 성공적인 생존과 번식의 부산물로 간주된다. 예를 들어 맛있는 식사를 한 후 또는 배우자를 만나 사랑을 한 후 행복감을 느끼는 것은 생존과 번식을 촉진하는 데 도움이 되는 적응 반응으로 간주된다.

'적응'이라는 현상은 생존과 번식에 관련된 문제들을 풀기 위한 진화적 해결책이다. 이것은 자연의 생존경쟁의 장에서 생존하기 위한 인간의 생존 전략인 것이다. 생존에 필요한 특질들을 갖추지 못한 조상들은 모두 살아남지 못했다.(데이비드 버스) 적응이란 어떤 일을 통해 느끼는 기쁨과 즐거움이 시간이 갈수록 줄어드는 현상이다. 즉 행복을 느낀다하더라도 곧 거기에 적응이 되어 그 즐거움과 기쁨은 곧 소멸되기 마련이다. 그래서 승진의 기쁨도, 고기를 씹으며 느낀 쾌감도 곧 사라지는 것이다. 행복이란 지속적인 것이 아니라는 말이다. 쾌감수준이 원점으로 돌아가는 초기화 과정(reset)이 필요하다는 것이다. 쾌감수준이 원점으로 돌아가기에 다시 사람들은 행복을 찾아 나선다. 그래서 과장이 부장으로 승진하기 위해 노력하고, 사냥꾼이 고기 맛을 찾기 위해 다시 사냥에 나서는 것이다. 이것이 적응이라는 현상이 일어나는 생물학적인 이유이다.

이와는 다른 각도에서, 행복은 바로 쾌락이라는 관점도 살펴보지 않을 수 없다. 그 가장 유명한 철학자가 바로 고대 그리스의 에피쿠로스(Epikouros)다. 그는 행복이란 육체적 정신적 즐거움, 즉 쾌락이라고 말한다. 그는 빵과 물만 있으면 신도 부럽지 않다고 말하며, 인간 삶의 궁극적인 목표는 아타락시아(ataraxia)에 있다고 주장한다. 아타락시아란 고통으로부터 해방되는 평온하고 만족한 마음의 상태를 말한다. 쾌락 추구를 통해서 이 아타락시아를 달성할 수 있다고 믿었다. 하지만 그는 순전히 육체적인 쾌락만을 주장한 것이 아니다. 우정, 철학, 예술의 향유와 같은 지적 및 정서적 즐거움의 중요성을 강조했다. 그리고 육체적, 정서적 고통을 피하는 것의 중요성도 강조하고 있다.

이상에서 살펴본 진화론적 관점의 행복론은 행복에 대한 생물학적인 측면을 강조한 것으로 평가할 수 있다. 이 관점에 의하면, 어쩌면 꽃과 꿀벌, 꽃과 나비의 공생관계도 쾌락을 주고받기 위한 관계가 아닐까 생각해 볼 수 있다. 꽃에서 꿀을 모으는 꿀벌의 쾌락, 꿀벌에게 꿀을 바치는 꽃의 쾌락도 사실은 쾌락을 주고받기 위한 공생관계가 아닐까? 꽃과 나비의 공생관계와 마찬가지로.

한편 생물학적 측면에서 깊이 생각해 봐야 할 것이 또 하나 있다. 진화론적 행복론이 그 근거로 삼은 생물학적 현상에 대한 설명을 위해, 개나 쥐, 그리고 공작새나 긴팔원숭이 등 여러 종류의 동물들에 대한 실험 결과를 그 근거로 많이 사용한다. 그러나 사실 이러한 동물들에 대한 실험 결과를 인간의 행복으로 그대로 적용하는 데는 문제가 없을까도 생각해 봐야 한다. 왜냐하면 동물들도 인간과 같이 마음을 가지고 있는지, 만일 마음을 가지고 있다 할지라도 그것이 인간의 마음과 같은 것인지, 아니면 인간은 알지도 이해하지도 못하는 그러한 마음인지 알 수 없기 때문이다.

제6부

뇌 행복과 몸 행복의
진실을 밝힌다

생존과 행복은 인간에게 있어 절대 명제이다. 인류 역사는 원시사회, 농경사회, 산업화 사회, 과학혁명 사회, 지능정보화 사회로 진화 발전해 왔다. 역사의 진화 발전에 따라 인간의 생존과 행복의 내용도 함께 변화해 왔다. 행복의 내용은 불변의 것이 아니라는 말이다. 따라서 21세기는 AI 사피엔스 시대, 지능정보 및 정보과학의 시대다. 기술혁신의 핵심역할을 하는 것이 AI와 양자컴퓨터 등이다. 따라서 이 시대의 정보인류는 정보과학에 대한 이해 없이 행복을 논할 수 없다. 21세기의 주력 상품은 바로 뇌와 몸과 마음이기 때문이다. 그리고 정보과학, 뇌과학, 의학도 비약적으로 발전하고 있기 때문이다.

우리는 행복의 근원을 무엇으로 볼 것이냐에 대한 기존의 3가지 입장을 살펴보았다. 그런데 깊이 생각해 보자. 행복은 자기의 뇌와 몸이 만드는 합작품이다! 그리고 뇌와 몸이라는 정보처리 장치를 통해 느끼는 자기 생명에 대한 정보다. 즉 행복이란 나의 생명정보가 부정적인 상황에 대한 것인지, 정상적인 것인지, 긍정적 정서나 느낌의 정보인지에 달려 있는 것이다. 행복은 분명 뇌에서 인식되는 것이지만 행복할 때 몸이 같이 느끼고 반응한다. 행복 자체는 감정의 영역이지만 단순한 감정을 넘어선 안녕감과 자유감, 자존감, 만족감 그리고 사랑과 감사와 같은 느낌과 감성이 복합적으로 어우러진 총체적이고도 전체적인 상태라 할 것이다. 따라서 행복을 이루는 여러 복잡 다양한 변수들을 전체적인 하나로 통합하여 느끼게 하는 의식의 관통성과 해체성의 작동을 통하여 진정한 참 행복의 길을 찾을 수 있을 것이다. 즉 뇌와 몸에 의한 정보과학적 현상이 바로 또 다른 행복의 근원이라고 볼 수 있다.

그런데도 기존의 연구들을 보면 행복을 정보적, 과학적 차원에서 접근해 보려는 시도는 찾아보기 어렵다. 필자가 행복에 대한 정보과학적 접근을 통하여 그러한 뇌와 몸의 행복의 진실을 파헤쳐 보고자 하는 이유가 바로 여기에 있다. 그래서 필자는 행복 근원에 관한 네 번째 기둥으로서 '정보과학적 행복'의 기둥을 세우고자 한다.

그렇다. 행복은 이처럼 뇌와 몸에 의한 정보과학적 현상임에 틀림없다. 행복이란 몸과 뇌가 느끼는 행복한 감성이자 느낌이다. 그 감성과 느낌은 자기의 생명에 대한 정보이다. 사람이 섹스하고 술을 먹고 즐겁게 놀면 행복해진다. 마약을 하면 행복한 느낌을 단번에 얻을 수도 있다. 뇌의 어떤 부위를 특정 주파수로 자극하면 언제나 행복해질 수 있을지도 모른다. 가상현실이나 증강현실로 행복 자체를 직접 즐길 수도 있을 것이다. 뇌의 어떤 부위를 자극하고 몸에 어떤 물질을 주입하면 행복해질 수 있을까? 그러나 아직까지 안전하고 효과적으로 행복 자체를 얻을 수 있는 길은 발견하지 못하고 있다. 따라서 뇌 정보, 몸 정보에 대한 과학적 접근법의 기반위에서 인간이 가진 위대한 의식을 통하여 그러한 상태의 행복을 찾고자 하는 것이 바로 네 번째 기둥의 새로운 행복이다.

우리는 뇌의 정보는 물론이지만, 듣지도 느껴 보지도 못하고 있는 미세하고 섬세한 몸의 정보, 무의식이나 전의식에 머물고 있는 몸의 언어까지도 과학적 차원의 연구 대상으로 올려놓고 이를 행복과 연계하여 연구해야 할 필요가 있는 것이다. 즉 뇌의 의식도 감정과 느낌의 원천인 몸의식으로 확장하고 관통하여, 실제적인 느낌과 감정을 느낄 수 있는 그런 행복 말이다. 뇌의 가상의 행복을 넘어 실제적으로 몸으로 그 느낌과 감정을 경험하는 실제적인 행복, 즉 진정한 행복 말이다.

의식도 정보와 같이 정신적인 성질로서의 관통성과 양자적인 속성을 가지기 때문에 이러한 의식의 확장과 진화를 통하여 뇌와 몸이 하나로 통합되는 실제적인 행복을 얻을 수 있을 것이다. 즉 뇌는 저차부터 고차에 이르는 정보처리를 다 감당할 수 있기 때문에 몸의 양자적 고차 정보와 소통하고 통합될 수 있으면 진정한 행복의 길을 얻을 수 있을 것이다.

다시 한 번 요약해 보자, 진정한 참 행복이란, 뇌와 세상의 정보적 연합이 몸의 세세한 감정과 손상 정보까지 이해하고 수용할 수 있도록 의식수준을 높이고 확장하여, 뇌와 몸이 하나 되는 행복이다. 따라서 뇌의 가상의 행복이 몸의 실제적인 행복으로 통합되어 살아가게 하는 그런 행복이다. 그럼, 뇌의 행복과 몸의 행복의 진실은 무엇인가를 차례로 살펴보고, 그 다음 뇌와 몸이 하나 되는 새로운 참 행복의 길을 찾아보자.

1.

뇌 행복은
가상이다

어렸을 적에 불렀던 말잇기 노래가 생각난다. "원숭이 똥구멍은 빨개, 빨간 것은 사과, 사과는 달다, 단 것은 엿, 엿은 길다, 긴 것은 기차........."

사과는 빨갛다고 우리는 말한다. 그러나 엄밀히 말하여 사과 자체는 빨간 것이 아니다. 노란 사과도 있고 연두색 사과도 있다. 색맹인 사람에게 사과가 빨갛게 보일 리 없다. 사과 표면에 반사된 빛의 파장이 우리의 시각세포를 흥분시키고, 이 신경 반응을 통하여 뇌가 빨갛다고 인식하는 것이다. 그래서 그 사람은 사과가 빨갛다는 것을 진실이라고 믿는다. 즉 가상을 진실이라고 믿는 것이다. 사과를 노랗다고 생각하는 사람은 노랗다는 것을 진실이라고 믿는다.

뇌는 미리 행복에 대한 예측 모델을 만들고 시뮬레이션도 해본다. 그래서 어떻게 하면 생명이 행복할 수 있을 것인가에 대한 예측 정보들을 만들어 놓는다. 이러한 예측 정보들이 흔히 얘기하는 돈,

고급 자동차, 좋은 직장, 좋은 친구가 있으면 행복할 거라고 생각하는 것들이다. 이러한 조건들을 충족할 때 뇌는 신경전달물질과 뇌 호르몬들을 분비하면서 이것을 기쁘고 행복하다고 느끼게 한다. 이것이 뇌 정보에 의해 느끼는 뇌의 행복이다.

돈을 보자. 돈은 원래 가치 없는 종잇조각에 불과하다. 그런데 거기에 가치를 부여하여 인간이 만든 고안물이다. 인간은 그 종잇조각을 이용해 다른 모든 것의 가치를 계산한다. 집값도 자동차 값도 세금도 그것으로 계산한다. 지폐가 실제적인 힘을 갖게 된 것이다. 누가 돈을 가치 없는 종잇조각일 뿐이라고 외치며 행동한다 해도 그는 세상에서 살기 어렵다. 세상 사람들은 그것이 실제의 가치를 가진 실제적인 힘이라고 믿고 사용하며 살아가고 있기 때문이다. 돈도 국가도 그 자체가 행복을 느끼는 주체가 아니다. 행복을 느끼는 주체는 바로 인간이다. 돈이 행복을 준다고 인간의 뇌가 그렇게 인식하는 것이다. 그래서 죽어라 돈을 벌어야 한다고 생각한다. 그러나 부모와 자식 간에 돈 때문에 싸우고 마침내는 살인에 이른 사람은, 돈은 곧 불행이라고 여긴다. 돈이라는 실체에 대해 인간의 뇌는 행복으로 여기는 사람이 있는가 하면, 불행으로 여기는 사람도 있다. 돈 그 자체가 행복도 불행도 아니라는 말이다. 그런데 인간은 돈이나 국가를 실제라고 착각하고 자기 목숨을 바쳐 살아간다. 돈과 같은 조건들을 충족하면 행복할 거라고 기대하고, 충족하지 못하면 불행해질 것이라고 미리 예측한다. 이것이 뇌 정보에 의해 느끼는 행복이다. 뇌 정보에서 합성된 가상의 행복인 것이다.

돈에 관한 대중가요가 생각난다.

"돈에 웃고 돈에 우는 세상, 돈이라면 자다가도 벌떡, 쩐이라면 무엇이든 OK." 위의 김석 작가의 작품은 돈의 의미를 보여 준다. (이명옥, 222) 왼쪽 얼굴은 부자이고, 오른쪽은 가난한 사람의 얼굴이다. 돈은 분명 인간이 만든 가상의 것이다. 돈 자체는 웃고 울지 못한다. 고통도 느끼지 못한다. 돈에 웃고 돈에 우는 것은 인간이며, 때로는 돈 때문에 고통을 느낀다. 인간이 만든 가상의 것에 인간은 행복을 느끼기도 불행을 느끼기도 하는 것이다. 돈이 행복만을 가져다주는 것도 아니다. '돈이 원수'일 때도 있다. 그리고 돈이 고통만을 가져다주는 것도 아니다. 결국 인간이 그것을 어떻게 인식하느냐의 차이다.

옛날에 시골 장터에서 사 먹었던 그 맛있는 풀빵, 유리병 속의 초콜릿, 힘들었던 시절 개구쟁이 친구들과 즐거웠던 소꿉장난, 지금은 그 생각만으로도 입에 침이 고이고 아름다운 추억으로 느껴진다. 가상의 행복을 지금 행복으로 느끼고 있는 것이다. 그리고 당신이 기분 좋을 때는 몸이 아파도 아픔을 별로 느끼지 못한 경험이 있을 것이다. 실제로 몸은 아픈데도 기분이 좋을 때 뇌는 행복하다고 생각한다. 몸이 아플 때 억지웃음이라도 지으면 뇌는 그것을 행복으로 받아들인다는 것이다. 당신은 분명 두통이 있어 병원에 갔는데 의사는 MRI상 아무 문제가 없다며 그냥 웃고 지내면 된다고 말한다. 뇌에 의한 가상의 행복을 처방으로 내놓은 셈이다.

이런 점에 비추어 보면 남녀 간에 상상으로 사랑하는 것만으로도 실제와 같은 쾌감을 만들어 낼 수 있다. 따라서 허구라고 꼭 나쁜 것만은 아니요, 어찌 보면 허구는 꼭 필요한 것이기도 하다. 돈이 비록 인간이 만들어 낸 허구적인 것이라고 하더라도 단지 아무 쓸모없는 종잇조각인 것처럼 행동하는 사람은 세상을 살아갈 수 없다. 허구적인 축구의 규칙을 모두가 믿지 않으면 축구 경기를 할 수 없지 않은가? 옛날의 힘들었던 고통도 지금에 와서 아름다운 추억의 행복으로 느끼는 것이나, 가상의 그리스 로마 신화가 우리에게 많은 지적 영적 기쁨과 삶의 문화 예술적 풍요를 가져다주는 것이나, 가상의 웃는 모양을 만드는 것만으로도 뇌가 그것을 행복하다고 인식하는 것이라면, 비록 그것이 뇌에 의한 가상의 행복이라 하더라도 행복을 얻는 기술 중 하나임에는 틀림없지 않은가?

응용심리학의 최고 권위자인 윌리엄 제임스의 설명을 빌려 보자. 그는 행동이 감정을 따르는 것처럼 생각하지만 실제로는 몸의 감정이 먼저 발생하고 거의 동시에 행동이 반응한다고 말한다. 따라서 우리는 더 직접적인 의지의 지배하에 있는 행동을 규제함으로써, 직접 지배하고 있지 않는 감정을 간접적으로 규제할 수 있다고 한다. 즉 단지 결심한 것만으로는 감정을 바로 바꿀 수 없지만 행동을 바꿀 수는 있다는 것이다. 그리고 행동을 바꾸면 자동적으로 감정을 바꿀 수 있게 된다는 것이다. 그래서 그는 말한다.

"유쾌함을 잃었을 때 스스로 회복하는 가장 좋은 방법은 유쾌한 마음 자세를 갖고 유쾌한 것처럼 말하고 행동하는 것이다." 그렇기에 얼굴에 미소를 띠고, 어깨를 펴고서는 크게 숨을 들이쉬고 노래라도 불러 보라. 노래를 못 하겠거든 휘파람이라도 불어 보라. 휘파람을 못 불겠거든 흉내만이라도 내 보라. (데일 카네기, 174)

고통은 크게 2가지로 나누어 볼 수 있다. 하나는 직접적인 신체적 고통이요 다른 하나는 사회적, 심리적 고통이다. 신체적인 상해나 질병으로 인한 고통도 있고, 심리적, 사회적인 외로움이나 배신감, 이별의 아픔 등의 고통도 있다. 이러한 고통에서 벗어나는 것이 행복이라고 했다. 그렇다면 다리를 다쳤을 때의 고통과 애인과의 이별에 의한 고통 중, 어느 쪽이 더 아플까? 최근의 연구에서 뇌 영상 사진을 찍어 본 결과, 두 고통은 동일한 뇌 부위에서 발생한다는 사실을 알아냈다. 그렇다면 그 두 가지 고통을 줄이는 방법도 동일하지 않을까를 추론해 볼 수 있다. 그렇다! 놀랍지만 가능한 일이다. 뇌의 입장에서는 그 위협이 신체적인 것인지 심리적인 것인지, 가상의 고통인지 실제적인 고통인지가 별 중요하지 않다.

뇌는 상상과 현실 경험을 구별하지 못하기 때문에 상상을 하면 실제로 경험하는 것과 같은 효과가 나오는 것이다. 그 대표적인 것이 이른바 플라시보(Placebo) 효과와 노시보(Nocebo) 효과다. 플라시보 효과(위약효과라고도 한다)란, 실제로는 생리적으로 도움이 되는 약이 아닌데도 환자가 도움이 될 것이라고 믿고 복용하면 실제로 병세가 호전되는 현상을 말한다. 가벼운 우울증, 불안, 불면증 등이 바로 위약(僞藥)효과가 큰 병들이다. 의사가 비타민을 진통제라고 말하고 주사하면 실제로 통증이 없어지는 것이 그 효과다. 위약효과 또는 기대효과인 것이다. 즉 좋게 생각하면 좋게 이루어진다는 효과다. 이와 반대의 현상이 노시보 효과다. 노시보는 약을 올바로 처방했는데도 환자가 약효에 대해 불신하거나 또는 부작용에 대해 염려 같은 부정적인 믿음 때문에 실제로 약효가 나타나지 않은 현상을 말한다. 학생이 자판기에서 산 콜라를 마신 후 복통이 생겼다는 소문이 퍼지자, 그 소리를 들은 학생들이 집단으로 속이 이상하다며 입원 치료를 받은 경우가 그 예이다. 즉 나쁘게 생각하면 나쁘게 이루어진다는 것이다.

뇌의 행복은 기본적으로 가상이기에 그것이 끝나면 다시 허전해진다. 그것이 실체가 아니라는 증거이다. 행복은 좋은 감성을 느끼는 것이라고 했다. 그래서 뇌는 좋은 감성을 느낄 것이라고 기대하는 것들을 미리 예측 모델로 만들어 놓는 것이다. 따라서 이러한 뇌의 예측 모델은 바로 뇌의 가상회로다. 그런데 가상을 가상으로 알지 못하고, 실제라고 믿고 살아간다는 것이 문제다. 결혼이 그 대표적인 예다. 아름다운 상상의 만남으로 결혼했는데 실제로 결혼생활을 해 보니 내 입맛에 맞는 요리를 만들 줄도 모르고, 시시콜

콜 잔소리만 늘어놓는 사람이라는 것을 알고서는 "아! 그게 아니었구나!"라는 것을 깨닫게 되는 것과 같은 이치다. 마치 실체인 것처럼 게임이나 마약에 빠져 있다가 그것이 끝나고 나면 허전함을 느끼는 것과도 같다. 그래서 그 허전함을 지우기 위해 더 강한 가상을 반복한다. 뇌가 만드는 중독 현상에 빠져드는 것이다. 결국 뇌의 행복은 가상의 행복이다.

뇌는 사실이나 진리 자체에는 별 관심이 없다. 사람의 내용에도 별 관심이 없다. 사람을 처음 만나는 데는 어떤 등급의 사람인지 어느 정당에서 일했는지 등의 등급화되고 좌표화된 외적 정보가 중요할 수도 있다. 하지만 인격적인 만남을 위해서는 사람의 됨됨이와 성품이 중요하다. 그런데도 인간은 뇌의 예측 모델에 따라 계속 인간의 외적인 것을 중시하거나 현실과 동떨어진 자기주장만 내세운다. 이것이 대부분의 사람들이 추구하는 행복의 형태이다. 그렇다면 지금 인간의 노력에 의해 탄생한 엄청난 과학기술과 슈퍼컴퓨터와 인공지능 등이 과연 인류를 행복하게 해 줄 수 있을까? 인간이 뇌와 몸에 기계를 연결하여 인간의 한계를 뛰어넘으려고 하고, 뇌와 인공지능을 접속하여 신적 경지에까지 도달하려고 하지만 결국 4차 정보 이상의 고차적인 정보처리는 어렵다 할 것이다.

뇌가 몸을 지배하는 것 같지만 사실 몸은 거의 스스로 움직이기에 뇌가 어지간해서는 몸을 자기편으로 끌어들이기 어렵다. 몸이 분노하고 화내는 것을 뇌가 막기 어렵다. 그런데 몸이 약점을 보일 때가 있다. 몸이 아플 때, 그리고 인격적인 상처를 입었을 때이다. 몸이 아프다는 것은 몸의 생명과 인격이 어떤 손상이나 충격을 받았다는 것을 말한다. 그리고 누가 나를 개, 돼지 취급하거나 깔보면 참을 수 없는 분노를 느낀다. 괴롭히거나 학대하면 모멸감이나 고립감을 느끼기도 한다. 이럴 경우 고통과 공포, 스트레스와 같은 부정적인 감정과 느낌에 휩싸이게 되는 것이다. 이럴 때 가만히 있을 인격이 어디 있겠는가? 이런 걱정, 고민, 공포, 스트레스에서는 몸이 스스로 당황하고 균형성이 깨진다. 몸의 감정과 정서, 즉 몸속의 고차 정보가 그 전체적인 결에 손상을 입게 되는 것이다. 이것을 손상정보라고 부르는데, 이 손상정보들이 행복감과는 반대의 부정적 감정과 느낌을 드러내는 것이다. 따라서 몸은 신속하게 다시 평형을 찾으려고 애쓴다. 그러나 분노와 모멸감 같은 손상정보들은 급하고 강하다. 그래서 가만히 있지 못하고 원래 몸속에 있던 감정이나 정서 등의 고차 정보를 밀치고 급하게 앞으로 나선다. 이 3, 4차의 손상정보는 더욱 감정적이고 충동적이다. 그리고 인격과 생명이 반응하는 것이기에 한 번 발동되면 통제가 어렵고 그 해결이 어렵다. 더 심하게 만성화되면 정신병리와 질환이 생기게 된다.

실제로 이러한 걱정과 고민, 원한과 공포, 절망 등의 부정적 감정이 여러 질환과 신경 이상 증상의 원인이라는 사실이 의학적으로도 밝혀지고 있다. 미국의 병원 평가 순위를 발표하는 대표적 기관인 'US News & World Report'의 2022-2023년 평가도, 미국 최고 병원으로 꼽히고 있는 Mayo Clinic의 진찰 결과도, 그것을 보여 주고 있다. 즉 환자의 1/3 이상이 고도의 긴장과 걱정 때문에 심장병, 위궤

양, 고혈압에 걸려 있다는 사실을 밝힌 것이다. 그리고 신경 이상 환자의 경우 물리적 퇴화 때문이 아니라 대부분 걱정과 고민, 공포, 절망 등의 감정 때문에 그 증상이 발생한다는 것이다. 한편 중풍에 관한 세계적 권위자인 러셀 세실 박사는 중풍 발생의 가장 보편적인 원인이 결혼 실패, 경제적 재난, 고독과 걱정, 원한 등 4가지라고 말하고 있다. 또한 매년 걱정 때문에 자살한 미국인의 수가 전염병으로 죽은 사람보다 훨씬 더 많다고 한다. (데일 카네기, 52-58) 노벨 의학상 수상자인 알렉시스 카렐 박사도 "걱정과 싸우는 방법을 모르는 사람은 단명한다"고 말했다.

손상정보가 발생하면 뇌는 이것을 방어하기 위한 메커니즘 즉 방어기제를 동원한다. 손상되고 아픈 몸을 빨리 회복시켜 그 평형점을 찾을 수 있도록 하기 위해 뇌가 개입하는 것이다. 우선 병원에서 치료 가능한 것이라고 판단되는 의학적인 문제들에 대해서는 병원에 가라고 권한다. 검사하고 약을 먹으면 증상을 완화시킬 수 있다. 그런데 이런 의학적 증상 외의 손상정보도 있다. 흔히 말하는 스트레스가 그 것이다. 스트레스는 미세하고 모호한 손상정보다. 보통 사람들은 뇌에서 스트레스가 먼저 일어난다고 생각한다. 그러나 스트레스를 인식하는 것은 물론 뇌이지만 그 아픔의 주체와 근거는 몸이다. 몸이 먼저 아프고 그 몸의 느낌과 컨디션을 뇌에 전달하면 뇌는 이를 인식하고 그 해결점을 찾는 것이다. 그래서 몸이 먼저 아프다고 말하는 것이다. 이때 뇌는 자신의 여러 방어기제로 몸의 아픔과 스트레스를 방어하고자 돕는다. 몸이 불안하고 스트레스 받을 때 뇌는 스스로 심리적 방어기제를 동원하여 그것을 해소하도록 돕는다. 정신분석에서 사용하는 억압, 투사, 보상, 동일화 등의 방법이 그것이다. 예를 들면 자기의 불안과 스트레스를 다른 사람을 통하여 푸는 투사의 방법을 사용하게 만드는 것이다. 또한 뇌는 자기가 좋아하는 일이나 힘 있는 사람, 드라마, 스포츠, 컴퓨터 게임, 돈, 술 담배, 맛있는 음식, 종교 등 세상의 여러 외부적인 수단을 통해서 그 불안과 스트레스를 풀도록 돕기도 한다. 괴롭고 힘들 때 술을 먹거나 담배를 피워 대는가 하면, 맛있는 음식을 실컷 먹어 그것을 풀어 보자고 하는 것이 바로 그것이다.

이런 방법들을 동원하면 우선 안정을 찾지만 근본적인 해결책은 못된다. 뇌에 의한 방어기제는 일시적으로 아픔을 잊게 하는 진통제와 같은 것이어서 시간이 지나면 다시 아파지기 때문이다. 그래서 약효가 떨어지면 다시 진통제 주사를 맞아야 한다. 뇌의 가상은 중독성이 있다고 했다. 그 가상이 없어지면 다시 아파지고 스트레스를 받게 되니 계속 진통제를 맞거나 계속 술을 마시게 된다. 뇌는 이 점을 노리고 몸을 자기편으로 끌고 갈 수 있는 것이다.

이렇게 뇌가 몸의 약점을 잡게 되면, 뇌는 마음대로 몸을 조정할수 있다. 결국 뇌의 2차 정보(의식)는 몸의 3, 4차 정보(감정)를 자기편으로 끌어들여 활용할 수 있게 된다는 말이다. 감정 중에서도 아픈 감정, 상처 받은 손상정보는 급하고 중요한 신호이기에 강한 감정과 생명에서 나오는 강력한 힘을 가진다. 강한 분노와 화를 다스리기 어려운 것을 보면 금방 이해할 수 있을 것이다. 뇌가 이 몸의 강한 힘과 보존성을 자기 것으로 활용할 수 있게 된다는 것이다.

손상정보는 뇌의 임시적이고 방어적 도움만으로는 원인적인 해결을 할 수 없다. 그 손상과 상처는 더 깊어지게 되고, 따라서 더 강한 방어적 방법을 찾게 되므로 결국 중독의 길로 들어가는 것이다. 과거의 상처나 고통에서 헤어나지 못하고 얽매여 사는 사람들을 보면 잘 알 수 있다. 뇌의 저차 정보의 보존에서 벗어나 몸의 고차 정보로 들어가려고 할 때, 가장 강한 장애물이 되는 것이 바로 뇌의 삼각동맹, 삼각회로다.

상처받은 부정적인 감정, 즉 손상정보는 저차 정보의 감시와 통제를 따르기 쉽다. 따라서 먼저 이것을 풀어 주어 고차 정보로 들어갈 수 있도록 해야 한다. 명상이나 호흡 요법, 이완 요법 등과 같은 다양한 방법으로, 호흡이나 미세한 감각 정보에 집중함으로써 에너지 수준을 떨어뜨리면 된다. 이를 반복적으로 훈련하면 삼각회로는 어느 정도 완화된다. 자신의 방어가 허물어지고 결국 이완이 되는 것이다. 이런 방법으로 속에 숨어 있던 아픈 마음과 감정이 자연히 노출되도록 하고, 손상정보를 어느 정도 드러내어 몸의 고차 정보로 들어갈 수 있어야 한다.

그렇다면 그 방법은 무엇일까? 아프고 상처 받은 손상 정보를 대하는 태도를 바꾸면 된다. 통상 우리는 아프고 스트레스 받은 이 손상정보를 학대하고 무시하고 부끄러워하며 숨기기도 한다. 고차 정보로 같이 공감하지 못한다. 저차 정보로만 대응하여 화내고 괴로워하는 것이다. 그러나 이제는 저차 정보로 판단하고 대응해 왔던 태도를 바꾸어 그동안 못 해 주었던 인격적인 대접을 해 주어야 한다. 손상정보를 학대하고 억압하고 미워만 할 것이 아니라, 전체적인 인격과 생명체로 수용하고 용납하고 이해하고 위로해 주는 것이다. 여태껏 몸의 고통과 스트레스를 제대로 알아주지 못하고 제대로 위로해 주지 못해 미안하다고 말하며, 오히려 위로하고 격려해 주어야 한다.

손상정보에 대해 이처럼 이해해 주고 공감해 주는 것만으로도 분명 그 아픔과 스트레스의 정보들은 많이 풀리고 안정을 찾을 것이다. 이렇게 고차 정보로 들어가게 되면 손상정보 속에 있던 혼돈과 복잡성의 정보가 차차 드러나게 된다. 이때 이를 다시 화내고 격한 감정으로 억압하거나 통제하려 들지 말고 그대로 두면 스스로 그 속에서 새로이 고차 정보로 회복된다.

우리는 그동안 너무 머리에 의해 판단하고 통제하려고만 해 왔다. 뇌의 '기억하는 자기'가 자기를 주도하기 때문이라고 생각된다. 그래서 잠시라도 흐트러져 있거나 불안정한 것을 그냥 놔두고 보지 못하고, 강박적으로 청소하고 정리하는 습관에 젖어 있다. 또는 "이래야 한다. 저래서는 안 된다"며 늘 자신을 감시하고 통제하려는 습관이 있다. 물론 이런 습관이 어느 정도 필요하기도 하지만, 자기 내면의 세계까지 이런 방법으로 대응해야만 할까? 아니다. 자기 내면과의 대화를 통해서, 그러한 손상정보의 실체를 자각하고 이해하며, 자기와 몸의 고통을 통찰함과 동시에, 그에 대해 진정한 사랑의 마음을 전하며 위로하고 격려해야 한다. 그리하여 몸속의 고차적이며 긍정적인 감정과 정서가 제대로 살아날 수 있도록 해야 한다.

2.

몸 행복은
실재다

몸은 감정과 정서로 말한다. 그리고 감정과 정서는 뇌가 아니라 몸에서 먼저 발행한다. 철학자 스피노자는 정서를 몸의 생명이 자기를 보존해가는 변형 과정에서 생기는 것으로 보고 있다. 긍정적인 정서는 생명에 도움이 되는 좋은 상태라는 것을 표시하며 반대로 부정적인 정서는 생명이 방해받고 어려움에 있다는 것을 말하는 신호로 이해한다. 또한 행복이란 것도 내적인 생명이 자신감 있게 이를 잘 보존해 나갈 수 있을 때 나타나는 느낌이라고 말하고 있다.

그렇다면 행복이라는 느낌도 몸과 연관된 어떠한 상태라고 볼 수 있다. 다른 동식물과 마찬가지로 인간도 자기 보존의 힘(코나투스)을 갖는 감정의 동물이다.(스피노자) 따라서 인간은 자기 보존을 돕는 기쁨의 감정과, 자기 보존을 저해하는 슬픔이라는 두 가지 감정을 갖고 있다고 본다. 이러한 스피노자의 사상으로부터 출발하여 감정의 뇌

과학을 연구한 학자가 있다. 다마지오(Antoni Damasio)다. 그는 정서는 뇌가 아니라 몸에서 발생한다고 하였다. 그래서 정서는 몸의 언어인 것이다. 한마디로 감정은 몸속에 있는 전반적인 생명의 상태를 말하는 신호라는 것이다. 다음 그림은 14가지 감정의 신체지표를 보여 주고 있다. 감정에 따라 각기 다른 신체 부위가 반응하는 것을 볼 수 있다. (미국 국립과학원 회보(Proc Natl Acad Sci USA, 646-651) 행복과 사랑의 감정에 대한 신체지표를 주목하여 살펴보기 바란다.

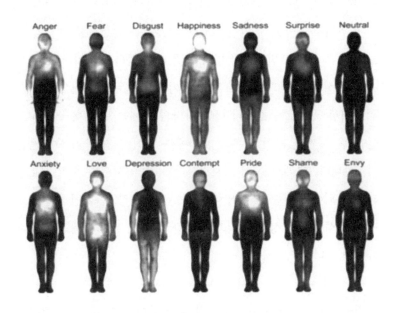

진정한 행복의 소리는 뇌가 만드는 것이 아니다. 그러기에 몸에서 올라오는 느낌과 감성 즉 몸의 정보를 느끼고 알아챌 수 있어야 한다. 몸은 고차적인 정보망이고 생명이다. 나의 몸속에 있는 생명

이 안녕하고 평안해야 행복이다. 생명이 안녕하고 평안한지, 고통스러운지 아픈지는 몸이 안다. 몸이 느끼는 실재적인 고통과 아픔이 행복도 되고 불행도 될 수 있는 것이 아니다. 그것은 불행이다. 그래서 몸의 행복은 실재다.

몸의 느낌과 감성은 내가 조절할 수 있는 대상이 아니다. 생명에서 스스로 올라오는 소리다. 따라서 생명으로 들어가 생명을 보살피고 생명이 평안한 반응과 느낌과 감성으로 표현할 수 있게 해주어야 한다. 행복의 감정 자체가 몸속에 들어 있기에 그 행복을 느끼기 위해서는 몸을 잘 알고 그 생명이 행복을 발생시킬 수 있을 정도의 좋은 상태로 만들어야 한다는 뜻이다. 따라서 고차 정보인 몸을 고차성의 생명과 인격으로 대해야 한다. 우리는 대부분 자기 외부에서 들려오는 소리나 다른 사람의 말에는 귀를 쫑긋 세우고 듣는다. 하지만 자기 내부의 소리에는 열심히 귀를 기울여 듣는가? 아니다. 그래서 몸의 정보망은 몸을 넘어서서 우주의 정보망과 연결되어 있다는 것을 알아야 한다. 특히 장 속의 엄청난 정보망은 모성적인 감성과 자기의 뿌리가 있다는 것을 이해하고 받아들여야 한다.

몸 의식은 감정과 정서다. 뇌는 계산과 등급과 판단의 법을 따르지만, 몸은 이해와 수용과 공감의 법을 따른다. 즉 몸은 이해와 수용과 공감을 먹어야만 산다. 그래서 몸은 뇌의 예측정보와 계산에 의해 만들어진 등급과 좌표만으로, 또 2차적인 언어와 판단만으로 평가받을 수 없는 것이다. 우리가 즐거우면 몸이 상쾌하고 가볍다. 그리고 우울하면 몸이 무겁고 무기력하다. 즐거움도 우울함도 몸이 먼저 즐겁거나 우울한 것이다. 그것을 뇌가 즐겁거나 우울하다고 인식하는 것이다. 아픔의 감정도 마찬가지다. 몸이 먼저 아픈 것을 뇌가 아프다고 인식하는 것이다. 그렇기에 진정한 행복은 뇌가 만들어내는 것이 아니라 몸이 만들어내는 실제적인 즐거움의 감성과 느낌이다. 그래서 몸의 행복은 '경험하는 자기'가 주도한다고 보아야 할 것이다.

몸이 건강해야 행복하다. 아무리 많은 것을 갖추고 행복해 보여도 몸이 아프면 불행하다. 그래서 몸의 건강과 안녕이 행복의 최우선일 것이다. 그러나 아프면 불행하지만 건강하다고 모두가 행복한 것은 아니다. 몸에서 일어나는 행복감 중에 가장 흔한 것은 식욕과 성욕이다. 몸을 만지는 스킨십이나 마사지, 즐거운 일을 할 때 느끼는 짜릿함 등이 행복을 주는 느낌들이다. 그러나 식욕과 성욕이 좋지만 절제가 필요한 본능이다. 어떤 짜릿함이나 스킨십과 마사지도 항상 즐길 수 있는 것은 아니다. 이런 외적인 감각적 자극은 극히 일시적인 행복감에 불과하다. 그래서 몸속에 들어 있는 행복감 자체가 어떻게 하면 제대로 발현될 수 있을지에 대한 깊은 이해가 먼저 필요하다. 몸은 모호한 정서와 느낌과 여운과 배경 정보들까지 모든 정보를 포함하여 느끼게 한다. 그래서 몸의 행복은 모든 정보를 참여시키는 실제적인 행복이라고 할 수 있다. (이성훈)

몸의 행복을 한마디로 말하면 무엇일까? 몸을 전체적인 생명으로 보고 전체적인 인격으로 대하는 것이다. 몸을 전체적인 인격으로 존중하고 사랑해야 한다는 말이다. 몸의 정보의 중심에는 양자가 있다. 그리고 이를 실행할 수 있는 것은 의식이다. 따라서 의식의 양자성을 회복해야 한다. 이것은 의식이 저차 정보에서부터 고차 정보로까지 관통성을 회복하는 것을 말한다. 그래서 의식의 양자와 몸의 양자가 하나로 결을 이루며 공명하도록 해야 하는 것이다. 그 공명의 결과가 뇌에서 감마파(40H$_z$)로 나타날 수 있다. 그러나 그 고차 정보도 붕괴될 수 있기 때문에 늘 관통적 의식을 깨워서 유지하는 것이 중요하다.

　행복은 몸속의 생명이 좋은 상태에 있다는 것을 말한다고 했다. 그래서 행복을 밖의 어떤 상태를 통해서 구하는 것보다 몸으로 들어가 생명과 감성을 좋은 상태로 회복하는 것이 더 가성비 높은 행복이 될 것이다. 인간은 양자컴퓨터는 물론 AI까지 개발해 냈지만, 저차 정보와 기계가 고차적인 몸과 생명을 대체하도록 둘 수는 없는 일이다. 고차 정보인 인간 자체와 생명이 저차 정보와 기계에 종속되는 것이 행복이 아니라는 것은 분명하지 아니한가? 뇌의 저차 정보의 차원에서 벗어나 고차 정보의 몸이 진정한 주인이 되는 참 행복의 길을 열어야 하지 않겠는가?

3.

관통적 의식으로
새롭게 설계하는 참 행복

뇌가 처리하는 정보는 2차 정보가 중심이다. 몸은 3, 4차의 고차 정보가 대부분이다. 그러나 뇌 의식은 몸의 고차 정보를 무시하거나 억압하려 든다. 따라서 몸의 미세한 정보나 무의식적 몸의 정보를 놓치기 쉽다. 따라서 뇌가 판단하는 뇌의 행복을 넘어서, 몸의 정보를 느끼고 아우르는 몸의 행복을 찾아나서야 한다. 이것은 뇌가 넓고 깊은 무의식의 세계까지 의식의 수면 위로 끌어올려 놓고 몸의 정보를 이해하고 수용하고 공감함으로써 얻을 수 있다. 그러기 위해서는 뇌 의식의 수준을 높이기 위한 확장과 연대가 필요하다. 뇌 의식에도 양자적 성질이 있어 높은 수준의 정보와 관통할 수 있는 관통성이 있기 때문에 이것이 가능하다. 이러한 관통적 의식을 통하여, 뇌와 몸이 하나 되는 참 행복을 얻을 수 있는 것이다. 이것이 바로 뇌 정보와 몸 정보의 통합을 얻는 정보과학적 행복이다. 그렇다면 그 구체적인 실현 방법은 무엇일까? 그 방법들을 찾아보자.

방법 1: 뇌의 리듬을 활용하여 신경망의 조화를 찾아라

뇌가 자신의 문제를 인정하고 그 극복을 위해 스스로의 해결책을 찾는 방법이다. 그 자구책이 바로 뇌의 리듬이다. 뇌의 리듬에 의해 신경망의 조화를 찾는 방법이다. 뇌의 리듬은 전기적인 뇌파를 통해 나타난다. 뇌는 작은 국소에서 정보처리를 시작해서 점점 더 큰 영역으로 확대해 나간다. 이런 과정을 통해 가장 적합한 정보를 구성해 나간다. 각각의 정보는 흥분(+)과 억제(-)의 구성을 통해 파동으로 작용하며 각각의 파동들은 중첩을 통해 서로 교류한다. 중첩 과정을 통해 다양한 모습의 파동적 정보가 만들어지고, 그중에서 가장 안정적으로 구성된 정보는 공명을 통해 결맞음을 보인다. 이 결맞음이 뇌의 정보처리를 이끈다. 그래서 뇌파는 다양한 파동들의 중첩 과정을 통해 어떠한 규칙적인 결맞음의 파동을 보인다. 이 결맞음이 있어야 뇌의 정보처리가 가능해지는 것이다. 그런데 이 결맞음은 그 정도에 따라 높은 주파수의 공명, 낮은 주파수의 공명, 두 주파수 체계의 결합 등 세 가지 수준으로 나누어진다. 이러한 결합을 계속해 나가면 결국 전체적인 공명이 생기게 되고 이러한 공명이 뇌 전체에 고정된 대표적(standing) 뇌파를 만들게 된다. 고정된 대표적 뇌파에는, 델타파δ, 세타파θ, 알파파α, 베타파β, 감마파γ 등이 있다.

정상적이고 건강한 뇌는 이 국소와 전체 신경망이 치우치지 않고 조화를 이룬다. 국소적 정보처리는 낮은 차원의 정보가 많기에 특히 자기 보존성이 강해 오류 가능성이 높다. 그래서 미리 준비된 예측 정보들의 검증과 교정을 받아야 된다. 이러한 국소에서 전체로 정보처리를 옮겨 가는 과정에서 반드시 발생하는 것이 해체 작업이다. 정보가 자기를 보존하기 위해 사용하는 방어기제를 해체해야 한다는 말이다. 뇌가 사용하는 가장 흔한 방어기제가 자기강화와 외측 억압이다. 자기를 강화하는 한편 밖에서 자기를 방해하지 못하도록 억제함으로써 자기를 보존하는 방식이다. 국소정보가 전체정보와 결합하기 위해서는 이 방어기제를 해체해야 한다. 뇌신경은 전체로서 통합을 추구하는 기능은 물론 신경 기능이 흩어지고 분화되는 기능도 가진다. 이러한 국소정보에서 전체정보로의 통합은 신경 기능의 해체와 결맞음을 반복하며 이루어간다. 그래서 국소에서 전체로 가게 되면 공명과 결맞음이 다소 느슨해진다. 그러한 방법으로 뇌는 스스로 자기의 강한 정보 보존성을 해체해 가면서 전체정보와 결합하는 과정을 밟는 것이다. 그리하여 정상적이고 건강한 조화의 상태를 유지해 가는 것이다. 이것이 안녕감으로 표현되는 행복이다.

그러나 이와는 다른 병적인 신경망의 상태도 있다. 전체 신경망과 국소 신경망이 제대로 결합되지 못하는 비결합 현상이 생기거나, 조화를 이루지 못하는 부조화 현상이 나타나는 경우다. 전체와 국소 신경망의 비결합의 경우는, 망상, 조현병(정신분열증) 등이 그 예이다. 망상은 국소적인 증거와 논리로는 맞을 수도 있으나 전체적으로 보면 합리성과 현실성이 맞지 않는 경우다. 그럼에도 환자는 망상을 고집하고 현실원리를 외면하며 합리적으로 생각하지 않는다. 도파민이 과잉으로 활성화되어 국소정보가 전체정보와 결합되는 것을 막는 역할을 하기 때문이다.

한편 전체와 국소 신경망의 부조화의 경우로는, 우울증과 강박증 등을 들 수 있다. 우울증과 강박증은 도파민과는 반대로 신경망 결합을 촉진하는 세로토닌이 저하되어 전체적인 신경망의 결합도가 떨어지는 현상인 것이다.

뇌는 해체와 통합의 정보처리를 끊임없이 진행하고 있으나 전체적인 정보결합의 과정을 통과한다고 할지라도 전체 시스템 자체가 이미 정보 보존성에 몰입되어 있을 때는 국소에서 전체로 간다 해도 정보의 보존성에서 벗어나기 어렵다. 국소적 정보가 점점 전체를 지배할 수 있기 때문이다. 뇌에는 내부에서부터 밖으로 향하는 (forward) 정보와 외부에서 내부로 향하는(feedback) 정보가 있다. BOLD fMRI를 통해 분석된 결과를 보면, 뇌는 대부분 내부정보의 결합력이 너무 강하여(85%), 외부정보(1%)의 수정을 거의 받아들이지 못하는 현상을 볼 수 있다. 그러면 뇌의 내부정보의 강한 보존성에서 벗어나기 위한 방법은 없을까? 이 문제를 해결하기 위한 원리를 찾고 그것을 활용할 수 있는 방법을 찾으면 될 것이다.

몸에는 스스로 뇌와 몸의 균형을 잡아가려는 여러 장치들이 있다. 자율신경이 대표적이다. 교감신경과 부교감신경이 서로 상반된 기능을 수행함으로써 조화와 균형을 이루어 간다. 이것이 건강의 중심이 된다. 한편 뇌 분비물과 여러 신경 전달물질도, 그리고 생체의 호흡과 심장의 리듬, 긴장과 이완의 리듬, 기타 바이오리듬 등도 조화와 균형을 위해 작동된다. 그중에서도 수면, 이타적 자존감을 드

러내는 일의 실행, 각성의 원리 등 크게 3가지 방법을 활용하는 것
이 가장 중요하다. 즉 수면, 이타적인 일, 각성의 원리에 행복이 있
다. 그 방법들을 차례로 살펴보자.

방법 2: 수면이 뇌정보와 몸정보의 회복을 돕는다

사람은 일생 중 3분의 1의 기간 동안 잠을 잔다. 잠을 며칠 자지 못
하면 집중력이 떨어지고 기억력이 감퇴한다. 불면 기간이 길어지면
정서가 불안해지고 환각 상태에 빠질 수도 있다. 수면은 몸의 고차
정보를 통해 뇌정보의 해체를 돕고 균형 잡힌 뇌가 되도록 돕는다.
수면은 각성물질(오렉신)이 줄어들어 각성 기능이 떨어지면서 시작되
어, 대사물질(아데노신)이 축적돼 가면서 서서히 깊어지는 것이다.

수면은 잠자는 도중 뇌파와 신체의 상태가 어떻게 변화하는가에
따라 크게 비렘(non-REM)수면과 렘(REM)수면의 2가지 단계로 나뉜
다. 하루 밤새 4~6번 정도로 두 가지 수면 패턴을 반복하며, 한 번의
수면사이클(sleep cycle)은 약 90~120분 정도가 걸린다. 이 두 가지 수
면 패턴이 균형 있게 반복되어야 수면의 질을 높이고 신체와 정신
의 건강을 유지할 수 있는 것이다. 렘수면의 양은 나이와 관련한다.
갓난아기는 총 수면의 80%가 렘수면이라고 한다. 나이가 들어 비렘
수면이 줄고 렘수면이 늘어나는 상황을 방치하면 만성피로, 건망증
등을 겪을 수 있다. 이 두 가지 수면 패턴의 균형을 맞추기 위해서는

낮에 신체활동을 늘리고, 잠자리에 들 때 모든 불빛을 가리는 방법을 택하는 것이 좋다.

비렘수면은 다시 수면의 깊이에 따라 1~3단계로 구분된다. 비렘 1단계는 잠들기 위한 과정이라 보면 된다. 깬 것과 잠든 것의 중간 상태로, 잠자리에 든 후 처음 10분 정도의 단계다. 1단계의 시간이 길어지면 같은 시간을 잤어도 '푹 잤다'는 느낌이 덜 들게 마련이다. 그 결과 우울증, 정서장애 등으로 인한 스트레스를 받을 수도 있기에 임상적으로 중요한 단계다. 2단계는 얕은 잠으로, 하루 동안의 단편적인 단순 정보들(예를 들면, 길을 가다가 넘어졌다는 등의 정보)이 뇌에 입력되는 시간이다. 전체 수면 시간의 45~50%를 차지한다. 3단계는 서파(느린 뇌파)가 나와서 깊은 잠을 자는 서파수면의 단계로서, 전체 수면 시간의 15~20% 정도를 차지한다. 뇌파가 느려진다는 것은 신경망의 결합력이 약해져 뇌의 기능이 떨어진다는 것을 말한다. 여기에는 세로토닌 물질이 일조한다. 이로써 서파수면이 가능하게 되는 것이다. 깊은 서파수면에서는 생명을 유지하는 뇌 기능만을 제외한 거의 모든 인지 기능이 마쳐질 정도로 심하게 뇌의 기능이 떨어지게 된다. 서파수면은 신체의 피로 회복을 위해 반드시 필요한 단계로서, 면역체계가 강화되며, 세포 재생에 필요한 성장호르몬이 분비된다.

특히 성장기 아이들에게는 성장호르몬과 성호르몬이 많이 분비되고 대사활동이 활발해지기 때문에 충분한 수면이 중요하다. 성인에게도 충분한 수면이 당뇨와 비만의 치료에도 도움이 된다고 한다. 외부 자극 때문에 잠에서 깨어나 1~2단계만 반복하면, 아무리 많이 자도 피로가 풀리지 않는다. 한번 잠들고 난 후에는 오랫동안 깨지 않고 푹 자야 하는 이유다. 주변에서 잠을 잘 자지 못하고 불면증에 시달리는 사람을 많이 본다. 이런 사람의 경우 어떠한 과거의 걱정이나 미래의 두려움도 털어 버리고 오직 지금 들숨과 날숨에만 집중하여 숨을 쉬어 보자. 숨 쉬는 일에만 집중하면 자신도 모르게 스르르 잠이 들 수 있다.

비렘수면(특히 서파수면)이 신체의 휴식, 조직과 근육세포의 재생, 면역 강화로 신체의 전반적인 회복에 중요한 기능을 하는데 비하여, 렘수면은 정신적 회복, 기억과 감정 처리에 매우 중요한 역할을 한다. 렘수면 시간이 적으면 기억력이 떨어지거나 불안·우울감 등을 겪을 수 있다.

빠른 안구 운동(REM, rapid eye movement)이 특징인 렘수면은 전체수면의 20~25%를 차지한다. 그리고 뇌가 매우 활발하게 작동하며, 이때 시각적, 감각적 경험을 만들어 내기 때문에 꿈이 발생한다. 따라서 뇌파는 깨어 있을 때와 유사한 현상을 보인다. 하지만 신체의 대부분의 근육은 마비상태가 되어, 악몽을 꾸는 동안에도 몸이 움직이지 못한다. 이것은 꿈꿀 때 신체가 실제로 반응하지 않도록 보호하는 역할을 한다. 가위눌림(nightmare)도 렘수면 동안에 나타나는 것이 보통이다.

렘수면의 독특하고도 흥미로운 특징의 하나가 있다. 성기 발기 현상이다. 렘수면 중에는 몸의 근육이 거의 마비되는데도, 남성의 경우 음경에 혈류를 공급하는 근육만은 자극되어 야간 음경팽대 현상 즉 남근 발기 현상이, 그리고 여성에게도 크리토리스에 혈액이 더 많이 공급되어 나름의 발기가 일어난다. 물론 뇌가 이것을 자극한다. 이것은 성(性)이 그만큼 중요하다는 의미가 아닐까?

낮에는 현실에 적응하기 위해 어쩔 수 없이 뇌의 정보가 활성화되고 뇌가 몸을 지배하는 형태로 유지될 수밖에 없다. 그래서 낮에는 몸이 억압되고 긴장될 수밖에 없고, 따라서 몸이 힘들고 피곤하다. 그러나 수면은 강제적으로 뇌를 쉬게 하고, 억압된 몸의 정보를 회복시킨다. 수면은 비REM(서파수면)을 통해 몸의 정보를 먼저 살린다. 그리고 REM수면을 통해 뇌와 몸 정보의 결합을 시도하며, 여기서 꿈이 나타나게 된다. 따라서 꿈은 뇌가 몸과 결합된 고차적인 정보현상이라 할 수 있다. 더 많은 3차 이상의 고차 정보가 의식에 참여하기 위해 꿈이 필요한 것이다. 이때 주로 시각적 내용이 꿈에 참여하기 때문에 깨어난 후 기억하기 쉽다. 하루 밤새 수차례 꿈을 꾸지만 실제로는 깨어나기 직전에 꾼 꿈만을 기억한다고 한다. 칼 융은 더 원초적인 무의식까지 꿈에 나타난다고 했다. 미래에 대한 예견, 중첩적이고도 애매모호한 내용, 멀리 떨어져 있는 사람과의 교감, 창의적인 발견, 여러 양자 정보적 현상들이 그것이다. 이는 몸의 고차 정보가 꿈에 적극 참여한다는 간접적인 증거라 하겠다.

꿈에서는 의식은 거의 수동적이다. 그래서 꿈에서 깨어난 다음에 꿈에 감춰진 깊은 마음의 상처, 갈등, 두려움 등을 의식의 수면 위로 끌어올려 의식적으로 그 해결을 돕는 길을 찾을 수도 있다. 꿈이 스스로 해결하기 어려운 문제는, 의식에게 그것을 기억하고 해결하도록 부탁하는 것이다.

그런데 이 렘수면에도 한계가 있다. 먼저, 잠을 자도 회복되지 않고 더 심해지는 경우가 그것이다. 우울은 2차 정보의 보존과 지배가 심해서 고차 정보가 심하게 억압되고 긴장되어 에너지의 균형이 깨진 현상이다. 이 경우 몸의 고차 정보가 참여하는 통합적 정보처리가 급할 것이기 때문에 특히 렘수면의 역할이 중요할 것이다. 그러나 그럼에도 회복되지 못하고 더 악화되기도 한다. 그 이유는 렘수면에서의 정보의 통합 과정이 하나의 격렬한 전투이기 때문이다. 때문에 사실 렘수면 중에 스트레스 호르몬이 하루 중 가장 많이 분비된다. 비교적 건강한 경우에는 이런 스트레스를 이겨 내고 렘수면을 통해 정서적 치유가 일어난다. 하지만 우울이 심한 경우에는 스트레스를 감당하지 못하고 오히려 렘수면이 독이 된다. 그래서 이건 경우는 수면박탈, 특히 렘수면의 박탈이 우울증 치료의 한 방법이 되기도 한다.(이성훈, 262-270)

다음으로, 렘수면행동장애가 나타나는 경우가 있다. 즉 꿈과 관련돼 이상행동을 보이는 것을 말한다. 단순히 잠꼬대하는 수준을 넘어 주먹질, 발길질을 해 가며 주변 사람을 깨우거나 다치게 하는 수면장애의 대표적인 것으로써 치료가 필요하다. 이것은 꿈속 행동이 현실로 표출되어 잠자는 동안 소리를 지르거나 몸부림치는 행동이 나타나는 것이 특징이다. 이때 깨우면 꿈을 꾸고 있었다고 대답하는 경우가 많다. 그 원인은 노화 또는 치매·파킨슨병 같은 신경퇴행성

질환 등 다양하다고 한다. 그러나 그것이 언제, 어떻게 신경퇴행성 질환으로 발병할지 예측하기 어렵기 때문에 증상이 나타날 때까지 방치하기 쉽다는 데에 문제가 있다. 하지만 2024년에 들어 국내 의료진이 렘수면행동장애자의 뇌파를 활용해 치매·파킨슨병을 예측할 수 있는 방법을 제시하였다. 한편 2024년 한국 최고의 과학기술인상을 수상한 고규영 IBS혈관연구단장은, 최초로 치매의 원인을 밝힌 바 있다. 그는 뇌의 노폐물은 뇌를 감싸고 있는 뇌척수액이 뇌 아래쪽 목 부위의 림프관을 통해 배출된다는 사실과 이 뇌의 노폐물이 잘 배출되지 못해 쌓인 폐뇌척수액이 치매의 원인이 된다는 사실을 최초로 밝혀냈다. 따라서 치매를 예방하고 싶다면 턱밑 목 부위를 매일 아침저녁으로 10~15분간 마사지하는 것이 간단하고도 좋은 방법이다.

방법 3: '일'을 약처럼 사용하라

자기가 하고 싶은 일, 특히 이타적 자존감을 드러내는 선한 일을 하는 것, 그리고 지금 현재 자기가 하고 있는 일에 집중하는 것 등이 좋은 방법이다.

우선, 유명한 정신과 의사인 알프레드 아들러 박사의 놀라운 보고서 내용을 보자. 그의 명저인 《인생이 의미하는 것》이라는 책에서 그는 다음과 같이 말하고 있다.

"우울증이란 남에 대한 장기적이고 계속적인 분노, 비난과 같은 성질의 것이다. 그러나 환자는 보호나 동정, 지지를 얻어 내기 위해 오직 자신의 잘못에 낙담한 것처럼 연기한다…… 따라서 그들의 긴장을 완화시켜 주기 위해 '하고 싶은 것을 하라. 영화를 보고 싶으면 가라. 놀러 가고 싶으면 가라.' '하고 싶지 않은 일은 하지 마라.'하고 제안을 한다. 먼저 환자의 의견에 동의해 준다. 다음에는 더 직접적으로 '이 처방대로 하면 14일 만에 반드시 완쾌됩니다. 그 처방이란 바로 매일 어떻게 하면 남을 기쁘게 해 줄 수 있을까를 생각해 보는 일입니다.'라고 말한다… 병의 진짜 원인은 협동정신의 결여에 있다는 것을 알기 때문에 그들에게 그것을 알게 하려는 것이다. 남에게 관심을 갖지 않은 인간은 고난을 겪게 되고 남에게 가장 큰 위험을 가져다주게 된다. 인간에게 가장 긴요하면서도 가장 높은 찬사는 더 좋은 협조자가 되고, 모든 사람의 친구가 되며, 연애와 결혼에서 참된 반려자가 되라는 것이다."

아들러 박사는 일일일선(一日一善)을 역설하며, 매일 한 가지씩이라도 이타적 자존감을 드러내는 선행을 베풀라고 말한다. 그것은 남을 기쁘게 함으로써 공포나 우울증의 원인인 자신의 고민을 잊게 해 주기 때문이다. 우리는 매일 수백 km를 오가며 수많은 우편물이나 택배물을 배달하는 사람이나 소방관들에게 관심을 갖고 대하고 있는가? 몸은 피곤하지 않은지, 일은 힘들지 않은지 물어본 일이 있는가? 하루 종일 서서 식료품을 팔고 계산하는 점원, 이발사와 미용사 등에 대해서도… 이런 일에 습관이 안 되어 있는데 내 몸에 어떻게 진지한 관심을 가지고 대할 수 있을까를 깊이 되새겨 봐야 한다는 말이다. 따라서 남을 돕는 일에 흥미를 가져야 하며, 의식이 힘을 얻어 더 높은 수준으로 들어갈 수 있도록 해야 하는 것이다.

한편 걱정과 스트레스로 고통 받고 있을 때, '지금 현재 자기가 하고 있는 일'에 집중하는 것도 훌륭한 방법이다. 단순히 지금 자기가 몸으로 하고 있는 일의 어느 하나에 온전히 집중하는 것이 걱정과 스트레스에서 벗어나는 좋은 방법이다. 예를 들어 보자. 우리는 매일 먹고, 걷고, 자고, 호흡하며 산다. 걱정과 스트레스에 갇혀 있을 때, 온전히 호흡하는 일에, 또는 걷는 일에 집중하며, 의식적으로 호흡 또는 걷는 일 자체를 정성으로 실행하면, 그러한 걱정과 스트레스가 나를 속박하지 못할 것이다. 또 무슨 일을 하든지 온몸과 온 마음을 다하여 자신의 100%를 다해 보라. 아들이나 딸의 손을 잡을 때도, 아내를 포옹할 때도 그 순간 손잡는 일에, 포옹하는 일에 자신의 전부를 다해 보라. 차를 마실 때에도, 온 마음을 다해 차를 따르고, 온 마음을 다해 찻잔을 감싸안고, 온 마음을 다해 차를 마시는 방법으로 오직 그 일에만 몰입하는 것이 좋은 방법임을 알게 될 것이다. 지금 현재를 살아가고 있는 내가, 과거의 일 또는 미래의 일로 걱정과 스트레스에 얽매인다면, 지금 현재를 제대로 살고 있지 못하다는 증거다. 지금 현재의 행복을 포기하고 있다는 말이다. 습관적, 무의식적으로 하고 있는 일이라도 그것을 의식의 수면 위로 떠올려 그로부터 정보를 통한 지식과 지혜를 얻었을 때, "아! 그렇구나!" 또는 "아! 이것이구나!"하고 깨닫게 될 것이다. 이것이 행복이 아니고 무엇이겠는가?

"온갖 즐거운 행복감이나 깊은 내면적 평화, 행복한 마비 상태는 정해진 일에 몰두할 때 찾아온다. 몰두할 때 신경이 진정되니까 말이다."(존 쿠퍼 포이스) 그러니 우리 마음속에 걱정과 스트레스가 생겼다면 일을 약처럼 사용해야 할 것이다.

여기에 자신이 가장 소중하다고 여긴 일에 자신의 모든 에너지를 쏟아부었던 한 사람이 있다. 누굴까? 2008년 하버드대학교 졸업 축사의 주인공. 〈해리포터〉 시리즈로 대박을 낸 작가다. 포르투갈에서 TV 기자와 결혼해 딸을 낳았으나 2년 만에 이혼한 후, 4개월 된 어린 딸을 데리고 무일푼으로 고국 영국으로 돌아온 20대 중반의 우울증에 걸린 싱글 맘. 에든버러의 낡고 허름한 임대아파트에서 그 딸과 함께 가난하게 하루하루를 연명해 오면서 기적처럼 솟구쳐 오른 여성. 바로 조앤 롤링이다. 그녀는 자신의 임대아파트에서 우울증과 싸워 가며, 오래전에 기차 안에서 생각해 냈던 해리포터 이야기(부모를 잃은 마법소년의 이야기)를 쓰기로 결심했던 것이다. 물론 생활고를 이겨 내기 위한 목적도 있었지만, 한편으로는 어린 딸에게 동화책 한 권 사 줄 수 없는 형편에 스스로 딸에게 들려줄 이야기를 쓰는 엄마가 되기로 작정한 까닭도 있었다. 어린 딸의 말없는 고통 역시 자신의 고통이라는 것을 통찰함과 동시에 딸의 아픔을 사랑으로 감싸안고자 한 것이다. 이른바 '깨달음의 자기'를 창조한 것이다. 7부작 시리즈의 해리포터 이야기는 1997년 출간된 이후 출간 때마다 대히트를 기록했다. 전 세계 67개국 이상의 언어로 번역돼

5억 2천만 부 이상이 팔려 나갔고, 그녀는 마침내 영국 여왕보다도 더 큰 부자가 되었다고 한다.

이처럼 인생의 고난을 이겨 낸 사람들의 고뇌에서 명작이 탄생한 경우가 많다. 중국의 사마천은 궁형이라는 참형을 받고서 《사기》를 완성했고, 손자는 다리가 끊기고서 《병법》을 저술했다. 주나라 문왕은 감옥에 갇혀 있는 동안 《주역》을 썼는가 하면, 단테는 피렌체에서 추방되자 《신곡》을 저술했다.

방법 4: 각성의 원리로 '깨달음의 자기'를 창조하라

인간이 가진 가장 위대한 유산이자 가장 강력한 힘은 무엇일까? 단연코 '의식'이라고 말할 수 있다. 우리는 의식을 활용하여 '각성하는 자기', '깨달음의 자기'를 창조할 수 있다. 의식은 통합성과 해체성이라는 두 힘을 가지고 있을 뿐만 아니라 관통성과 전체성이라는 특성도 발휘할 수 있기 때문이다. 따라서 의식의 확장과 연대, 그리고 극한의 경험을 통한 '각성의 원리'의 실현이 가능하다. 주로 저차 정보가 중심인 뇌의 의식이 몸과 하나 되어 몸의 의식으로 내려오게 할 수 있다는 말이다. 의식이 몸의 의식으로까지 내려와야 한다는 진정한 의미는 무엇일까? 의식이 몸속에 있는 엄청난 정보망과 생명과 자기의 원천을 만나고 그 이상의 정보망을 연결할 수 있는 관통적 의식으로 확장, 진화될 때 '깨달음의 자기'가 형성될 수 있다는 말이다.

우리는 누군가를 진심으로 인정하고 인격적으로 대우해 준 적이 있는가? 누군가에게 참된 인정을 받고 인격적으로 존중받아 본 적이 있는가? 인격적으로 인정하며 존중하기는커녕 항상 상대방을 의심의 눈초리로 바라보며 깎아 내리기에만 급급하지 않는가?《사기》에 나오는 예양의 말처럼, "선비는 자기를 알아주는 사람을 위해 목숨을 바치고, 여자는 자기를 사랑해 주는 사람을 위해 화장을 한다"는 말을 새겨 볼 일이다.

몸에 대해서도 마찬가지다. 우리는 특히 건강 차원에서 몸을 엄청 아끼고 몸에 좋은 것을 먹고 바르며, 열심히 운동한다. 그리고 명품을 입는다. 이처럼 몸을 소중히 여겨 왔지만, 사실 진정으로 몸을 소중히 여기며 정보적 차원에서 몸과 소통해 왔는가? 오히려 몸에게 말 잘 들으라고 교육하고 통제하며 살아오지 않았는가? 몸을 품격적(品格的)으로, 인격적으로 대접해 왔는지 깊은 성찰이 필요하다. 몸의 품격과 인격을 존중하며 진정한 사랑으로 보살펴 오지 못한 것이 사실이다.

그래서 의식의 확장과 연대와 창조적 진화가 필요하다. 이른바 의식혁명이다. 정보가 집단화되듯이 의식도 확장하고 집단으로 연대해 나가면 높은 의식수준을 얻을 수 있을 것이며, 의식의 영역은 무한히 넓고 깊어질 것이다. 의식이 뇌의 생각에만 머물지 말고, 깨달음과 각성, 명상이나 이완 등을 통해 매일 몸으로까지 확장시켜 몸의 고차적인 정보와 소통하도록 훈련해야 한다. 생각과 사고라는 뇌의 의식만으로, 감성과 몸을 무시하거나 통제하려는 습관에서 벗어나, 몸을 인격적으로 대우하고 존중하며 몸의 소리에 귀 기울여야 한다. 몸의 고차 정보와 하나로 통하는 관통적 의식을 통해 생명이 진정 안녕할 때 진정한 행복감을 얻게 될 것이다.

몸은 거의 무의식적으로 작동한다. 무의식에 감춰진 깊은 마음의 상처, 갈등, 불안과 두려움 등을 먼저 의식의 수면 위로 끌어올려 놓고 보자. 그런 후에 몸을 이해하고, 몸의 고통을 통찰하며, 그것을 공감하고, 몸에 사랑의 말을 들려주며 감싸안을 때 우리 인생은 달라지기 시작할 것이다. 몸의 상처와 마음의 아픔에 스스로 화를 내고 맞서 싸우는 버릇에서 벗어나, 마음속에 몸의 손상정보의 실체가 있음을 인정하고, 그것을 맞이하여 접촉하고 보살펴야 한다. 손상정보의 부정적 에너지를 감당할 또 다른 에너지, 즉 각성의 에너지를 만들어야 한다.

우리의 마음속에는 긍정적인 감정과 부정적인 감정의 두 씨앗이 함께 있다. 두 감정이 모두 우리 몸 안에서 일어나는 현상이기 때문이다. 따라서 분노, 절망, 고통, 우울 같은 부정적 감정만이 아니라 사랑, 이해, 공감할 수 있는 능력도 함께 가지고 있다는 것을 늘 깨달아야 한다. 이 긍정적 감정으로 사랑하고 이해하고 공감하는 것도 손상정보를 다스리는 한 방법이다. 자신이 가진 부정적인 씨앗이 아니라 긍정적인 씨앗에 물을 주려고 노력해야 한다. 이것이 바로 참사랑을 실천하는 길이며, 행복을 만드는 법칙이다.

몸의 상처와 마음의 아픔 같은 손상정보는 우리 몸 안에 자리 잡고 있는 부정적 에너지다. 그것은 보살핌을 바라는 아기와 같다. 그래서 엄마의 품에 안기고 싶어 한다. 엄마는 아기가 고통으로 괴로워하고 있다는 것을 자각함과 동시에 자기와 아기는 한 몸이라는 자각으로 아이를 품에 안고, 이해와 사랑으로 잘 보살펴야 한다는 자각이 늘 의식 속에 살아있어야 한다. 따라서 그것을 다스리기 위한 최선의 방법은 또 다른 에너지 즉 각성의 에너지를 만들어, 그것이 부정적 에너지를 감싸안고 보살피게 하는 것이다. 손상정보와 싸우거나 억누르는 행위가 아니다. 실내가 추우면 우리는 실내를 따뜻하게 하기 위해 히터를 켠다. 굳이 찬 공기를 밖으로 내몰 필요가 없다. 찬 공기가 뜨거운 공기에 안겨서 따뜻해진다. 이 같은 방식으로 손상정보를 보살펴야 한다. 그런데도 대부분의 사람들은 그와는 반대로 손상정보에 맞서 싸워서 그것을 마음속에서 몰아내야 한다고 믿기 쉽다.

각성은 부정적 감정이 지금 마음속에 있다는 것을 자각하고, 그것을 있는 그대로 받아들여 보살피는 것이다. 분노와 좌절, 혐오 등의 부정적인 감정은 싸우면 싸울수록 강해진다. 그것들을 사라지게 할 수 있는 유일한 방법은 그것을 있는 그대로 바라보고 인정하며, 보듬어 안는 것이다. 부정적 에너지를 보살피기 위해 긍정적인 각성의 에너지를 사용해야 한다는 말이다. 부정적 감정이 의식의 깊은 곳에서 생겨나 엄청난 힘을 가지고 있지만, 각성 또한 우리의 의식 깊은 곳에서 일어나 큰 힘을 가지기 때문이다.

각성 즉 깨달음을 위해서는 이해와 통찰과 공감 능력이 필요하다. 통찰은 고통과 기쁨이 하나이고, 나와 남이 하나이며, 세상의 삼라만상 모든 것이 하나임을 인식하는 것을 말한다. 이러한 통찰을 가지지 못할 때 우리는 누구나 폭력적으로 변할 수 있어서 남을 응징하고 억압하고 싸우기를 원하게 된다. 그러나 나의 고통이 곧 내가 사랑하는 사람의 고통이요, 그들의 행복이 곧 나의 행복임을 통찰하면 우리 안에 있는 분노와 비난도 모두 미소로 바라보고 감싸안을 수 있다. 이 통찰이 바로 우리의 손상정보나 분노를 사랑의 마음으로 돌보게 한다. 공존을 통찰하고 있을 때 우리는 그 어떤 것도 적(賊)으로 보지 않게 된다는 말이다.

그러니 명상이나 영성, 이완 등을 통해 마음을 다스리고, 상처받은 몸을 이해하고 위로해 가며, 몸에게 진정 어린 용서와 사랑의 말을 전해야 한다. 이렇게 한다는 것이 거창하고 어려운 일인가? 아니다. 그 시작은 아주 단순하다. 너무 미세하거나 애매모호해서 느끼지 못한 몸의 소리를 의식의 수면 위로 끌어올려 들으며 공감하고 위로하는 데서 시작하면 된다. 반면, 강한 뇌 의식으로 그것을 무시하거나 억압하려 들지 않아야 한다. 뇌 의식에 갇혀 살려고 하지 말고 관통적 의식을 찾으면 되는 일이다. 그런데도 우리 대부분은 다른 사람들이 하는 말을 듣고 나서 제일 먼저 취하는 반응은, 그것을 이해하려 하지 않고 오히려 판단하고 비판하려 들지 않는가? 곰곰이 생각해 보자. 누군가 자기의 기분이나 느낌, 태도를 나타낼 때, 우리는 즉시 '옳다', '어리석다', '틀렸어', '비정상적이야'하고 판단하거나 평가하려 든다. 그 사람의 말을 이해하거나 공감하려 들지 않는다. 비웃음과 비난으로는 절대 아무도 이해시킬 수 없으며 공감을 얻을 수도 없다. 뇌의 생각으로 판단하고 비판하려 든다면 절대 몸의 소리를 이해하고 공감할 수 없다는 말이다. (몸의 소리를 이해하고 공감하기 위한 구체적인 방법은, 제7부 3장 1.에서 제시하는 방법을 적극 활용해 보기 바란다.)

하지만 인간이 이처럼 저차 정보에 묶여 있을 때도 때로 높은 의식수준으로 커다란 깨달음을 얻거나 극한의 고통스러운 경험을 통하여 새로 태어남의 기쁨을 맛보는 경우가 많다는 사실을 기억하자. 예술계의 거장 피카소도 창조적인 의식으로 미술의 패러다임을 바꾼 사람이다. 찰스 다윈도 창조적인 자연선택 이론에 기반한 진화론으로 과학의 패러다임을 바꾼 사람이다. 붓다 석가모니도 인간의 내면의 본질을 터득하여 초월의 경지에 이른 사람이다. 위인들의 예를 들어 미안하지만, 우리의 생활 주변에서도 평범한 위인들은 얼마든지 찾아볼 수 있다.

학생시절에 감명 깊게 보았던 영화 '빠삐용'을 잊을 수 없다. '빠삐용'은 '앙리 샤리에르(Henri Charriere)'의 실화를 바탕으로 만들어진 영화다. 그의 별명이 바로 빠삐용이었다. 빠삐용은 25세 때 파리 몽마르트에서 포주를 살해했다는 억울한 누명으로 체포되어 2년 후 무기징역을 선고받고 프랑스령 기아나의 감옥으로 보내졌다. 억울한 감옥생활을 하게 된 그는 생로랑의 병원에서 맨 처음 탈출을 시도한 이후 무려 11년간 여덟 번에 걸쳐 탈출을 감행했으나 번번이 실패하고 말았다. 그는 끊임없이 탈출을 도모한 죄로 세 차례나 격리 감방행을 당해야 했다. 그 와중에 그는 꿈속에서 이런 말을 듣게 된다. "너는 유죄다. 그것은 '인생을 낭비한 죄, 젊음을 방탕하게 흘려보낸 죄'다."

그는 비록 살인죄를 짓지는 않았지만, 꿈속에서 듣게 된 죄를 스스로 인정했다. 그 후 그는 보복과 복수를 위한 탈출이 아니라, '진정한 자기'를 찾기 위한 탈출을 감행하게 되는 것이다. 결국 두 개의 코코넛 자루를 연결한 뗏목에 의지해서 극적인 탈출에 성공했고, 그 자리에서 그는 가슴 시리게 자유로운 몸이 되었다고 외친다. 그리고 그가 61세가 되었을 때 무려 36년 만에 자신을 감옥으로 보냈던 조국 프랑스를 방문해 파리 몽마르트 언덕에 다시 앉아 자신에게 이렇게 되뇌었다.

"너는 이겼다. 친구여…… 너는 자유롭고 사랑받는 네 미래의 주인으로 여기에 있다"고. (정진홍, 97-99) 모진 고통을 당하고, 독방에 갇혀 고통스러운 극한 경험을 한 사람이, 새 생명과 더불어 새로운 몸의 고차 정보에 눈을 뜬 사례가 아닐 수 없다. 전쟁이나 재난 같은 극한의 경험을 겪게 되면, 그동안 유지해 온 뇌의 정보적 보존이 더 이상 힘을 쓰지 못하고 해체된다. 이러한 해체를 통해 몸의 더 큰 고차적 정보와 통합되면서 새로운 고차 정보의 세계로 들어갈 수 있게 되는 것이다. 이른바 의식수준을 높인 큰 깨달음과 알아차림으로 다시 태어나는 자기 즉 필자가 말한 '각성하는 자기(realizing self)'를 만들어 내는 것이다. 이것이 소위 소확행의 행복이다. 그러기에 여기서 말하는 소확행이란 소소하지만 확실한 행복, 그리고 소중하면서도 확실한 행복 이 두 가지 의미를 포함하는 말이다.

이러한 사례는 얼마든지 찾아볼 수 있다. 나는 바티칸에서 우연히 추기경 회의를 마치고 함께 이동하는 추기경들의 모습을 본 적이 있다. 어린애처럼 천진난만한 모습을 띠면서도 얼굴에는 평화와 미소의 깨달음이 가득한 것을 느꼈다. 그리고 헬렌켈러와 장영희 교수 등의 경우도 깨달음의 자기를 보여주는 좋은 예가 될 것이다. 헬렌 켈러의 수필 《사흘만 볼 수 있다면(Three Days to See)》을 보자. 세계적으로 유명한 잡지 '리더스 다이제스트'가 20세기 최고의 수필로 선정한 글이다.

"누구든 젊었을 때 며칠간만이라도 시력이나 청력을 잃어버리는 경험을 하는 것은 큰 축복이라고 생각합니다…… 보지 못한 나는 촉감만으로도 나뭇잎 하나하나의 섬세한 균형을 느낄 수 있습니다… 촉감으로 그렇게 큰 기쁨을 느낄 수 있는데 눈으로 보는 세상은 얼마나 아름다울까요… 아주 재수가 좋으면 즐겁게 노래하는 새의 행복한 전율을 느끼기도 합니다. 찬란한 노을을 볼 수 있다면 그날 밤 아마 나는 잠을 자지 못할 겁니다." 헬렌 켈러가 꼭 사흘만이라도 봤으면 좋겠다고 염원하는 이 세상을 석 달, 3년, 아니 30년 이상도 더 볼 수 있는 우리는 얼마나 행복한가?

유방암과 척수암으로 허리와 목의 지독한 통증을 지닌 채 휠체어에 의지해 살다간 서강대학교 영문과 교수 장영희 박사. '살아 있음'의 축복을 생각하면 이 세상 모든 사람, 모든 것을 포용하고 사랑하고 싶은 마음에 가슴 벅차다며 이렇게 썼다.

"온몸의 뼈가 울리는 지독한 통증 없이 재채기 한 번을 시원하게 할 수 있는 일이 얼마나 큰 축복인가를 모르고 살아왔다."(장영희, 317) 내가 좋아하는 말을 나에게 들려줄 때 행복은 포근히 나를 감싸안을 것이다! 분명히.

방법 5: 자기 내면의 소리를 경청하고 공감하는 '사랑'이 답이다

다음으로, 보통 사람들에게도 실행 가능하면서도 실제적인 행복의 길은 무엇일까를 생각해 보자. 허구의 행복 말고, 또 막연하고 추상적인 행복 말고, 실제적으로 가장 확실하고 안전한 행복의 길은 무엇일까?

필자가 대학에서 공부했던 유학에서는, 하늘이 인간에게 준 본성을 성(性)이라고 말한다. 이 성은 곧 생명을 말한다. 흔히 인간 생명의 본성을 측은지심, 수오지심, 사양지심, 시비지심의 사단으로 말한다. 그래서 성은 곧 인간 생명의 본성인 것이다. 그런데 생명은 부모의 사랑으로 잉태되어 태어나고, 스스로 충분히 성장할 때까지 부드럽고 포근한 부모의 사랑으로 양육된다. 그리고 부모의 따뜻한 사랑의 보살핌을 받으며 제대로 성장한다. 여기서 말하는 사랑이 바로 인(仁)이다. 즉 인(仁)이 곧 사랑이다. 믿음과 소망과 사랑 중에 그 중에 제일은 사랑이라고 말하는 기독교의 그 사랑이다.

사랑이란 너는 가치가 있고 할 수 있고 귀하고 사랑스럽다는 정서와 느낌을 전달하는 모든 것을 총칭하는 말이다. 때로는 부족하고 실수를 해도 믿어 주고 기다려 주고 위로하고 격려하고 수용하는 어떠한 정서적인 언어인 것이다. 한마디로 사랑이란 긍정적인 정서와 느낌을 외부로부터 심어 주는 것을 말한다. 생명이 평안하고 안녕할 때 생명은 긍정적인 느낌과 정서를 발생시킨다고 했다. 이러한 사랑을 느끼고 인식하는 것, 그것이 곧 행복이다.

따라서 나의 생명을 긍정적으로 바라봐주고 사랑해 주는 대상을 갖는 것이 행복의 핵심이다. 그 대상은 나에게 사랑을 주는 어머니나 연인, 친구와 같은 사람만이 아니라 나에게 몰입을 주는 음악이나 스포츠 또는 문화예술 활동, 자기만의 퀘렌시아가 되는 어떤 일이 될 수도 있다. 그러나 사랑에 대한 욕심은 끝이 없는 데다가 그런 사람을 만난다는 것도 쉬운 일이 아니어서, 서로 사랑의 불만이 생겨나거나 사랑의 좌절을 경험하기도 한다.

하지만 나에게 영원히 존재하는 사랑의 대상이 하나 있다. 바로 이 책 서두에서부터 말문을 꺼냈던 자기(self)다. 즉 나 자신이다. 나는 나 자신이면서도 내가 생각하는 자기다. 나이면서도 내가 의식으로 바라보는 나를 말한다. 따라서 자기에는 신체적인 자기, 정신적인 자기, 심리적인 자기는 물론, 뇌와 몸의 차원에서 보면 기억하는 자기, 경험하는 자기, 각성하는 자기 등 여러 형태로 구분 지어 볼 수도 있을 것이다.

따라서 나의 의식이, 나와 나의 몸의 생명체를 사랑으로 대하는 것이 곧 행복의 길이다. 내가 나의 몸에 긍정적인 정서와 느낌을 심어 주어야 한다는 말이다. 의식은 양자적 성질로서의 관통성을 가지고 있어 저차 정보부터 고차 정보에 이르는 정보처리를 다 감당할 수 있다. 몸에서 나오는 고통과 슬픔의 고차 정보도 속 후련히 털어 놓으면 속 후련한 행복으로 다가오기 마련이다. 그런데 사람들은 오히려 반대로, 고통과 슬픔을 괴로워하고 미워하고 학대해 왔다. 이제는 의식도 뇌의 2차적 사고와 판단을 넘어 몸의 의식인 이해와 수용과 통찰과 공감(empathy)으로 말하고 느낌으로 몸에 전해야 한다. 그래서 뇌와 몸이 하나 되게 의식수준을 높여 진화시키는 의식혁명이 필요하다. 그래야만 참 행복의 길은 열리기 때문이다.

그동안 우리가 내리는 판단의 95%를 무의식적인 직감과 직관에 의존하게 하고, 자동적, 무의식적으로 반응하고 대처하게 해온 것이 바로 몸이다. 그런 몸에게 진정으로 미안하고 고맙다고 말하면서, 의식적으로 나의 사랑의 말을 전해야 한다. 그동안 일과 돈만이 행복의 전부가 아니었는데도 일과 돈을 위해 몸을 너무 혹사시켜 가며 건강까지 잃게 만들거나 엄청난 스트레스에 시달리게 한 것은 아니었는지, 진정으로 미안하고 진정으로 사랑한다고 말해야 한다. 뇌의 기준으로 판단하고 비판해 왔던 것에서 벗어나 이제는 몸이 전하는 진정한 고차적인 깊은 정서와 느낌을 찾아 몸이 전하는 소리를 경청하고 몸과 하나 되어 몸과 함께 공감해야 한다. 진정으로 몸의 생명을 돌보아야 한다. 그리하여 새로운 '깨달음의 자기', '각성하는 자기'를 형성할 수 있어야 한다. 심리학자 폴 돌런도 의식을 활용하는 방식이 당신의 행복을 결정한다고 말하고 있다. (롤프 도밸리, 146)

근심과 걱정, 스트레스를 없애기 위한 의식적인 방법으로 쉽게 생각해 볼 수 있는 것이 있다. 바로 웃음과 노래와 춤과 예술 활동이다. 의식적으로라도 짓는 미소와 유머가 행복을 보장한다. 웃는 얼굴에 침 뱉을 수는 없기 때문이다. 그리고 우리 한민족의 뿌리를 이루고 있는 풍류 즉, 노래와 춤도 몸의 고차 정보를 보듬어 안는 행복 행위임에 틀림없다. 뛰어난 의술로 명성을 얻은 장수한 한 의사는, 앉으나 서나, 심지어는 의술행위 중에도 항상 가볍고 즐겁게 노래를 부르는 것을 보았다. 왜 그렇게 하느냐고 물었더니 그것이 행복과 장수의 비결이기 때문이라고 답하는 것이었다.

이제 뇌의 기준으로 판단하고 괴로워했던 것에 대해, 몸은 어떻게 말하고 있는지를 진단·처방할 수 있는 실제적인 방법 하나를 사례로 들면서, 그 지혜를 전하고자 한다.

몇 번의 이혼을 겪은 페기라는 여성이 다시 결혼을 앞두고 또 한 번 파경을 맞을까 봐 두려워하고 있었다. 그래서 예전에는 들으려고 하지 않았던 충고를 누군가가 해 주면 이번 결혼에 큰 도움이 될 거라고 생각해 인생 전략가이자 법심리학자인 필립 맥그로 박사를 찾아갔다. 맥그로 박사는 페기에게 충고를 하는 대신, 먼저 마음을 진정시키고 차분해지라고 말했다. 다음으로 눈을 감고 남편 될 해리와의 결혼을 상상하라고 했다. 그리고선 어떤 생각이 드는지 차분히 자기 내면의 이야기를 말해 달라고 했다.

"나는 해리가 우리 아버지처럼 의지가 약하지 않아서 나를 도와줄 수 있는 사람이라는 내 생각이 틀린 것임을 알기를 바래. 해리는 분명 매력적인 사람이야. 하지만 그가 얼마나 영리한 사람인지는 모르겠어. 왜냐하면 그가 하는 일이 그리 전망이 있어 보이지는 않거든. 그렇지만 그런 것쯤은 문제가 되지 않아. 내가 충분히 보완할 수 있을 테니까 말이야."

맥그로 박사는 그녀가 하는 말들을 적었다. 그리고 그녀가 마음의 준비를 마친 것을 확인한 후, 그녀에게 그것을 읽어 보라고 했다. 그녀는 자신이 한 자기내면의 말에 큰 충격을 받았다. 분명히 그녀는 해리가 자신의 아버지처럼 의지가 약한 사람이라고 말하고 있다. 그리고 자신은 해리에게 실망해서 더욱 강한 자신이 되고 싶다고 말한다. 이것은 그녀가 이미 자신이 존경할 수 없는 남편 때문에 상처받지 않으려 한다는 것을 보여 준다. 이런 생각을 머릿속에 담고 있는 한 그녀는 십중팔구 이혼을 기약하고 있는 것과 마찬가지다. 그런데도 그녀는 스스로 실수를 자초하여 결혼을 작정하고 있는 것이다. (필립 맥그로, 253-256)

우리는 어떤가? 이런 방법으로 먼저, 자신의 내면에 있는 고통의 실체를 알아차리고, 그 다음엔 사랑과 이해로 그 고통을 감싸안으면, 자신의 고통을 변화시킬 수 있다. 내면의 고통이나 사랑하는 사람에 대해 해 줄 수 있는 가장 소중한 방법은 온전히 그 곁에 함께 있어 주는 것이다. 그다음 "내가 여기 이렇게 함께 있잖아. 이제 함께 그 고통을 껴안고 변화시켜 보자!" 하며, 함께 그 고통이나 사랑을 나누는 자각의 말과 행동이 필요하다. 자기 내면의 문제들이 어떻게 가상의 자기를 만들어 왔는가를 알고 진정한 자기를 찾는 참 행복의 길이 바로 이런 것이 아니겠는가?

우리 몸은 끊임없이 자기 내면의 말을 걸어오고 있다. 두통, 요통, 우울, 불안, 만성감기 등의 증상으로 우리에게 말을 하고 있다. 가만히 들어 보자. "왠지 불안해", "머리가 아프고 어지러워" 등 다양하게 소리를 낸다. 몸을 좀 보살펴 달라고 때로는 작고 미세하게, 때로는 크고 요란하게 신호를 보낸다. 우리는 그러한 몸의 소리에 귀 기울일 필요가 있다. 왜냐하면 우리 몸이 우리에게 귀를 기울이고 있기 때문이다. 우리는 몸이 스스로에게 한 말을 듣고 확인할 수 있다. 그리고 그 증상이 하는 말을 의식적으로 더 깊이 통찰해 보면 진정한 자기가 "제발 여기서 나를 구해 주세요."라고 외치는 소리에 사랑으로 보듬어 안을 수 있다. (필립 맥그로, 302)

방법 6: 조화와 균형의 행복, 어떻게 이룰 것인가

이상에서 정보과학적 관점에서 개인의 행복 문제를 논의해 보았다. 그러나 이와 관련하여 여기에 하나의 중요한 의문이 생겨난다. 행복은 인간의 이상이라고 했다. 그런데 종국적으로 우리가 추구하는 바람직한 삶은 공존과 상생의 삶, 인(仁)에 의한 사랑의 삶, 전쟁이 아닌 평화의 삶이라고 했다. 생존경쟁을 통하여 살아남기 위해, 그리고 막강한 힘인 잉여 에너지를 축적하기 위해 인간의 욕망에는 포화점이 없는데, 어떻게 그런 삶을 이룰 수 있단 말인가? 인간의 이기적 본성과 끝없는 욕망으로 힘을 소유하기 위해 경쟁을 벌여 온 결과 재난을 불러오고, 지구적 차원에서는 핵 전쟁, 기후 위기, AI와의 전쟁 등 3대 위기를 불러오지 않았는가? 이분법적이고 선악의 법을 따르는 인간의 법으로, 어떻게 자연과 우주의 법인 조화와 균형의 원리를 실현할 수 있다는 말인가? 이율배반적이지 않은가? 중요한 의문이 아닐 수 없다.

행복의 느낌은 의식을 통하여 다양한 느낌과 감성이 복합적 총체적인 상태로 나타난다는 것을 알았다. 따라서 인간 의식의 차원에서 보면 행복은 개인의 행복 차원에서 나아가 더 넓은 여러 차원이 있다는 것을 알 수 있을 것이다. 그런데 인간이 별 의식 없이 방관하는 사이, 사회집단 차원에서는 집단주의적 문화가 생겨나고, 국가 차원에서는 전체주의가 생겨나게 되었다. 그리고 지구적 차원에서는 3대 위기를 불러오게 되었다. 그리하여 결국 자연과 우주의 법인 균형과 조화의 원리에 배치되는 길을 가게 만들 수도 있을 것이다.

그렇다면 치열한 생존경쟁 속에서도 조화와 균형의 삶, 상생과 평화의 삶을 살 수 있는 길은 무엇일까? 사랑이 그 답이 아닐까? 뇌와 몸도 사랑을 먹으면 생명이 살아난다. 생명은 사랑을 먹고 살기 때문이요, 또한 사랑은 생명의 근원이기 때문이다. 우선 자기적 차원에서 보면, 사랑은 전체적 총체적인 자기를 지키고 발전시키는 것이요, 신체적 자기, 정신적 자기, 심리적 자기를 회복시켜 그 균형을 유지하도록 만든다. 사회집단에게도, 국가에게도, 지구에게도 진정한 사랑을 먹이면 조화와 균형을 이루며 살아난다. 모든 대상을 사랑으로 대하면 그것이 곧 행복을 준다는 말이다. 몸을 진정한 사랑으로 대하면 아프고 스트레스 받던 몸도 회복시켜 행복을 얻을 수 있듯이, 진정한 사랑의 실천이, 조화와 균형의 삶, 그리고 종국적인 행복의 길을 살게 할 것이다.

그러기 위해서는, 자신과 자신의 몸에 건네는 사랑 안에, 이해와 통찰과 공감이 있는지, 아니면 반대로 의심과 미움, 자만과 무지가 있는지를 깊이 살펴볼 일이다. 키에르케고르가 자신의 기쁨에 대해 다음과 같이 말하는 방식으로, 자신과 자신의 몸에 이해와 통찰과 공감의 말을 건넬 줄 안다면, 그것이 곧 참사랑을 실천하여 참 행복을 얻는 길이 될 것이다. 이러한 가운데서 비록 외적인 조건은 힘들고 불안정해도, 내적인 몸의 생명은 평안하고 긍정적인 정서를 쏟아내며 아름다운 행복을 꽃피울 것이다.

"그대가 사람이라는 것을, 그대가 볼 수 있다는 것을, 그대가 들을 수 있다는 것을, 그대가 냄새 맡을 수 있다는 것을, 그대가 느낄 수 있다는 것을, 태양이 그대를 비춘다는 것을… 그리고 그대를 위해서 태양이 지치면 달이 비추기 시작하고 별이 빛난다는 것을… 이게 기뻐할 일이 아니라면, 기뻐할게 아무것도 없으리라."

제7부

참 행복의 삶을 위한
18가지 실천 비법

이제 필자가 제시하고자 하는 행복에 대한 우리의 과제는 분명해
졌다. 우선은 제6부에서 본 것처럼 뇌 의식이 몸에까지 관통하는 의
식혁명을 통하여 몸과 뇌의 행복을 통합하는 실제적 행복에 대한 올
바른 지식을 얻는 것이요, 다음으로 여기 제7부에서는 이 참 행복
을 나의 삶, 함께하는 우리의 삶, 그리고 인간의 삶의 모습에 어떻게
균형과 조화의 원리를 적용하여 실천할 것인가의 지혜를 얻는 것이
다. 우리가 그에 대한 지식과 지혜를 얻지 못한다면 나도 독자 여러
분도 행복하지 못하다.
　앞서 우리는 행복을 위해 필요한 최소한의 요건으로서 5가지
요인을 꼽았다. 즉 돈과 일과 건강 등의 생존조건, 가족과 사람과의
인간관계, 추구하는 삶의 목표, 개인적 특성 등의 유전적 요인, 그리
고 환경적 요인 등의 충족이다. 제6부에서 논의한 그러한 참 행복의
요건들에 대한 실천적 지혜들을 '일리어스(Illius) 행복'이라는 이름으

로 제7부에서 제시한다.

왜 '일리어스 행복'인가? 흔히 서양에는 호메로스의 《일리아스(Ilias)》가 있고 동양에는 《시경》이 있다고 한다. Ilias는 현존하는 고대 그리스의 최고(最古) 최대의 서사시다. 그리고 시경은 고대 중국 최고(最古)의 시집으로 사서삼경에 포함되는 경전이다. 사실 필자는 고등학생 시절부터 호메로스의 Ilias에 대한 호기심이 컸다. 그런데 지금에 와서는 무엇보다도 행복이 그 호기심의 대상이 되었다.

행복이란 결국 내가 몸으로 느끼는 나의 감정과 느낌이다. 하지만, 삶을 살아가는 데 있어서는 나 스스로뿐만 아니라, 나와 상대방과의 관계를, '나와 너'라는 관계를 넘어 '나와 우리'라는 관계로 이해할 수 있어야 행복이 있다. 그리고 그 관계는 실제의 인간 삶(Life)의 과정 속에서 균형점을 찾아야 유지된다. 그래서 'Illius'의 첫 두 글자 Il은 하나밖에 없는 나를, 마지막 두 글자 Us는 우리를 의미한다. 그리고 가운데 두 글자 Li는 Life 즉 우리의 삶을 의미한다. 따라서 3가지 측면의 삶, 즉 자기 삶(Self), 우리 삶(Us), 인간 삶(Life)에서 각각의 삶의 균형을 찾는 법칙들을 제시할 것이다.

이것이 삶의 행복부등식을 만족하는 균형과 중용의 행복이요, 새로운 일리어스 행복이다. 이것은 서구의 부유한 산업사회(WEIRD사회)의 행복과는 달리, 또 다른 두 가지의 소확행까지를 포함하는 행복이다. 즉 평범한 일상에서 얻는 소확행(소소하지만 확실한 행복)과 높은 수준의 의식작용에 의한 깨달음으로 얻는 소확행(소중하고도 확실한 행복)이 그것이다. 예를 들어, 내가 일로써 행복해지고 싶다면 먼저 '일이 아닌 것'들을 보살펴야 한다. 웃음, 휴식, 건강, 다른 사람과의 관계 등은 '일이 아닌 요소' 즉 소소한 것들로 생각하기 쉽지만 나의 일을 위해 매우 중요한 것들이다. 또한 내가 진정으로 행복해지고 싶다면 무시하고 학대해 왔던 몸의 소리에 의식을 집중하여 귀 기울여 듣고 몸을 소중히 보살피는 것이 무척 중요하다. 이 일리어스 행복은 다음의 3가지 학문적 입장을 반영한 것이라는 점을 미리 밝혀 둔다.

첫째, 생물학적으로는 진화론적 관점에 서서 생존과 번식이라는 기본적, 원초적인 행복의 중요성에 공감하는 입장을 견지한다. 현실적으로 인간의 생존과 번식이라는 기본적인 문제의 해결 없이는 행복도 있을 수 없기 때문이다. 둘째, 철학적으로는 소크라테스적 철학관을 수용하여 인간은 그냥 살게 아니라 훌륭하게 살아야 한다는 가치론적 입장에 비중을 두고자 한다. 인간은 원초적인 행복의 바탕 위에 가치를 추구하고자 하는 목적을 가지고 삶을 꾸려가기 때문이다. 셋째, 과학적으로는 행복을 정보과학의 차원에서 인식하고 관통성과 양자성을 지닌 의식의 확장과 창조적 진화를 통해, 참 행복의 원칙들과 그 균형점을 찾아보기로 한다. 과학적으로 행복의 본질은 생각이 아니라 구체적인 경험이며, 양자물리학은 생명과 우주의 신비를 정보적 차원에서 더 깊이 이해하는 데 도움이 되기 때문이다. (하트만, 312)

이러한 학문적 입장을 견지하면서, 필자가 새롭게 내놓는 정보과학적 행복을 인간관계와 삶의 과정에 적용하는 데 있어 중요한 두 가지 원리를 도입하기로 한다. 그 하나는 몸의 작용원리로서의 항상성(homeostasis) 원리다. 균형의 힘을 말한다. 신체가 고통이나 아픔, 또는 스트레스가 온다 하더라도 균형의 힘으로 항상 평형상태를 회복하고 최적의 상태를 유지하려는 성질이다. 그런데 몸의 항상성이 깨지면 균형을 잃어 병이 된다. 질병에 걸린 상태에서 우리는 행복을 기대할 수 없다. 신체의 불균형 상태가 오게 되면 우리는 그 균형상태를 회복할 수 있도록 행동해야 한다. 마찬가지로 우리 삶도 항상성을 유지하는 균형적인 삶이 되도록 행동해야 하는 것이다. 삶의 균형을 잃거나 바람직스럽지 않은 중독에 빠지면 불행이 된다.

또 다른 하나는 실천원리로서의 중용(中庸)의 원리다. 중용의 핵심 개념인 적정과 균형의 원리를 말한다. 적당한 정도의 만족과 그를 위한 균형만이 행복을 보장한다. 사서오경(四書五經) 중의 하나인 《예기(禮記)》에 '욕불가종(欲不可從)'이라는 구절이 있다. 사람의 욕망은 끝이 없으므로 스스로 절제해야 한다는 뜻이다. 세상은 아무리 넓어도 끝이 있다. 하지만 사람의 욕망은 끝이 없다. 그러므로 욕망을 절제할 줄 알아야 한다는 말이다. 삶이란 지나치게 욕심 부려서도 또 지나치게 부족해서도 안 되는 것, 그래서 양극단을 피하여 균형을 유지하는 것이 중요하다는 말이다. 따라서 과도함과 부족함이 없는 중용의 지점, 그리고 이상과 현실 사이에서의 중용의 지점을 찾아야 한다. 인간이 가진 실천적 지혜(프로네시스)를 통해 중용의 길을 찾아야 한다는 말이다. 우리는 대부분 중용의 원리를 무시하고 외면하려 든다. 늘 끌어들이는 상투적인 말이고 별 특별한 비법도 아니라고 치부하기 때문이다. 그러나 진정으로 위대한 것은 별 특별한 데 있는 것이 아니라 오히려 적정한 데 있을 뿐이라는 점을 되새겨야 할 것이다.

　자연이 삼라만상의 질서를 유지하는 기본원리가 바로 이 견제와 균형이다. 국회가 행정부를 견제하고 행정부가 국회를 해산할 수 있도록 하는 의원내각제도 정치 제도상의 견제와 균형의 원리다. 인간의 결혼문제도 마찬가지다. 결혼을 앞둔 연인이 결혼을 결심하게 된 이유는, 그 사람과 함께 살면 내가 더 좋은 사람이 될 수 있다는 확신이 들기 때문이다. 결혼에 의한 희생보다 배우자로부터 얻는 사랑의 크기가 더 크다고 생각될 때 결혼하게 되는 것이고, 그 결혼은 행복한 결혼이 되는 것이다.

　행복의 문제에서만큼은 이 항상성의 원리와 중용의 원리만큼 위대한 것은 없다고 생각한다. 신체가 균형을 잃으면 행복은 사라지는 것이요, 그리고 적당한 정도의 만족으로 살지 않으면 행복은 영원히 오지 않기 때문이다. 행복은 끝이 없는 것이기에 그렇다. 가장 중요한 것은 눈에 잘 보이지 않고, 몸으로 잘 느낄 수도 없는 것인데, 사실 위의 두 원리가 바로 행복을 이루게 하는 힘인 것이다. 이 두 가지 원리를 인간의 삶의 원리로서 가장 적절하게 설명해 주는 것이 바로 생존부등식이다.

　이 생존부등식을 행복부등식으로 재음미하여 논의하면 행복의 문제를 풀어갈 수 있을 것이다. 따라서 일리어스 행복은, 한마디로 정보과학적 행복을 위의 두 원리로 녹여 낸 행복을 말한다. 나와 우리의 삶에서 '균형의 행복과 적당한 행복'을 얻기 위한 실천적 지혜요, 실천 비법이라는 말이다.

1.

행복부등식의
2가지 원리를 이해하라

인간에게는 이상(ideals)과 소망(wish)이 있다. 그 최대의 이상과 소망이 바로 행복이다. 이상과 소망은 현실과의 사이에서 갈등하기 때문에 비용(희생) 최소화와 이익(가치) 최대화, 즉 가성비를 극대화하는 것이 인간의 목적 함수가 된다. 목적 함수가 없는 인간은 행복할 수 없다. 목적 없는 인간이 되기 때문이다. 그러나 아무리 성실히 노력하는 사람이라도 생존경쟁의 과정 속에서 이겨 내지 못하면 생존할 수 없다. 그들은 결국 패자가 되기 때문이다. 따라서 인간의 이익 최대화 목적 함수에 대한 대안으로 생각할 수 있는 것이 바로 생존부등식이다. 생존부등식은 앞서 말한 균형과 중용의 원리를 담고 있기 때문이다. 이점에 주목해야 한다.

인간은 당연히 자유와 평등과 평화를 바란다고 봐야 한다. 그런데 인류 역사의 발전 과정에서 불평등과 격차가 발생하고, 따라서 치열한 생존경쟁 속에서 살아간다. 왜 싸우고 전쟁을 택할까? 생존과 보존을 위한 당장의 이익과 욕심에 눈멀기 때문이다. 인간의 궁극적인 이상과 목적을 잊어버리기 때문이다. 인간이 만든 법제도나 국가 정책도, 인간이 만든 상과 벌도 그 궁극적인 목적은, 선과 평화를 이루는 데 두어야 한다. 그 한 예로 형법과 형벌의 목적을 한 번 따져 보자. 벌주고 처벌하는 것이 목적일까? 그것이 성과의 모든 것일까? 아니다. 그 목적은 사회 전체의 선과 이익을 회복하고자 하는데 있다. 따라서 가장 좋은 법은 행복 극대화, 불행 최소화를 그 목적으로 두어야 한다. 깨어나고 알아차림의 의식의 진화를 가져올 수 있도록 작용하여야 한다는 말이다. 따라서 교도소의 형벌이 거듭 재범(再犯), 삼범(三犯)을 만드는 것으로 작용해서는 안 된다. 용서와 포용의 한없는 기쁨을 느끼며 큰 뉘우침으로 새로 거듭난 삶을 살 수 있도록 만들 수 있어야 한다. 법은 단순히 범죄자를 어떻게 처벌할 것인지만을 생각할 것이 아니라 법이 누구를 위한 것이고 무엇을 보호하기 위한 것인지도 진지하게 생각해 봐야 한다는 말이다.

그렇다면 생존경쟁 속에서의 인간 삶의 유형은 어떠한 것이 있을까? 편의상 나와 너 사이에, 생존경쟁의 결과 누가 살고 죽느냐에 따라 4가지 유형을 생각해 볼 수 있을 것이다. 먼저, 너 죽고 나 죽기유형으로서 2001년 미국 뉴욕에서 발생한 911테러 사건이 그 대표적인 예가 될 수 있을 것이다. 둘째, 너 죽고 나 살기 유형으로서 약육강식이 그 전형적인 예가 될 수 있다. 셋째, 너 살고 나 죽기 유형으로서 예수 그리스도나 소크라테스의 삶이 그 예가 될 수 있을 것이다. 넷째는, 너 살고 나 살기 유형으로서 공존과 상생의 삶, 사랑의 삶 등이 그 예가 될 것이다.

여기서 인간이 추구하는 가장 바람직한 삶의 유형은 무엇일까? 그 해답은 명확하다. 넷째 유형의 '너 살고 나 살기'의 삶이 아니겠는가? 공존과 상생의 삶, 인(仁)에 의한 사랑의 삶, 전쟁이 아닌 평화의 삶이 그 해답이기 때문이다. 그 삶의 방식은 다름 아닌 너와 나 사이의 서로 주고받음(Give & Take)의 관계 속에서, 그 주고받음이 균형을 이루고, 상호간의 삶을 존중해 주는 것이다.

그 실천적 방법론은 무엇일까? 벌과 나비, 그리고 다람쥐와 열매의 상생을 생각해 보면 쉽게 이해가 될 것이다. 그들 삶의 방식이 바로 '주고받음'의 관계에 있기 때문이다. 인간 삶에 비추어 보면 상호간의 삶에 대한 사랑과 존중, 그리고 주고받음의 균형과 조화에 그 비법이 있다. 그리고 이러한 원리가 지켜지기 위해서는, 우리의 의식이 점차 더 높은 차원으로 나아가 균형을 이루고, 다시 더 고차적인 차원으로의 도약을 이룬 상태에서 또 다시 균형을 이루는 방식으로, 의식의 창조적 진화를 거듭함으로써 가능해질 수 있을 것이다. 곰곰이 생각해 보면 금방 알 일이다. 인간이 가진 가장 위대한 비장의 무기가 바로 의식이 아닌가? 그리고 이 의식은 통합성과 해체성의 두 힘에 의해 창조적 진화가 가능하다는 것을 이해하지 않았는가?

이제 의식의 해체성과 통합성의 두 힘에 기반한 의식의 창조적 진화를, 인간의 생존부등식과 연관 지어 설명해 보자. 다음의 부등식이 생존부등식을 나타낸다. 이 부등식을 인간관계로서의 '너와 나'의 관계로, 또는 주고받음의 관점으로 재음미해 볼 수 있을 것이다.

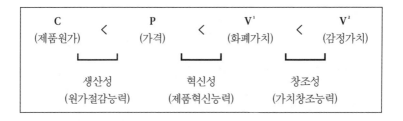

위 생존부등식은 가격 P를 중심으로 C<P와 P<V¹<V²의 두 개 부등식으로 구성되어 있다는 점에 주목해 보자. C<P는 공급자의 생존부등식이다. 공급자는 제품의 단위당 가격이 제품원가보다 클 때 즉 C<P일 때 생존가능하다. 따라서 C<P는 생산성 증대 원칙을 보여 준다. (P-C)는 공급자의 이익을 나타내며, 공급자는 그 이익의 최대화를 위해 제품을 판매한다. 그리고 P<V¹<V²는 소비자의 생존부등식으로서, 소비자도 생존하기 위해서는 P<V¹일 때 또는 P<V²일 때 그 제품을 구입한다. 따라서 소비자는 제품 구매 시마다 (V¹-P) 또는 (V²-P)만큼의 순가치를 얻는 것이다.

공급자는 (V¹-P)를 소비자에게 주고 (P-C)만큼을 받으며, 소비자는 (P-C) 만큼을 공급자에게 주고 (V¹-P)만큼을 얻는 주고받음의 관계, 즉 상생 구조가 된다. 여기서 (V¹-P)의 크기와 (P-C)의 크기 사이에서 견제와 균형을 유지하는 것이 공급자와 소비자 모두에게 만족을 주는 것임을 알 수 있다. 즉, 즉 생존부등식 전체의 만족을 가져오는 균형점인 것이다.

물론 제품의 가격보다 그 가치가 더 높다고 생각될 때 소비자는 그것을 구매하게 되는데, 그 가치에는 화폐가치, 감정가치 등이 있다. 개똥 이야기부터 해 보자. 개똥을 반겨할 사람은 없다. 그러나 "개똥도 약에 쓸려고 보면 없다"는 속담이 있다. 아무런 가치가 없는 개똥도 약으로 쓸려고 들면 화폐가치가 발생하여 비싸게 주고 사야 한다. 한편 한국 추상미술의 거장 김환기 화백의 작품 '우주'는 2019년 11월 홍콩 크리스티 경매에서 132억 원 정도에 팔렸다. 나폴레옹 황제의 '이각모자'는 2023년 11월 프랑스 경매에서 27억 원에 낙찰되었다. 이것은 화폐가치로는 따질 수 없는 감정가치와 상상가치가 따로 있다는 말이다. 그것이 바로 큰 행복감을 만들어 준다. 런던 타임즈 공모에서 행복감 1위로 선정된 '모래성을 쌓은 아이'의 행복감을 헤아릴 수 있겠는가? 필자가 고등학생 시절 소설 《데미안》으로부터 얻은 깨달음의 즐거움이 얼마나 큰 것이었는가를, 리처드 버크의 소설 《갈매기의 꿈》으로부터 얻은 '보이지 않는 세계'의 자유, 그 의지의 기쁨이 또 얼마나 가치 있는 것인가를 알아차릴 수 있겠는가? 같은 의술을 익힌 의사라 하더라도, 귀한 생명을 구하고 돌본 진정한 의사 '닥터 노만 배쑨'의 행복과, 의술을 그저 돈벌이 수단으로 사용하였을 뿐 귀한 생명을 불행에 빠뜨린 '돌팔이 의사'의 행복이, 그 차원이 같다 할 수 있겠는가?

앞서 C<P는 이른바 생산성 증대 원칙을 보여 준다는 점에 주목하자. 그러나 시간과 비용을 아껴 준다고만 믿었던 과학기술과 정보가, 원가를 계산해 보면 오히려 그 반대 효과를 가져온다면 어떻게 할 것인가? 디지털카메라를 예로 들어 보자. 출시 당시에는 우리는 엄청난 해방감을 느꼈고, 사진 찍는 작업이 엄청 쉬워질 것 같았

다. 그렇지만 99%의 쓸데없는 사진과 동영상 더미 위에 앉아서 그 것들을 분류하고 걸러 낼 시간조차 내지 못한다. 정보의 활용 측면 에서는 또 어떤가? 우리는 필요도 없는 쓰레기 정보, 가짜정보, 유해 정보의 산더미 속에서 그것을 제대로 걸러 내지도 못하고 정보좀비 처럼 사는 경우가 있지 않은가? 또 스마트폰의 앱의 경우도 늘 관련 소프트웨어를 업데이트해 줘야 하고 컴퓨터를 바꿀 때마다 모든 자료들을 힘들게 옮겨야 한다. 이것이 바로 역생산성이다. 따라서 역생산성(counterproductivity)의 함정도 제대로 파악해 봐야 한다.

(https://en.wikipedia.org/wiki/Ivan Illich(7. 7. 2017)

그리하여 역생산성의 효과까지 고려하여 어떤 행위가 정말 내 삶 의 행복을 가져다주는지 그 균형점을 찾아야 할 것이다.

다음으로 P<V^1<V^{2}는 혁신성, 창조성 증대 원칙을 말해 준다. 여기서도 주목해야 할 점이 있다. 바로 초점의 오류(focusing illusion) 다. 특정한 것을 서로 비교할 때 여러 많은 측면 중 한쪽 측면에만 초점을 맞추어 비교하게 되면 결국 한쪽 측면만 실제보다 중요한 것 으로 믿게 된다는 것을 말한다. 예를 들어 보자. 우리는 워런 버핏이 억만장자의 부자라는 점에 초점을 맞추어 그 일상의 삶이 크게 행복 할 것이라고 믿는 오류를 범하기 쉽다. 그런데 그의 삶은 평범한 서 민의 삶과 크게 다르지 않았다고 한다. 또 당신이 고급 자동차를 가 졌다면 그 자동차가 당신에게 큰 즐거움을 준다고 답할 것이다. 그 러나 그 자동차를 운전하는 것이 얼마나 행복했는가를 물으면, 꽉 막힌 길, 답답한 앞차 운전자 등 때문에 오히려 괴로움을 느꼈다고

말할 수도 있다. 따라서 행복을 얻기 위해서는 자동차라는 물질적인 것 대신 운전이라는 경험에도 관점을 둘 필요가 있게 된다. 왜냐하면 효용을 창조하는 재화(경험)에 투자하는 것이 초점의 오류를 극복하는 방법이 되기 때문이다. (롤프 도벨리, 84-87)

원리1: 행복부등식은 생존부등식과의 접목에서 나온다

원래 생존부등식은 이익 추구를 목적으로 한다. 즉 개인이건 기업이건 자기 이익을 추구하려는 욕망을 가진다는 말이다. 그러나 '함께 살자'는 상생의 원리는 시장 자본주의 체제에서는 실제적으로 적용하기 어렵다. 갖고 싶은 욕망과 더 가지려는 욕망은, '함께 살자'는 주장과 배치되기 때문이다. 그래서 기업에게는 사회적 책임이, 개인에게는 사회적 공감이 필요한 것이다. 이러한 이유로 생존부등식이 '함께 살자'는 상생의 원리를 구현해 내기 위해서는 행복부등식으로의 접목이 필요하다. 생명과 사랑처럼 '행복도 상생적인 망'이기 때문이다. 이 접목의 한 방법으로 데이비드 호킨스 박사의 '의식지도'를 원용하여 행복부등식을 도출해 볼 수 있다. 호킨스 박사가 의식수치 200을 긍정적 영향과 부정적 영향의 갈림길로 본 것처럼, 행복부등식에서도 의식수치 200을 그 기준으로 설정하여 예시적으로 표현해 보고자 한다.

		C	<	P	<	V^1	<	V^2
대수수치	75	200		310		500		600
의식 에너지	슬픔	용기		자발성		사랑		평화
감정상태	후회	긍정		낙관		존경		축복

여기서 가격, 화폐가치, 감정가치를 행복의 내용으로 치환해 보면 행복의 크기를 알 수 있다. 즉 원가보다 시장가격이 더 높을 때, 가격보다 화폐가치가 더 높을 때, 그리고 감정가치가 화폐가치를 넘어설 때 그것이 바로 너와 나의 행복의 크기가 되는 것이다. 그리고 화폐가치의 극대화, 감정가치의 극대화는 의식의 확장과 창조적 진화에 의해 가능하게 된다. 이처럼 생존부등식을 행복부등식과 접목하고, 행복요소들 각각의 균형점을 찾아야 '너 살고 나 살기' 모형에서 행복을 극대화하는 길이 될 것이다.

인간 의식의 창조적인 힘은 무한하다. 그러니 혁신성, 창조성을 극대화하도록 노력해야 한다. 가난에서 벗어나 어느 정도 재정적인 어려움이 없는 상태라면, 돈의 한계효용은 점점 줄어든다. 따라서 그때는 돈 이외의 다른 요소들이 행복에 더 중요하다. (롤프 도벨리, 94) 이것이 이른바 학자들이 말하는 '이스털린의 역설(Easterlin's paradox)'이다.

한편 돈을 주고도 얻지 못할 것들이 있다. 생명, 건강, 이타적 자존감, 정신적 행복감 등이 그것이다. 그러나 이런 경우라도 세상은 주로 2차적인 정보로 움직인다는 사실을 직시하여, 현실적이고도 실현가능한 한계치를 설정할 필요가 있다. 기대치를 높이는 것은 좋지만 비현실적인 기대나 목표는 행복을 잡아먹기 때문이다. 그리고 목표를 달성했는지의 여부가 행복과 불행을 결정하기 때문이다. 불행은 목표나 기대를 잘못 관리하기에 생겨나는 것이 아니겠는가?(롤 프 도밸리, 137, 338) 아무리 실력 있는 법률가라도 국가 경영을 잘한다는 보장은 없다. 아무리 뛰어난 부동산투기의 귀재라도 훌륭한 정치가가 될 수 있다는 보장도 없다. 친척 한 명만 찾아와도 골치가 아프다면 식당을 경영할 꿈은 아예 버리는 게 좋지 않을까?

원리2: 행복부등식에는 자기와의 협상전략이 필요하다, 기대관리를 하라

즐거운 삶은 지속적으로 잘 조정 통제되어 나갈 때만 가능한 것이기에 적당한 정도의 균형점 설정이 매우 중요하다. 행복을 위한 조화와 균형점에는 첫째, 이상과 현실 사이의 균형점이 필요할 것이다. 현실과 이상 사이에서 능력과 한계에 걸맞은 '적당한 정도'의 행복을 추구하여야 할 것이다. 둘째는, 행복은 자기의 삶에서, 자기와 상대방과의 관계에서, 그리고 함께 살아가는 인간 삶의 세상에서 자기만족을 얻는 것이다. 따라서 이 3가지 삶의 행복의 내용에 대한 각각의 조정 통제선이 필요하다.

행복은 결국 자기만족을 위한 자기와의 '협상전략'이다. "기대가 크면 실망도 크다." 기대가 크면 불행도 커진다는 말이다. 그러면 어떻게 해야 할까? 기대관리를 해야 한다. (이에 대한 구체적 내용은 제4부에 있는 '행복의 법칙과 해법'을 참조하라)

먼저, 자기의 행복을 이루는 구성요소들을 체크하고 각각에 대한 해결책을 찾아야 한다. 기본적으로 일과 건강과 경제적인 능력, 가족이나 사랑하는 사람, 그리고 환경적 요소(사회 문화 제도 등의 환경) 등 각각의 요건에서 최소한의 욕구 수준 이상은 갖춰야 한다. 생존을 위한 필요조건이기 때문이다. 다음으로는, 그 행복의 구성요소들에 대하여 자신에게 소중하다고 생각되는 우선순위를 정하고, 그 각각에 대한 기대이익의 최저점과, 적당한 정도의 균형점과, 수용 가능한 최대 한계점을 설정해야 한다. 기대손실 즉, 고통이나 불만과 같은 희생의 대가에 대해서도 그렇게 해야 한다. 즉 각각의 행복의 구성요소들에 대하여 그 균형점을 찾기 위한 '시작, 목표치, 한계선'을 잘 설정하는 것이 가장 중요하다. 자신의 한계를 모르는 사람은 만족할 줄 모르는 사람이기 때문이다. 그러므로 훌륭한 협상을 위해서는 자기 행복의 구성요소마다 시작, 목표치, 한계선의 3가지 입장을 담은 협상 봉투를 준비하라.(짐 토머스)

시작은 감당해 낼 수 있는 최소의 비용가치다. 즉 그것이 없이는 실제적으로 생존하기 어려운 최소 수준을 말한다. 장자는 이렇게 말하고 있다. "뱁새가 숲속에 둥지를 트는 데는 가지 하나만 있으면 되고, 두더지가 시내에서 물을 마시는 데는 작은 자기 배를 채울 물만

있으면 된다."^(장자, 42)

목표치는 현실적이고 합리적인 결과라고 받아들일 만한 '적당한 정도'의 수준이면 좋을 것이다. 그리고 한계선은 내가 조정 통제할 수 있는 기대수준의 최대치로 설정하면 좋다. 행복감에 대한 지나친 기대나 욕구 때문에 그 목표치나 한계선을 과도하게 높게 설정하지 않도록 유의할 필요가 있다. 불행은 기대나 욕구를 잘못 관리하기 때문에 생겨나기 때문이다.

우리는 제1부에서 인생의 일반적 행복곡선은 유명한 U자형임을 알았다. 그리고 한국인의 행복곡선은 나이 들어 감에 따라 급격하게 내려가는 형태를 띤다는 것도 알았다. 이 행복곡선도 사실은 잘못된 기대관리와 관계가 있다. 기대수준이 비현실적으로 지나치게 높거나 낮은 것은 아닌지, 능력과 한계를 고려해 봤을 때 적정한 것인지를 잘 구별해야 할 것이다. (Hannes Schwandt, 75-87) 운동 더 많이 하고, 술 덜 마시고, 담배를 끊겠다는 새해 결심의 경우는, '기억하는 자기'에 의해 거창한 포부로 기대수준을 높게 잡기 쉽기 때문에, 기대수준을 낮춰 잡을 필요가 있다. '경험하는 자기'가 정말로 실행에 옮기는 경우는 드물기 때문이다. (Janet Polivy, 80-84, 677-689)

이러한 기대관리의 지혜를, 정신분석의 세계적 권위자인 롤프 클뤼버 박사가 말하는 부모의 역할과 관련하여 설명해 보자. 성인의 정신세계를 형성하는 것은 어릴 적 부모와의 관계가 가장 중요하다. 그는 부모가 자식에게 제공해야 할 중요한 두 가지 사항을 말한다. 그 하나는 부모가 아이의 욕구를 충족시켜 줌으로써 부모에 대한 애정을 체험하게 하는 것이다. 그래야 아이가 만족을 얻고 행복한 삶을 영위할 수 있기 때문이다. 다른 하나는 부모가 안전한 한계선을 설정해 주는 것이다. 'TV 그만 보고 이제 잘 시간이다.'라고 말하는 것이 그것이다. 그렇게 하여 한계를 정해 주는 부모에 대한 미움과 반항 등도 체험하게 해야 한다는 것이다. 욕구 충족과 한계에 대한 적절한 기대관리의 지혜를 얻었는가?

2.

사고 및 행동의
6 원칙을 가져라

그러면 행복부등식을 만족하는 균형의 삶을 실현하기 위해 우리는 어떤 생각을 가져야 하며, 어떻게 행동해야 할까?

행복이란 나의 주관적인 구체적 경험인데, 하나는 기쁨(즐거움)을 얻는 것이요, 다른 하나는 의미(가치)를 얻는 것이다. 다시 말해 전자는 육체적 정신적 쾌락을 얻는 삶을 말하며, 후자는 가치 있는 삶, 훌륭한 삶을 말한다.

쾌락의 요소는 직접적인 즐거움으로써 맛있는 초코렛을 먹는 것이 그 예가 될 수 있다. 한편 의미의 요소는 어떠한 특정 경험이 주는 의미를 느끼는 것으로써 아프리카 환자를 돌보는 슈바이처 박사의 봉사활동 같은 것이 그것이다. 지금 이 책을 읽는 독자에게 그 쾌락적 요소는 와인 한잔 마시는 것보다 적을 수 있다. 그러나 그 의미적 요소는 훨씬 더 크기를 바라고 싶다. 그렇다면 행복의 이 두 요소 중 어떤 것을 선택해야 할 것인가? 선택은 나의 몫이다. 이 둘 사이의 Trade-Off(교환) 관계에서 적절한 균형을 찾아야 할 것이다. 지나친 것은 좋지 않다. 한계효용체감의 법칙이 작용하기 때문이다. 마찬가지로 이러한 Trade-Off 관계는 행복의 비용최소화 원칙과 이익극대화 원칙 사이에서도 적용되어야 한다. 양자 사이의 적절한 균형점을 찾아가는 사고와 훈련이 필요한 것이다.

우리가 하는 걱정도 따지고 보면 2가지가 있다. 조정·통제가 가능한 걱정이 있는 반면, 그렇지 못한 걱정도 있다. 그런데 걱정의 90%는 어떻게 해 볼 수 없는 그런 걱정이라고 한다. 90%는 쓸데없는 걱정이라는 것이다. (이를 '스터전의 법칙'이라고 부른다) 따라서 걱정은, 조정·통제할 수 있는 것과 그렇지 못한 것을 구분하여 관리할 필요가 있다. 우리가 바꿀 수 있는 일은 바꾸려는 용기를 가지고 바꿔야 할 것이며, 바꿀 수 없는 일은 받아들이며 관용을 베풀어야 할 것이다. 즉 우리의 사고와 행동의 내면적인 것(input)은 의식을 통하여 조절할 수 있다. 그러나 돈, 권력, 명성, 성공 등 외적으로 얻어지는 것(output)은 조절 곤란하다. 또한 사람의 외형만으로는 그 속 내용을 알지 못한다. 헤밍웨이가 사용했다는 몰스킨 수첩을 썼다고 헤밍웨이가 되는 것도 아니며, 마찬가지로 제2의 저커버그가 되고 싶은 소망으로 후드티를 입었다고 해서 저커버그가 되는 것도 아니다. 행복의 길은, 우리의 의지력으로는 어찌 할 수 없는 일에 대해서 걱정하기를 그만두는 것이다.

따라서 행복부등식을 만족하는 균형의 삶을 실현하기 위해서는 '뇌의 사고원칙'과 '몸의 행동원칙'이 필요함을 알 수 있을 것이다. 행복은 의식에 바탕을 둔 사고의 과정을 통하여 고차의 행복정보를 얻고자 하는 것이기 때문이다. 또한 행복은 행복하고 싶다고 그냥 얻어지는 것이 아니라 행동의 결과로써 느끼는 몸의 구체적 경험이기 때문이다.

생각하는 것과 행동하는 것은 세상을 이해하는 근본적으로 다른 2가지 방식이다. 윤리학 교수라고 해서 다른 사람보다 더 도덕적으로 행동하는 것은 아니다.(Eric Schwitzgebel & Joshua Rust, 롤프 도벨리) 행복을 강의하는 행복전문가라고 해서, 실제로 다른 사람보다 더 행복한 행동을 하는 것도 아니다. 에리히 프롬이 말한 바대로 사랑에 연습과 훈련이 필요한 것처럼, 행복도 연습과 훈련이 필요하다. 정보와 생명과 의식 등에 대한 이해를 바탕으로 한 정보과학적 행복에 공을 들인 필자는, 그 행복의 균형을 위한 사고의 3원칙과 그 실천을 위한 행동의 3원칙을 제시해 보고자 한다.

행복을 위한 사고의 3원칙

의식이 2차 정보에서 벗어나 다차원적이고 관통적인 상태로 확장되어 몸의 다차원적인 생명과 관통하는 가운데 이러한 행복이 가능할 것이기에 사고의 3가지 원칙이 필요하다. 이른바 CRB(의식과 인간관계와 균형) 원칙이다.

원칙1: 나는 관통적 의식(Consciousness)이라는 위대한 무기를 가진 존재임을 생각하라. 그리고 내가 그 의식을 움직이는 주인임을 생각하라.

인생에는 고난과 기쁨이 동전의 양면처럼 함께 존재하지만, 나는 고통과 부정적 감정을 극복하고, 더 고차원의 행복을 추구할 수 있는 창조적 진화의식을 가진 존재라는 것을 생각해야 한다. 스피노자도《에티카》에서 기쁨 슬픔 등 감정과 느낌은 자연의 질서에 따른 필연적인 것임을 운명으로 받아들이면서, 헌신과 희망 등 자기 보존에 도움이 되는 감정을 추구하면 인간은 모든 부정적 감정들에서 해방될 수 있다고 말한다. 즉 고통도 새로움을 만드는 긍정의 힘으로 변화되기 위해서는 깊은 의식과 의지의 힘이 필요하다. 원초적으로는 생각만으로 성적인 쾌락을 경험하는 것도 가능하지 않은가?

원칙2: 나와 상대는 하나의 관계체(Relationship)요 인격체임을 생각하라. 세상은 자기 삶을 지탱하는 토대이자 상생적인 구도임을 인정하고, 상대도 나와 마찬가지로 귀한 인격을 지닌 인격체라는 사실을 항상 명심하라.

우리는 스스로를 세상과 대립되는 고립된 존재로 생각함으로써 그 불안과 외로움을 해소하기 위해 소유하려 드는 경우가 많다. 이러한 소유 지향적 태도에서 벗어나 존재 지향적 태도를 가짐은 물론, 자신과 세상은 긴밀한 결합체라는 생각을 가질 필요가 있다. 그렇게 되면 받는자(Taker)보다는 주는자(Giver)의 입장이 된다. 그것이 행복을 가져온다는 사실을 알게 될 것이다. (프로이트) 나는 곧 우리임을 깨달아 서로를 인정하고 존중하는 것이 자기의식의 완성이다. (헤겔)

원칙3: 행복은 뇌와 몸의 정보적 균형(Balance)을 찾는 것이라 생각하라. 행복은 불행과 함께 있으며, 이고득락의 원칙으로 움직여지는 것이기에 그 균형점을 찾는 것이 중요함을 인식하라. 두 가닥 새끼줄이 같은 굵기로 꼬여야 새끼줄이 튼튼한 것처럼 인생살이도 고통과 기쁨이 서로 엮어져야 더욱 건강하고 알차게 된다. (토인비)

이에 대해서는 생존부등식, 행복부등식을 인간 삶의 원리로 삼으면 된다고 생각한다. 즐거움과 의미 중 어떤 것에 비중을 두느냐에 따라, 또 생존부등식과 행복부등식의 원리에 따른 균형점을 어디에 비중을 두고 설정하느냐에 따라 행복의 정체가 다르게 나타날 것이다.

행복을 위한 행동의 3원칙

행복을 실천하기 위한 행동의 3가지 원칙을 말한다. 이른바 DLH(행동과 사랑과 행복관리) 원칙이다.

원칙4: 이 책에서 얻은 지식과 지혜를 활용하여 행복가치를 극대화하도록 행동(Doing)하라. 행복요소들에 대한 시작, 목표치, 한계선의 3가지 기준을 설정하고 그 행복의 기술을 연습하고 훈련하라. 그것이 행복의 비결이다.

행복의 비법은 없지만 행복을 느낄 수 있는 능력을 배양하는 기술은 분명히 존재한다. 행복은 바이올린 연주나 자전거 타기와 같은 것이다. 일부러 익혀야 하는 기술이요, 연습할수록 느는 삶의 습관이다. 먼저, 자기를 진단, 평가하라. 평가에는 자신에 의한 평가와 타인에 의한 평가가 있다. 그에 근거해서 자기통제 수단으로서 의식을 활용하라. 이때 의식이 자기통제의 균형추 역할을 한다. 잘한 것은 자기에게 상을 내려라. 자기애, 자부심의 기쁨으로 다가올 것이다. 잘못한 것은 자기 스스로를 벌하라. 자기반성과 성찰의 기회가 나를 행복하게 만들 것이다. 벌의 목적도 벌주는 그 자체가 목적이 아니라 창조적 진화(자기발전)를 위한 벌이 되어야 하는 것이다. 다음으로, 내가 뇌의 대리인으로서 행동하는지 진정한 몸의 대리인으로서 행동하는지를 양자의 중간에 서서 균형감을 가지고 생각해 보라. 진정한 자기를 위한 주체인지 뇌의 부분적인 판단에 의한 착각인지를 냉정히 가려 보라는 말이다. 뇌가 시키는 대로 거짓말을 하여 일시적인 만족을 얻을 것인지, 온전한 나의 만족과 행복을 위하여 진실을 말할 것인지에 대한 대답이 그 한 예가 될 수 있다. 일시적인 만족을 얻기 위해 한 행동이 삶의 과정 내내 불안과 걱정으로 남는 경우를 경험해 본 일이 있을 것이다.

몸의 진정한 느낌과 감정을 얻는 습관과 훈련, 부정적 사고를 없애는 훈련이 필요하다. 습관과 중독은 다르다. 중독은 뭔가를 하지 않으면 견딜 수 없는 감정으로서 금단증상을 동반하지만, 습관은 자동으로 행동하도록 길들여진 단순한 반응이자 응답이다. 우리의 행동과 느낌 반응의 95%는 습관적인 것이라고 했다. 우리의 감정과 태도와 믿음도 습관적인 경향이 있다. 오른손잡이도 왼손을 자주 쓰면 왼손잡이가 될 수 있다. 또는 평소와는 반대로 신발 끈을 묶는 습관도 생각해 보자. 길들이면 변하게 된다. 이럴 경우 자신의 문제를 있는 그대로 받아들이겠다는 마음가짐이 중요할 것이다. "참 고마운 일이야, 나는 참 행복해, 못 할 것도 없지, 난 참 풍족해, 감사해"와 같은 긍정적인 문장을 혼잣말로 말하는 것, 즉 자기긍정확언(self-actualization tendency)도 중요한 훈련 방법이다. 일상생활에서 쉽게 할 수 있는 방법들은 많다. 자기 몸에 감사하기, 명상 등 마음챙김과 알아차림의 훈련, 집을 나설 때마다 현관문 앞에 써 놓은 '온화한 낯빛, 부드러운 말투' 실천하기, 자식으로서 몸이 불편한 어머니 아버지의 발 씻겨 드리기, 아침에 일어나면 문틈으로 '까꿍' 하며 인사하기 등.

원칙5: 나의 몸과 뇌에 대해서도, 상대와 세상에 대해서도 사랑(Love)으로 대접하라. 즉 베푸는 사랑과 배려의 행동을 하되, 받기가 먼저가 아니라 주기를 우선으로 하는 사랑을 실천하라.

좋은 점을 보는 것이 눈의 베풂이요, 환하게 미소 짓는 것이 얼굴의 베풂이 아닐까? 사랑의 말이 입의 베풂이요, 친절과 선을 베푸는 것이 몸의 베풂이 아닐까? 이러한 베풂이 행복을 주는 것은 분명하지 아니한가? 행복을 가져오는 사랑이란 이타적 자존감의 기쁨에서 나오고 그냥 주는 선물 같은 것이어야 할 것이다. 그러면 주고받는 모두가 행복해질 것이기 때문이다. 물론 이런 이타적 자존감의 실천과 사랑이 자신의 행복을 포기하는 사랑이 되어서는 안 될 것이다. 자기 행복을 포기한 사랑은 본인뿐만 아니라 상대에게도 만족을 주지 못하기 때문이다.

원칙6: 행복을 방해하는 위기적 정보 요소들을 파악하고 그 극복을 위한 'HRM 시스템' 즉, 전행복적 위기관리 시스템 (Happiness Risk Management System)을 가동시켜라. 마땅히 뇌와 몸의 행복에 위기가 되는 정보를 분석·판단·대응하기 위한 전체적인 행복의 위기관리 시스템을 갖춰야 한다는 말이다.

기업은 전사적으로 위험을 관리하고 내적 통제를 실행하기 위한 ERM 시스템 즉, 전사적 위험관리(Enterprise Risk Management) 시스템을 갖추고 있다. 그리고 기업은 이제 기업경영의 3대 핵심요소로 등장한 ESG(Environment, Social, Governance; 친환경 경영, 사회적 책임 경영, 투명한 지배구조) 경영도 ERM 시스템에 반영하고 있다. 개인의 행복도 마찬가지다. 종전에 '행복을 추구할 권리'에서 이제 인간은 '행복할 권리'를 가진다는 것이 개인으로나 국가적으로 중요한 문제다.

따라서 행복도 이점을 반영하여 HRM 시스템을 작동시켜야 할 것이다. 왜냐하면 행복도 전체적인 차원에서 관리하고 조절 통제해야 하는 기술이요 전략이기 때문이다.

따라서 나의 삶의 근본적 목적을 경쟁과 성공에 두고 있는 것은 아닌지, 진정한 내 삶의 목적은 무엇인지를 냉철하게 설정하고, 나의 행복을 저해하고 있는 요소가 무엇인지를 파악하여 위기관리(Risk Management) 차원에서 관리해야 할 것이다. 리스크의 대표적인 것으로는 불필요한 지나친 걱정과 고민, 스트레스 등이 될 것이다. 이들 리스크에 대하여, 리스크의 식별 → 리스크 분석 → 부정적 리스크 평가 → 리스크에 대한 대응조치 등의 순서에 따라 세분화하여 관리해야 할 것이다.

그 리스크 요인이, 선천적인 것인지 후천적인 것인지에 대한 분석은 물론, 설사 선천적인 것이라고 하더라도 자신의 훈련과 노력에 의해 창조적으로 변화될 수 있다는 것을 경험해야 할 것이다. 즉 내가 지나치게 자기주체적 삶이 아닌 타인의 평가를 의식하며 살고 있지는 않는지, 물질적 가치와 정신적 가치 중 무엇을 더 중시하는지, 나의 욕심을 키우는 요소와 성취를 가로막는 요소는 무엇인지 등을 냉철하게 판단하고 그 극복을 위한 창조적 진화의식을 실천해야 할 것이다.

행복을 위해 온 마음을 다해서 감사하고 사랑한다면, 그 갈구는 반드시 이루어질 것이다. 우주가 보존력과 팽창력의 균형 원리에 의해 움직이는 것처럼, 행복도 생명, 사랑, 정보, 의식과 마찬가지로 그 우주의 균형 원리에 의해 얻어지는 것이기 때문이다. 그리고 그것을 실현하는 주체는 바로 나이기 때문이다. 코엘류의 《연금술사》를 보자. 주인공 산티아고가 모험을 통해서 인생을 배우고 세상의 이치를 깨달은 후 그토록 찾아 헤매던 보물을 가지게 된다. 그런데 그 보물은 뜻밖에도 아주 가까운 곳에 있었다. 그가 전하려는 메시지는 분명하다.

"우리 모두 자신의 보물을 찾아 전보다 더 행복한 삶을 살아가는 것 그게 연금술인 거지. 납은 세상이 더 이상 납을 필요로 하지 않을 때까지 납의 역할을 다하고 마침내는 금으로 변하는 거야. 연금술사들이 하는 일이 바로 그거야. 지금의 우리보다 더 나아지기를 갈구할 때 우리를 둘러싼 모든 것들도 함께 나아진다는 것을 알려 주는 것이지."

행복은 정신적 습관이며 태도이기 때문에 지금 바로 배우거나 연습하지 않으면 경험할 수 없다. 또한 인생의 어떤 문제를 해결함으로써 부수적으로 얻을 수 있는 것도 아니다. 인생은 문제의 연속이기 때문이다. 행복은 그냥 얻어지는 것이 아니다. 만약 행복이 그냥 얻어지는 것이라면 아마도 평생 동안 기다려야 할 것이다. 따라서 행복은 실천하겠다는 의지와 노력으로 추구하는 것이다. 프랑수아 를로르의 소설 《꾸뻬씨의 행복여행》(한국에서는 2004년 《오래된 미래》로 출간되었으며, 영화로도 유명하다.)도 그 메시지를 전하고 있다. 게이츠 교수가 말한 심리 체조, 추억 회상 등 정신 훈련 연습, 가치 창출, 중용의 실천 등은 좋은 훈련법이다. 자, 이제 생존부등식을 행복부등식으로 재음미해 본 균형의 행복은 어떠한 삶일까? 자기적 삶(Self), 우리적 삶(Us), 그리고 인간 삶(Life)의 조화와 균형이다.

3.

자기 삶(Self)의
행복을 위한 4가지 법칙

법칙 1: 나만의 유전자를 찾아 진화하라

행복은 돌연변이에 의한 '자기'의 변화다! 무슨 말인가? 돌연변이
가 유전된다는 말이다. 따라서 나의 유전자는 나만의 것이다. 진화
는 진보가 아니라 변화를 말한다. 저마다 각자의 유전자를 가지고
있는데, 그리고 저마다 각기 다른 마음을 가지고 있는데, 어떻게 모
든 사람의 행복이 같을 수가 있겠는가? 각자 나름대로의 행복이 있
을 수밖에 없는 것이다. 누구의 행복이 더 좋고, 누구의 행복은 더
나쁜지 누가 아는가? 그래서 행복은 더 좋은 상태로의 진보가 아니
다. 자기다운 진정한 자기 행복으로 '변화하는 것'이 바로 행복이다.

말똥구리는 스스로 말똥 굴리기를 좋아할 뿐, 용이 여의주를 굴
리는 것을 부러워하지 않는다. 용 또한 말똥구리의 말똥을 비웃지
않는다. 다른 향기가 더 좋다고 나의 향기를 지우고, 다른 색깔이 더

빛난다고 나의 색깔을 없애려는 것보다 더 어리석은 행동은 없다. 매화의 향기와 색깔을 지녔다면 매화답게 살면 된다. 향기가 진한 장미도 향기가 없는 모란도 아름다운 꽃이다.(이덕무)

많은 연구에 의하면, 개인의 DNA와 유전적 특성 등 선천적 요인이 행복을 결정짓는 가장 중요한 요소가 된다는 사실을 밝히고 있다. 행복을 잘 느끼는 사람은 유전적으로 외향적인 사람이라고 한다.(서은국) 통상 사람들은 돈과 같은 외적 조건이 행복에 훨씬 큰 영향을 미친다고 평가하기 쉽다. 눈에 보이지 않은 내면적 성격보다 눈에 보이는 바깥세상의 것들로 쉽게 행복을 판단하기 쉽다는 말이다. 자동차에서 내리는 사람의 성격은 보이지 않아도, 그가 어떤 차에서 내렸는지는 바로 알 수 있다. 그렇기에 그가 행복해 보이면 고급차 때문이라고 생각하기 쉽다는 것이다.

하지만, 그가 행복한 진짜 원인은 그의 자동차인가, 아니면 그의 성격일까? 사실 그의 성격일 확률이 훨씬 높을 것이다. 대부분의 사람들이 미처 생각하지 못한 절대적인 영향 요소가 바로 개인의 유전적 성격이기 때문이다. 그런데도, 사람들은 겉으로 보이는 현상만으로 행복을 판단하기 쉽다. 물론 DNA가 행복을 완전히 결정한다는 뜻은 아니지만 개인에 따라 행복을 느끼는 차이의 약 50%가 유전과 관련이 있다는 것이 학계의 통설이다.

유전의 힘을 단적으로 보여 주는 유명한 사례로 미국 미네소타 대학의 쌍둥이 연구가 있다. 이 연구는 두 쌍둥이의 유전적 유사성이 100%에 가까웠다는 것을 보여 주고 있다.(서은국, 134-135) 유전적 힘이 이처럼 강력한데도 사람들은 보이지 않는 이런 요인을 간과하기 일쑤다. 그리고선 눈으로 보이는 외적 증상에 주목하여 그것이 행복의 원인이라고 착각하는 경우가 많다. 평소 긍정적이고 활달하기로 소문난 김 사장님의 아침인사가 그의 행복의 원인이라고 착각한다는 말이다. 김 사장님은 남한산성 새벽 등산길에서도 만나는 사람마다 "안녕하세요. 오늘도 행복한 하루 되세요."라며 아침인사를 건넨다. 그가 인사하는 모습은 행복하기에 나타내는 행복의 증상이지, 행복의 원인은 아닌 것이다. 그러면 그가 행복한 원인은 무엇일까? 그의 긍정적이고 활달한 성격 즉 외향적인 성격 때문이 아닐까? 이처럼 유전적 영향을 받는 여러 특성 중 행복과 가장 관련이 깊은 것이 '외향성'이라는 성격적 특질이다. 그리고 또 하나는, 건강과 관련된 신체의 유전적 특질이다. 그러니 그러한 특질을 찾아 올바른 방향으로 변화시키는 방법을 찾는 것이 중요하다. 그러한 유전적 특질은 변화시킬 수 있는 것이기 때문이다.

우선, 신체의 유전적 특질을 잘 파악하여 그 대책을 강구함으로써 자기 행복을 찾는 방법을 생각해 보자. 무엇일까? 단적인 한 사례를 통해 그 방법을 대신하려 한다. 의학이나 과학은, 자기 신체적 질병의 대부분이 자신이 가진 유전자에 기인한다는 사실을 잘 말해 주고 있다. 이러한 사실에 근거하여 몸의 질병을 사전에 방지한 유명한 사례가 있다. 2013년 5월 유방 절제술을 받게 된 안젤리나 졸리의 사례다. 그녀는 유방암에 걸릴 수 있는 유전자의 돌연변이를 가진 여성이었다. 유전자 검사 결과 유방암에 걸릴 수 있는 유전자를 가지고 있음이 밝혀졌다. 이 돌연변이를 가진 여성들이 유방암에 걸릴 확률이 87%라는 사실도 컴퓨터 알고리즘으로 밝혀졌다. 당시 그녀는 암에 걸리지 않은 상태였지만 그 병을 사전에 막기 위해, 양쪽 유방 절제술을 받았다. 엄청난 유방암의 공포에서 벗어나게 된 것이다.

우리 주변에서는 고혈압, 당뇨병, 고지혈증, 심장병, 위암 등 많은 현대의 병들이 급증하고 있다. 유전적 요인이 가장 크다는 사실도 잘 알고 있다. 신체의 질병을 미리 예방하기 위해 유전적 요인을 제대로 파악하고 적합한 치료와 식이요법, 운동 등으로 대처해야 할 것이다. 나의 유전자에도 당신의 유전자에도 질병의 시한폭탄이 째깍거리고 있을지 모르기 때문이다. 우리 모두 졸리와 똑같은 방식으로 건강을 되찾는 방법을 활용하지 않을 수 없다. 자기를 지키기 위해서는.

이제 다시, 성격의 특질을 변화시키는 방법을 생각해 보자. 여기서 가장 중요한 것은, 외향성을 기르거나 자기 내면의 본질을 알기 위한 '대화의 기술'이다! 내향적인 아이를 가진 부모님은 아이가 학교생활, 사회생활을 힘들어하지는 않을까, 괴롭힘을 당하거나 다른 아이를 괴롭히지는 않을까를 걱정하는 경우가 많다. 그런가 하면 사람들은 자기 내면의 근심, 걱정, 불안으로 갈등과 고통을 겪는 경우도 많다. 때문에 여기서도 아이의 내향성에 대처하는 방법, 자기내면의 세계와 대화하는 방법을 중심으로 곰곰이 생각해 보자.

우리는 아이들이 자기 마음속에 지닌 근심, 걱정을 속 후련히 털어놓을 수 있도록 말할 기회를 준 적이 있는가? 또는 자기내면의 상처와 아픔을 깊이 경청하고, 이해하고 공감하며 가슴깊은 사랑으로 보듬어 안아 본 적이 있는가? 부모는 아이가 학교에 다니기 전까지는 '보육자'로서의 역할을 다해야 하며, 학교에 들어가면 '격려자'로서, 그리고 청소년기가 되면 '상담자'로서의 역할로 바뀌어야 할 것이다. 부모라면 아이의 말을 적극적으로 경청하고 아이가 표현하지 않는 감정과 의도까지 파악해야 한다. 자기내면의 고통과 불안이 있는 경우라면, 자기내면의 비밀을 솔직하고 허심탄회하게 드러낼 마음의 준비를 갖춰야 한다. 그런데도 아이에게도, 자기내면과의 대화에서도, "안 돼!"라고 말하며 화 부리거나 꾸중만 해오지 않았는가? "그래, 그렇구나! 네 말을 들어 보자"하면서 경청의 자세를 취해 봤는가? 그래서 이제는 "왜 그랬어?", "내말을 들어!" 하는 방식이 아니라 "무엇을 원하니?", "다른 좋은 방법은 무엇일까?" 하는 방식으로 변화시키는 것이 중요하다. "왜 그랬어?"라며 비판하거나 야단치는 경우 자신의 내면의 본질을 감추고 변명의 구실을 찾게 만들 것이다. 그러나 '무엇을 원하니?'라고 물으면 자기가 한 행동의 본질적인 의도를 깨닫고, 자기만족을 찾을 수 있는 긍정적 방법을 찾게 도와줄 것이다. 이 질문 하나만으로 아이는 부모가 자신을 믿고 있다는 것을 확신하게 된다. 대화를 이끌 때는 비판이나 지적 없는 '피드백 기술'이 필요하다는 말이다. 그 기술의 활용법을 단계별로 얘기해 보자.

① 아이가 마음의 안정이 깨져 화내거나 불안해할 때 "왜 그랬어?

왜 그런 짓을 하는 거야!"라며 야단치거나 따져서는 안 된다. 말을 가로막지 말고, 충분히 속마음을 털어놓도록 침묵을 지키며 경청하는 것이 중요하다.

② 부모의 생각만으로 판단하거나 비난하지 말고, "음, 그래서 화가 났구나!", "속상했어? 정말?" 하며 아이의 말에 맞장구를 치며 공감해 준다. 있는 그대로의 아이 행동을 이해해 준다는 말이다.

③ "그런 일로 네가 화를 내서 엄마는 많이 놀랐어!", "그렇게 하면 결국 다른 사람도 속상하지 않을까?" 이런 방식으로 제안할 사항과 함께 그것이 미친 영향을 말하거나 질문한다.

④ "무엇을 원하니? 네 생각은 무엇이니? 화났을 때 물건 던지지 않고 다른 방법은 없을까? 엄마와 함께 생각해 볼까?" 이런 방식으로 바람이나 기대를 이야기하거나 만족할 만한 대안을 찾아보도록 한다.

여기서 위의 각 단계별로 대부분의 사람들은 어떻게 하고 있는지를 한번 생각해 보자. 대부분 반대로 하고 있는 것은 아닌지를.

먼저 ①과 관련하여 보자. 어른들은 순수한 아이들의 생각이나 창의력을 차단하고, 말문을 닫게 하고 마음을 닫게 하기 일쑤다. "성격은 바꿀 수 있다!"는 생각으로 참고 기다리며 사랑으로 보살피기보다는, 엄마 기준으로 교육 먼저 하려고 들며 화 내는 경우가 많다. 만약 부모가 아이를 대신하여 다른 사람에게 "우리 아이가 낯을 가려서 그래요", "엄마가 소극적이어서 아이도 그런가 봐요." 이렇게 말하는 것은 아이 스스로 자신이 내향적이라고 인식하게 만들고, 실제로 아이의 신체 능력을 떨어지게 만드는 요인이 된다.

②와 관련하여, 아이에 대해서나 자기내면의 문제에 대해서나, 그것을 탓하거나 비난하지 말고 아이가 그런 행동을 하게 된 상황 그 자체를 인정하고 공감해 주는 것이 정말 중요하다. 그리고 실패하지 않는 사람이 어디 있느냐며, 실패를 통해 성공도 오는 것이라며 위로하며 격려해 주어야 한다. 부모의 생각대로 행동하지 않는다고 화 내서는 안 된다. 부모가 비슷한 상황에서 잘못했던 경험을 이야기해 주거나 용기를 북돋아 주는 말을 해 주는 것도 큰 힘이 될 수 있다. 그리고 아이의 자존감을 높이기 위해서는 구체적 근거를 가지고 칭찬하라.

③과 관련하여, 새로운 환경에 점진적으로 접근하는 적응력을 키워 주어야 한다! 성인과 마찬가지로, 아이에게도 아이가 받아들일 수 있는 상황과 받아들일 수 없는 상황이 있게 마련이다. 받아들일 수 있는 쉬운 상황부터 접근하여 점차 더 큰 상황에도 적응할 수 있도록 도와야 한다. 쉬운 질문에 대답하기, 새로운 친구에게 인사하기 등 쉽게 접근할 수 있는 상황부터 적응하도록 이끌어 주는 것이 좋을 것이다. 없는 점 찾지 말고 있는 점 알아주며 공감하는 방법이다. 이때 무엇보다 아이가 자신감을 잃지 않도록 돕는 일이 중요하다.

④와 관련하여, 버릇 있게 키우는 것이 중요하다. 지나치게 자기애를 강조하여 이기적 자존심만을 부추기지 말고 이타적 자존감을 키워 주어야 한다! 부모는 아이에게 "네가 제일 소중해!", "너는 정말

특별해!"라는 방식으로 대접하기 일쑤다. 그것이 자식을 최대로 사랑하는 것이라고 여기는 경우가 너무도 많다. 하지만, 아니다. 이런 아이는 학교에서나 직장에서나 자기가 하고 싶은 대로 하려는 경향을 보인다. 그런 반응이 나타나는 것은 자기애적 성격장애의 전 단계일 경우가 많다. 내가 너무 중요하고 귀한 사람이라서 타인이 나를 그렇게 대접해야 한다고 생각하기 쉽다. 해서는 안 될 행동을 했을 때는 "안 된다"고 말해 줘야 한다. 자기의 사랑도 마찬가지다. 사랑과 엄격함의 균형이 필요하다는 말이다. 내 마음대로만 해서는 안 된다는 것, 내가 대장이 아니라는 것을 가정에서부터 경험하게 해 주는 것이 중요하다.

이상에서 자녀와 또는 자기내면과 말을 걸어 그 속에 품고 있는 불안이나 고통을 털어 버리는 방법을 살펴보았다. 이런 방법들은 자기가 부모의 입장일 때도, 또는 자녀의 입장일 때도 똑같이 적용된다 할 것이다. 이러한 이치를 잘 깨닫게 해 주는 유명한 글이 하나 있다. 리더스 다이제스트지에 실린 유명 작가의 글, 거의 모든 외국어로 번역·출판되었고 많은 프로그램에서 방송되기도 한 글이다. 무엇일까? 리빙스턴 라니드의 〈아버지는 잊어버린다〉란 글이다. (데일 카네기, 인간관계론, 49-52 참조) 부모와 자식 간에 서로의 자기를 이해하고 용서하는 비법을 가르쳐 주기에 충분하고도 남음이 있는 글, 내가 몸을 대할 때도 내가 먼저 몸의 소리를 듣고 경청해야 한다는 이치를 잘 깨닫게 해 주는 글이다. 그러기에 부모님과 자식들이 함께 필독해야 할 글이다.

이 글은 부모와 자식 간에 충돌이 발생하여, "내가 이기나, 네가 이기나 어디 한번 두고 보자!" 하며 서로 싸울 때, 서로가 승자가 되는 양승법, 무패법의 해결책을 제시해 준다. 엄마 아빠도 잘못할 때가 있음을 스스로 인정하고, "엄마 아빠가 미안해!" 하며 자녀의 이야기를 제대로 들어주기만 해도, 자녀는 속 후련해하며, 엄마 아빠의 귀에 대고 "아빠, 엄마! 나 아빠 엄마 사랑해!" 하는 귀엣말로 부모를 감동시킨다. 이보다 더 큰 삶의 즐거움이 어디에 있겠는가! 감히 단언한다. 이러한 이치는, 뇌 의식이 몸의 의식으로 내려와 하나되는 길이 무엇인지, 그리고 진실된 이해와 공감으로 얻는 참 행복의 비결이 무엇인지를 깨닫게 해 주는 시금석이 되어 줄 것이다.

법칙 2: 뇌와 몸이 케미가 맞는 참 행복을 찾아라

사람이 사랑하는 방식에는 두 가지가 있다. 머리로 사랑하는 것과 가슴으로 사랑하는 것이다. 소위 '이성'과 '열정'의 차이라는 것이다. 따라서 냉정과 열정 사이에서 균형을 잘 잡아야 한다. 가슴으로 사랑하는 방식을 우리는 흔히 '반했다'고 말하는데, 거기에는 이유가 없다. 반하는 데는 원래 이유가 없기 때문이다. 우리는 아름다운 자연에 반하고, 맘에 드는 이성과 친구에 반하고, 문학과 꿈에 반할 때가 있다. 열정으로 감성에 흠뻑 젖어 행복해 보고 싶어 한다. 특히 청소년기에는 더욱 그렇다. 하지만 그만큼 냉정한 머리로 생각하는 습관도 가져야 한다. 행복은 불행으로 기울지 않도록 관리해야 하는 기술이기 때문이다. 열정만으로 배우자를 선택할 수만은 없지 아니한가? 이것을 우리는 사랑의 장난이라고 하지 않는가?

자기의 행복은 뇌에서 의식하는 뇌의 행복이 있고, 몸이 인지하고 느끼는 몸의 행복이 있다. 그리고 각성하는 자기의 행복이 있다. 뇌 안에는 많은 신경전달물질이 있다. 그중에서도 도파민(Dopamine), 아세틸콜린(Acetylcholine), 가바(GABA), 세로토닌(Serotonin)의 네 가지가 핵심이다. 이 화학물질들은 뇌에서 분비되는 단순한 물질들이지만 사람을 행복하게 하거나 불행하게 만들기도 하고 긴장하게 하거나 느슨하게 만들기도 한다. 우리가 기분 좋고 건강한 것은 뇌의 균형이 잡혀 있기 때문이다. 뇌의 균형은 이 네 가지 신경전달물질이 제대로 적당한 시기에 분비될 때 이루어지며, 그렇지 못할 때는 각종 질병에 시달리게 된다.

뇌와 몸 중 어느 하나가 지배하는 행복이 아니라 뇌와 몸이 하나 되어 균형을 이루는 행복이 바람직한 행복임은 물론이다. 뇌와 몸이 각각 부분적으로 최적인 상태를 넘어 생명체 전체로서 최적의 상태가 되는 그런 행복을 말한다. 그런 행복은 뇌와 몸이 각각 서로 얼마큼씩의 희생과 가치를 주고받느냐에 대한 균형점을 찾아가는 행복이다. 그 최대가치를 얻을 수 있는 균형점을 찾아갈 수 있도록 관리해야 한다. 행복도 씨앗을 뿌려야만 많은 열매를 맺는 법이기에 많은 행복을 얻기 위해서는 반드시 많은 노력과 훈련이 필요하다.

뇌와 몸은 서로 도와 조화와 균형의 관계를 유지하는 방식으로 작동한다. 인류가 추구하는 자유, 평화, 평등은 원래적으로 몸안에 다 있었다. 그런데 뇌와 세상이 2차 정보 중심으로 등급의 법, 선악의 법을 만들어 몸을 지배하면서 몸의 자유, 평화, 평등이 깨어지고 만 것이다. 이성을 만날 때도 몸과 마음이 잘 맞아야 한다. 즉 케미가 맞아야 한다. 그래야 배우자 선택에도 만족이 있고, 부부 생활도 행복하다. 그런데 케미가 맞지 않아 고민과 갈등을 겪게 된다.

법칙 3: '자기'를 진화시켜라

먼저 자기 성찰로 행복을 이루는 방법에 대해 이야기해 보자. 인간은 자기를 형성하고 산다. 자기를 이루는 신체적인 자기, 정신적인 자기, 신경적인 자기는 상호 정보 교류를 통하여 전체적인 하나의 자기와 비자기의 정보망을 형성한다. 자기 형성에 뇌가 중요한 역할을 하지만 일차적인 경험은 몸이 먼저 한다. 뇌와 소화기와 장, 그리고 피부가 다 같이 자기 형성에 매우 중요한 역할을 한다는 것을 알았다. 그래서 장을 제2의 뇌라고 하며, 피부를 제3의 뇌라고 한다. 뇌와 피부는 외부와 관계하는 자기, 즉 겉의 자기 형성에 중요하며, 장은 몸의 내부와 관계하는 자기, 즉 속의 자기 형성에 중요하다.

자기는 대상을 통해 인식된다고 했다. 자기를 비추는 '거울'을 통해 자기를 인식한다는 의미이다. 이 책의 서두에서 '자기'도 실체로서의 자기, 자기가 본 자기, 타인이 본 자기가 있음을 보았다. 필자는 '내가 생각하는' 나와 '거울에 비춰본' 내가 많이 다르다는 것을 경험한 적이 있다. 또한 내가 생각하는 나와 '남들이 생각하는 나'가 무척 다르다는 것을 느낀 적도 많다. 그리고 학교시절 MBTI(Myers-Briggs Type Indicator) 검사 결과를 보고서도 그것이 '내가 생각하는 나'와 너무도 많은 차이가 있음에 놀란 적이 있다. 독자 여러분도 그런 경험을 가지고 있을 것이다.

따라서 자기가 생각하는 자기와 남이 생각하는 자기에 대한 냉철한 성찰이 필요하다. 자기의 정체성과 인격성이 무엇인지, 자기가 이기적 자존감이 강한 사람인지 이타적 자존감이 강한 사람인지, 자기가 강자에게 당당하고 관대하면서도 약자에게는 비열하고 오만한 것은 아닌지, 자기에게 정의가 우선인지 자기이익이 우선인지 등에 대한 진지한 성찰이 필요하다는 말이다. 자기가 평가하는 자기와 남이 평가하는 자기가 다르기 때문이며, 이것이 세상에서 인간관계를 맺어 가며 사는 자기의 행복에 큰 영향을 미치기 때문이다.

먼저, 자기에게 건강, 일, 경제력, 사람, 사회문화적 여건 등 소위 행복에 필요한 5가지의 구성요소를 제대로 갖추고 있는지, 그러한 요건들 중 행복을 저해하는 요소가 무엇인지를 냉철하게 생각해 볼 일이다. 건강을 소홀히 하고 있는 것은 없는지, 몸을 돌보는 정성과 노력이 부족하여 불안과 스트레스를 받고 있는 것은 아닌지, 내가 하고 싶은 일을 찾거나 만들어서 하고 있는지, 일자리가 없어 고민과 걱정만으로 시간을 보내고 있지는 않은지, 나의 가족과 친구와 스승과 멘토 등 인간관계적인 요소는 갖추어져 있는지, 내가 사는 문화에서 내가 행복을 느끼고 있는지 아니면 그것을 방해하고 있는 요인은 무엇인지 등을 좀 더 구체적으로 살펴보자는 것이다. 그것도 신체적인 자기, 정신적인 자기, 그리고 전체적인 인격적인 자기 등 여러 가지 차원에서. 내가 알고 있는 자기와 남이 알고 있는 자기까지를 포함해서. 이런 생각을 해보는 것은 자기관리에 중요한 일일 것이다. 예를 들어 김대중 대통령은 감옥에 있을 때 독서했던 것이 인생 최고의 자산이요 소득이었다고 말한 적이 있다. 어떤 친구는 국가나 사회에서 제공하는 무료 실험실습 기회나 저비용의 일자리 교육에 참여한 후 일자리를 얻어 큰 기쁨과 보람을 느끼며 일하고 있다. 또 어떤 친구들은 그토록 하고 싶었던 예술 활동이나 사진 찍기, 자전거 타기, 탁구 등을 동호회나 문화체육센터에 참여하여 마음껏 즐기고 있다. 우울증에 걸렸던 친구나 친구의 부인은 수영, 요가, 등산 등으로 더 청춘스럽게 살고 있다. 아인슈타인과 칸트는 연구실과 자기 집만 왔다 갔다 하며 일에 몰두했던 사람으로 유명하다.

행복과의 관계에 있어, '경험하는 자기'와 '기억하는 자기', 그리고 '각성하는 자기' 등 각기 다른 자기가 작용한다는 것을 아는 것도 매우 중요하다. 행복해지기 위한 방법 중 빠지지 않고 등장하는 것 하나가 바로 운동이다. 도움 되는 운동을 하겠다고 판단하고 계획을 세우는 것은 '기억하는 자기'가 한다. 우리가 하는 대부분의 판단과 결정은 기억하는 자기가 한다고 했다. 그러나 작심삼일에 그치기 일쑤다. 그것을 실행하는 것은 '경험하는 자기'가 한다. 실제로 자신감과 행복감을 느끼게 하는 것은 경험하는 자기라는 말이다. 기억하는 자기가 행복의 목표나 계획도 마련하는 것이기에 그에게 감사해야 한다. 그렇지만 기억하는 자기는 기대나 이상에 의존하기에 가상의 것일 수 있다는 사실을 알아야 한다. 만약 실제의 현실이 기대나 이상과 괴리가 생길 때 실망과 불만족은 커지게 마련이다. 행복은 자기만족인데 그 자기만족이 줄어들게 되는 것이다. 따라서 경험하는 자기와 기억하는 자기 사이에도 지나치게 한쪽으로 치우치지 않고 조화롭게 작동할 수 있도록 해야 한다. 기억하는 자기에 의해, 자기 만족을 위한 행복의 실행계획을 마련하되, 그 계획은 비현실적인 기대나 이상이 아닌 현실적인 것으로 준비할 필요가 있다. 먹는 맛의 즐거움을 찾는 활동, 등산이나 산책 골프 탁구 등 운동이나 취미 활동, 독서나 여행이나 시서화 등 문화 예술 활동, 사회 봉사활동 등 자기에 적합한 행복의 도구들을 실행할 계획을 만들어, 반드시 경험하는 자기를 통해 이를 실천하도록 할 필요가 있는 것이다.

그리고 앞서 본 의식의 창조적 확장과 고차 수준으로의 진화를 통하여, 자기도 본래적인 작은 자기에서 더 큰 자기로 변화될 수 있음을 알아야 한다. 이른바 각성하는 자기, 깨달음의 자기를 형성하는 것이다. 일상의 이분법적인 고정관념에서 벗어나 자기가 새롭게 태어남을 의미한다. 꽉 막힌 자기의식에서 벗어나 탁 트인 우주 의식, 양자적 의식, 초이분법적인 의식의 세계로 들어갈 수도 있다. 관통적 의식을 통하여 직관과 통찰이 생기고 초월감을 얻기도 한다. 도(道)와 무아(無我)의 경지, 삼매(三昧)와 해탈(解脫)의 경지와 같은 것이다. 의식의 해체적 진화에 의한 '새로운 자기'다. 따라서 나의 '자기'는 무엇인지를 알아차리는 것이 중요하며, 그 자기의 정체성과 인격성을 지키는 것 또한 중요하다.

법칙 4: 비자기를 극복하라

이제 자기를 비자기와 관련지어 논의해 보자. 면역 세포들이 비자기를 인식하면 면역반응을 일으켜 인체를 방어한다. 그러나 면역적으로 자기가 비자기를 제대로 인식하지 못할 때는 면역결핍질환을, 자기를 비자기로 인식하면 자가면역질환을 일으킨다고 한다. 그리고 비자기에 대해 과도한 면역반응을 일으켜 정상조직까지 손상시키는 경우에는 알레르기 반응이 일어난다. 심리적으로 비자기에 대해 예민하게 반응하게 되면 그로부터 문제가 발생하게 되는 것이다. 이런 비자기를 극복하고 정상적인 상태로 회복하는 것이 바로 안녕감, 안전감의 행복을 얻는 것이라고 했다.

먼저, 자기가 비자기에 대해 너무 예민하게 반응하는 경우 문제가 된다. 자기가, 별것 아닌 것에도 지나치게 두려움과 불안을 느끼는 불안장애와 공황장애, 남을 과도하게 의심하고 피하는 피해의식이나 망상, 청결하지 못한 것을 참지 못하는 청소에 대한 결벽증이나 지나치게 세균을 두려워하여 손을 자주 씻거나 소독하는 결벽증을 보이는 행동을 하는 경우 등이다. 무해한 정상적인 자극에 대해

면역계가 비자기로 반응하는 경우이다. 이럴 때 생명체는 오히려 과잉방어 때문에 점점 약해져서 병이 들게 된다. 이런 경우는 무해한 비자기를 수용하지 못하는 경우이기 때문에 비자기를 수용하는 훈련이 필요하다. 심리적인 안정감과 수용, 용서, 특히 사랑의 실천 경험이 중요하다.

다음으로, 자기를 비자기로 인식하는 경우, 더 심각한 문제가 된다. 면역적으로 자기를 비자기로 공격하는 것이다. 면역 세포가 세균이나 독소 등의 항원을 만나면 사이토카인(cotykine)이라는 다목적적이고 복합적인 신호전달 단백질 물질을 분비하여 다른 면역 세포들에게 정보를 전달한다. 이 사이토카인이 외부물질을 공격하는 것이 아니라 때로 내부의 자기세포를 공격하는 것을 자가면역(autoimmune)이라 한다. 그래서 자가면역으로 인한 질환을 자가면역 질환이라 부른다. 이런 면역계 질환은 장에서 시작된다.

최근 질병의 원인이 잘 밝혀지지 않은 대부분의 병을 자가면역질환의 범주로 본다. 관절염, 퇴행성 질환, 심장질환, 암, 알츠하이머 치매, 파킨슨 질환, 자폐질환, 우울증, 조현병 등. 이를 심리적으로 보면 자기를 미워하고 학대하는 그런 반응이다. 그리고 분노가 밖으로 나가지 못해서 과잉적으로 자기를 공격하게 되는 것이다. 이를 치료하기 위해 여러 가지 약물을 동원하기도 하지만 그 치료반응이 뚜렷하지 않다.

이처럼 정신적 자기, 신경적 자기, 신체적 자기는 연속체를 이룬다. 그리고 상호 정보를 교류하여 전체적인 하나의 자기와 비자기의 정보망을 형성한다. 면역계의 자기도 정신, 신경망, 신체를 관통한다고 볼 수 있다. 이 관통적 면역계가 정신과 신체의 대부분의 질환을 발생시키는 데 중요한 역할을 한다는 것을 알았다. 1998년 미국 듀크 대학병원의 두 의사(해롤드 쾨니히와 데이비드 라슨)의 실험 결과, 매일 감사하며 사는 사람은 그렇지 않은 사람보다 평균 7년을 더 오래 산다는 사실을 밝혀냈다. 존 헨리 박사도 "감사는 만병통치약이다"고 했다. 1분간만 웃고 감사하면 24시간의 면역체계가 생기고, 1분간 화를 내면 6시간의 면역체계가 떨어진다고 한다.

이제 비자기를 극복하여 균형의 행복을 이루는 비법을 이야기할 차례다. 뇌의 기준으로 판단하고 비판하는 데서 벗어나 몸의 의식으로 내려가 진정으로 몸에게 깊은 사랑의 정서와 느낌을 전하며 하나가 되는 것이 진정한 행복의 길이라고 얘기했다. 그런데 그런 과정에서 어려움에 봉착하기도 한다. 이미 우리 몸에 있던 반생명과 반자기의 정보들이 저항하기 때문이다. "사랑은 무슨 사랑이냐"며 반생명이 거세게 저항한다. 그리고 "넌 안 돼", "넌 할 수 없어" 하며 반자기가 저항한다. 이미 생명이 살아오면서 생명으로 사랑받지 못한 부정적인 정서와 느낌의 기억들이 강하게 자리 잡고 있는 것이다. 즉 부정적인 정서와 느낌의 기억들이 생명을 장벽에 가둬놓고 몸에 강하게 버티고 있기 때문이다. 보통 이를 잘 알아차리지 못한다. 자동으로 반응하는 무의식적인 것이기에 그렇다. 버림 받고 두려운 아픔의 손상정보가 올라오면 우리는 자동으로 가상의 정보로 이를 방어하는 데 익숙하기 때문이다. 그래서 몸의 고차 정보가 저차 정보로 이행하게 되는 데도 잘 의식하지 못하는 것이다.

아픔은 가상이 아닌 실제다. 어떤 실체가 가상의 것인지 실재하는 것인지를 어떻게 알 수 있을까? "고통을 느낄 수 있는가?"를 질문해 보면 안다. (유발 하라리, 246) 고통을 느낀다는 것은 그것이 가상이 아니라 실제적인 것이기 때문이다. 반생명과 반자기를 극복하는 길은 그 아픔을 직면하여 그 부정적인 정서와 기억의 장벽을 해체할 수 있도록 자기의 몸과 대화하는 것이다. 그러기 위해서는 머리만이 아니라 몸속에 있는 부정적인 반생명과 반자기의 정보를 직면하여 이해하고 수용하고 공감하는 인격적 만남이 필요하다. 반생명과 반자기를 비이성적이고 비윤리적이라고 심리적으로 미워하고 부끄러워하고 학대할 것이 아니라, 인간이기에 가지게 되는 성질의 것이라고 받아들이며, 인격적으로 맞이하여 이해해 주고 공감해 주어야 한다. 그렇게 하는 것만으로도 많이 풀리게 된다. 그리고는 그 속에 긍정의 정보와 정서를 심는 것이다. 이런 방식으로 사랑으로 생명을 돌보는 작업을 계속할 때 나의 몸은 언젠가는 좋은 느낌과 정서의 변화를 경험하게 할 것이다.

이처럼 아픔과 스트레스는 힘들기는 하지만 정보를 뇌의 가상에서 벗어나 몸의 순수하고도 실제적인 고차 정보로 정화하는 중요한 길이기도 하다. 자신이 생명에게 진실된 사랑과 용서의 소리를 전하는 길이기 때문이다. 진실된 사랑과 용서는 가상이라도 진실이 된다. 순수하고도 실제적인 고통에서 비롯된 것이기 때문이다. 하이데거도 불안과 두려움이라는 정서를 통해 존재를 순수하게 만날 수 있다고 했다.

　이를 실행하여 몸의 사랑과 행복을 회복하는 방법은 여러 가지가 있을 수 있다. 먼저, 방금 살펴본 내용을 스스로 반복해서 익숙해지도록 하는 방법이다. 또한 먼저 경험한 사람의 도움을 받는 방법도 있다.《카네기 행복론》은 대부분 이러한 여러 실제적 사례들을 내용으로 하고 있음을 본다. 또 이와 유사한 다른 방법으로, 이른바 '정화법'이 있다. 이것은 세계적으로 권위 있는 보스턴 의료원의 응용 심리학 강좌에서 사용하고 있는 방법이다.

　우리는 깊은 고민이나 신경성 우울증에 시달리는 경우가 많다. 이것은 몸의 부정적 감정이다. 이를 극복하는 최고의 방법은 무엇일까? 그 부정적 감정을 믿을 수 있는 사람에게 속 후련히 털어놓음으로써 마음속에서 떨쳐 버리는 것이다. 자기의 고민을 있는 그대로 경청하고 이해해 주며, 마음으로 공감해 주는 신뢰할 수 있는 사람을 찾아 그렇게 하면 된다. 그러면 기적이 일어난다. 왜 그럴까? 아더 게이츠 박사가 그 답을 말해주고 있다. 그 답을 들어 보자.(데일 카네기, 인간관계론, 275)

　"모든 사람들의 소원을 동정심을 가지고 이해하라. 어린이는 동정을 많이 받기 위하여 자신의 상처를 보여 주고 싶어 한다. 이와 마찬가지로 어른들도 상처를 남에게 보여 주고 싶어 하며, 사고나 병에 걸려 수술을 받았던 일들을 상세하게 다 이야기하고 싶어 한다. 어떤 상황에서든 불행에 대한 '자기 연민'은 모든 인간이 느끼는 감정이다."

어떤 사람이 자기 방식대로 생각하고 행동하는 데에는 나름대로 이유가 있다. 그것을 비난하거나 꾸짖지 말라. 동정을 받고자 하는 그 이유를 먼저 들어 보라. 그러면 그의 행동, 아니 그의 인간성까지도 공감할 수 있는 열쇠를 얻게 될 것이다. 그러한 공감으로 안아 주고 답해 주면 기적이 일어난다.

내 주위에는 직장에 다니면서도 너무 완벽주의자여서 항상 잘 해야 한다는 강박감과 우울증에 시달린 여성이 있었다. 그러한 스트레스와 우울증을 이겨 내지 못했을 때 믿고 의지할 수 있는 전문 의사 선생님을 찾았다. 베토벤이나 에디슨에게는 어머니가 그런 사람이었다. 초베스트셀러가 된 《오체불만족(五體不滿足)》의 저자 오토다케에게도 그런 어머니가 있었다. 그녀는 양 팔다리가 없다시피한 선천성 장애우 아들을 어디든 데리고 다니며 떳떳하게 오직 하나뿐인 귀한 존재라며 깊은 자존감과 강인함을 심어 준 그런 어머니였다. 헬렌켈러에게는 친구가 되어 준 선생님이 있었다. 항상 그녀의 눈높이에 맞게 들어 주며 지도한 설리번 선생님이다. 그녀는 기적이 일어나 사흘만 볼 수 있다면 가장 먼저 설리번 선생임을 오랫동안 바라보고 싶다고 했다. 서강대학교의 장영희 교수에게도 친구가 되어 준 사람이 있었다. 그녀의 아버지였다. 이와 마찬가지로 마음속의 깊은 고민을 털어놓을 수 있는 누나나 친구, 친척 등도 좋은 상담자가 될 수 있을 것이다. 헤르만 헤세의 소설 《데미안》에서 보듯 싱클레어 앞에 나타난 친구 데미안, 그리고 자신이 믿고 의지할 수 있는 교수나 성직자 등도 훌륭한 멘토가 될 수 있다.

이와 관련하여 놀랍고도 중요한 사실이 있다. 인간은 정신적인 작업만으로는 피곤을 느끼지 않는다는 것이다. 즉 뇌는 사실 전혀 피로를 모른다는 것이다. 영국의 유명한 정신의학자 J.A. 하드필드도, 미국의 저명한 정신의학자 A.A. 브릴 박사도 말한다. 피로는 신경성 긴장 때문에 온다는 것이다.(데일 카네기, 322-323) 따라서 항상 근육의 긴장을 풀어 주는 일로부터 시작하고, 신경의 피로를 풀기위해 휴식이 필요하다. 휴식이 좋은 약이다.

대부분 인간은 2차적인 정보로 인간의 감정이나 경제, 기후와 지진 등 4차원 이상의 정보를 이해하고 판단하려고 한다. 인간은 구조적 본질적으로 4차원 이상의 정보를 통제하기 어려운데도 말이다. 여기서 다시 행복부등식을 떠올려 보자. 비자기에 의한 희생의 크기와 아픔의 크기, 그리고 자기를 건강하고 안전하게 지키는 가치의 크기 사이에서 가장 최적의 균형점을 찾을 수 있도록 관리해야 할 필요가 있다. 비자기와 반생명의 정보도 인간이 마음대로 피하거나 폭파시킬 수 없는 극복해야 할 과제이기에 그렇다. 양자적 속성과 관통성을 지닌 의식의 확장을 통해 그 균형점을 찾는 것이 이러한 문제들의 해결책이다.

4.

우리 삶(Us)의
행복을 위한 3가지 법칙

법칙 1: 긍정적 관계체를 만들어라

강아지들도 새들도 집밖에 나가면 같은 종에 대해 친구로 대할 것인지 적대적으로 대할 것인지를 가린다. 바로 꼬리를 치거나 지저귀면서 좋아하거나, 아니면 짖어 대고 싸운다. 그러나 인간은 목적을 가지고 삶을 살아간다. 인간은 그 목적을 추구하는 과정에서 관계를 형성하여 인간관계를 맺고 사회활동을 해 나가는 사회성을 지닌다.

인간은 관계를 맺고 살아간다. 그리고 그 관계로부터 얻는 삶이 행복해야 한다. "선비는 자신을 알아주는 사람을 위해서 죽고, 여자는 자신을 기쁘게 해 주는 사람을 위해 화장을 한다." 중국 사마천의 《사기》에 나오는 말이다. 인간관계의 핵심을 찌르는 말이 아닐 수 없다. 인간관계란 알고 알아주는 것으로만 끝나서는 안 된다.

알고 알아주었으면 그 사람을 우대하고 인격적으로 대접할 줄 알아야 한다.

나너의 관계에 있어서, 상대를 나와 같은 인격으로 대하는 관계도 있고, 마치 나의 목적 달성을 위한 수단으로 대하는 관계도 있다. 따라서 행복을 위해서는 타인을 비인격적으로 대해서는 안 된다. 타인을 소 닭 보듯 바라보는 사람에게 친구나 애인이 생길 리 없다. 그래서는 행복을 얻을 수 없다. 고립과 외로움만 있을 뿐이다. 나와 너는 모두 관계를 형성하고 살아가는 관계체이며, 그 관계의 행복이 중요하다는 점을 인정하고 사랑으로 대해야 한다. 따라서 사랑의 실천을 통한 건강한 관계성의 회복과 인격적 존중이 필요하다. 그리고 그 관계성, 인격성을 위한 행복 간의 희생과 가치에 대한 균형이 중요하다. 성공을 거둔 사람들에 대한 많은 조사 연구 결과, 성공의 85% 정도는 인간관계에 달려 있으며, 나머지 15% 정도는 자신의 기술 지식 등에 기인한다는 것을 보여 주고 있다. 그만큼 행복에 있어 인간관계가 중요하다는 말이다.

건강한 관계성을 회복하기 위해서는 먼저 인격적으로 대해 주면 반드시 인격적인 대우를 받게 된다는 원리에 따라 행동하는 것이 가장 중요하다고 생각된다. 우리 모두는 노동자이건 사무원이건 혹은 왕관을 쓴 임금이든 자신을 존경하는 사람을 좋아하기 마련이다. 내가 그들을 보고 미소 지으면, 그들도 나를 보고 미소 지을 것이다. 미소 이야기 잠깐 해 보자. 미소 짓는 방법은 2가지가 있다. 하나는 즐겁고 행복하기에 미소를 짓는 것이요, 다른 하나는 의식적으로 억지로라도 미소를 짓는 방법이다. 우리는 행복하면 미소를 짓지만, 행복한 것처럼 행동하면 정말 행복해질 수 있다는 것도 알고 있다. 왜 그럴까? 뇌는 그것을 행복으로 인식하기 때문이다. 뇌의 작동원리를 통해 이미 우리가 알고 있는 사실이다. 그리고 다른 사람의 호의를 누릴 수 있는 분명하면서도 중요한 방법이 또 하나 있다. 그들의 이름을 기억하여 그들로 하여금 존중받고 있다는 느낌이 들도록 하는 것이다. 필자의 정치 경험을 통해서도 정치가로서는 유권자의 이름을 기억하는 것이 가장 중요한 일 중의 하나라는 것을 몸소 체험하였다. 그리고 또 있다. 경청이다. 엄마가 아이의 이야기를 진지하게 들어 줄 때 아이는 다음과 같이 말한다. "엄마, 난 엄마가 나를 무척 사랑한다는 것을 알고 있어요. 왜냐하면 내가 엄마와 이야기를 하려고 하면 엄마는 무슨 일을 하다가도 손을 멈추고 내말을 끝까지 들어 주시잖아요."

소위 주고받음(Give & Take)의 원리가 행복의 균형점을 판단하는 가장 중요한 기준이 될 것이다. 그리고 자기의 이기적 자존감만을 앞세울 때 타인의 행복은 침해당하기 마련이다. 따라서 이기적 자존감보다 이타적 자존감을 더 크게 발휘할 때 우리의 관계적인 행복은 더욱 풍성해질 것이다.

깊이 생각해 보자. 우리는 거의 대부분 먼저 받고 그다음에 주겠다는 'Take & Give'의 원리를 철칙처럼 따르려고 든다. 거꾸로 인데도 말이다. 먼저 주고 받아라. (론다 번, 133) 심지어 애정도, 베푼 것에 대한 감사도, 기대하지 말고 먼저 베푸는 것이 행복을 찾는 좋은 방법이다. 베푼 것에 대한 대가를 바라는 것은 기대 관리를 잘못하는 방법이다. 왜냐하면 대가가 돌아오지 않았을 때 자신도 기분 나쁘고 그것을 알아차린 상대방도 기분 좋을 리 없기 때문이다. 서로의 기분만을 상하게 하는 것이기 때문이다. 루카복음을 보면, 열 명의 나병환자를 고쳤던 예수에게도 그중 한 사람만 그에게 감사해 했다. 기대가 크면 실망도 크다는 것을 잘 인식하는 것이 행복의 비법이다.

《Give & Take》의 저자 애덤 그랜트는, 우리 대부분은, 나는 선의를 갖고 있는데 타인은 그렇지 않을 것이라고 의심하면서 산다고 한다. 그 의심 때문에 주는자(Giver)로 살면 결국 자기 손해라는 고정관념을 일으켜 우리를 받는자(Taker)로 만든다는 것이다. 그러나 타인에게도 베푸려는 의지가 실제로 있으니 그것을 믿어 보라고 한다. 이 믿음 자체가 우리가 Giver가 될 가능성과 Giver의 성공 가능성을 높여 줄 것이다. Giver는 자신의 이익과 타인의 이익을, 상충하는 것이 아닌 상호작용하는 것으로 보기 때문에 그 둘을 융합하는 방법을 모색하는 사람이다. (애덤 그랜트) 남에게 친절을 베푸는 것은 행복감이 높아지는 대표적인 행동이다. 반대로 남의 친절을 받거나, 다른 사람들이 서로 인격적으로 대하는 것을 제3자의 입장에서 바라보기만 해도 가슴 뜨거워지는 감동을 느끼는 경우가 많다.

사람과의 관계는 서로 선한 영향력으로 작용하여야 한다. 그것이 공존과 상생의 이치이기 때문이요, 행복의 원리이기 때문이다. 선한 영향력이란 무엇인가? 두 가지가 있는데, 하나는 동정심(sympathy)이요, 다른 하나는 공감력(empathy)이다. 1900년대 제정 러시아의 가혹한 통치하에서 지식인들은 가난하고 억압받는 농민들을 계몽하기 위해 '민중속으로(브나로드)' 운동을 펼쳤다. 그러나 이 운동은 실패로 끝나고 말았다. 농민들은 그들을 비밀경찰에 고발하며 외면했기 때문이다. 겉으로는 '민중속으로'를 표방했지만 진정으로 농민의 마음을 가지지도 않은 채 농민들을 그저 계몽의 대상으로만 여겼기 때문이다. 정치인들이 국민을 위한다면서 단식까지 불사하지만, 그것이 국민들의 호응을 얻지 못하는 것 역시 같은 이치다. 이것은 단순한 동정심이다. 마찬가지로 추운 겨울날 육교위에 누더기를 걸치고 앉아 동정을 구하는 걸인을 안타깝게 여겨 500원짜리 동전을 깡통에 넣어 준다 해도 그것은 단지 동정심에 불과하다. 하지만 그 걸인에게 다가가 허리를 굽히고 "추운데 얼마나 힘들겠소, 내가 큰 도움이 되지 못해 미안하오."하며 어깨라도 다독이며 동전을 놓고 가는 사람이나, "내가 능력은 없지만 추운 날 따뜻한 국밥 한 그릇이라도 대접하겠소, 외롭다고 생각 마시오."라며 손을 잡고 일어선다면 이것이야 말로 단순한 동정이 아닌 공감을 보여 준 것이 아니겠는가? 타인의 자존감을 인정하고, 타인의 관점에서 이해하고 상대방의 마음이 되어 진정 어린 사랑을 베푸는 것이 바로 공감인 것이다. 이것이 바로 선한 영향력인 것이다.(박경철, 347-349) 중국 사마천은 《사기》에서 제나라의 재상 관중과 포숙의 우정(관포지교)을 이야기하면서 다음과 같이 적고 있다. "내가 젊고 가난했을 때 포숙과 함께 장사를 하면서 언제나 그보다 더 많은 이득을 취했다. 그러나 포숙은 나에게 욕심쟁이라고 말하지 않았다. 그는 내가 가난한 것을 알고 있었기 때문이다. 또한 나는 몇 번씩 벼슬에 나갔으나 그때마다 쫓겨났다. 그래도 그는 나를 무능하다고 탓하지 않았다. 내게 아직 운이 오지 않았다고 생각한 것이다." 이것이 바로 타인의 자존감을 인정하고 상대방의 마음이 되어 진정어린 사랑을 베푼 이타적 자존 감이 아니겠는가?

Diener & Seligman 등의 연구도 행복에 없어서는 안 될 필요조 건이 인간의 사회적 관계 즉 사회성이라고 말하고 있다. 행복한 사 람들은 혼자 있는 시간보다 다른 사람과 함께 보내는 시간이 많지만 불행한 사람들은 그 반대라고 한다. 심지어 내향적인 사람도 혼자일 때보다 누군가와 함께 있을 때 더 높은 행복감을 느낀다는 연구 결 과도 있다. 그렇다면 왜 내향적인 사람들은 외향적인 사람만큼 타인 과 어울리지 않는가? 싫어서가 아니라 불편해서라고 한다. 내가 좋 아하고 나를 좋아하는 사람을 만날 때는 사람이 즐거움의 원천이 되 지만, 때로는 의무감이나 수단으로서 사람을 만나는 것은 피곤하고 큰 스트레스가 되기도 하지 않은가?

한편 행복한 사람들은 자신의 자원을 사람과 관련된 것에 많이 쓴다고 한다. 돈과 행복에 대한 최근의 연구에서도 볼 수 있다. 콜 로라도 대학의 보벤(Boven) 교수에 의하면, 행복한 사람들은 공연이 나 여행 같은 '경험'을 사기 위해 돈을 더 많이 쓰고, 불행한 사람들 은 옷이나 물건 같은 '물질' 구매가 많은 것으로 나타났다. 뮤지컬 관 람이나 동호회 등산 등 경험구매는 타인과 함께 소비하는 경우가 많 다. 반면 옷이나 화장품, 면도기 등 물질 구매는 혼자 쓰기 위해 구매하는 경우가 많다. 혼자 뮤지컬이나 음악회를 찾는 경우처럼 '고독-경험' 구매도 있어 꼭 그런 것은 아니지만 경험 구매가 물질구매보다 행복과 관련이 있는 경우가 많다. 돈을 자신이 아닌 남을 위해 쓸 때 더 행복해진다는 연구도 나오고 있다. 그런가 하면 '시간'도 타인을 위해 사용하는 자원봉사자들이 높은 행복감을 경험한다는 연구도 있다. 양자의 균형이 필요하다.

"좋아하는 사람과 함께라면, 난 너무 너무 행복해질 거야!"

법칙 2: 한사람의 적이 더 무섭다

강아지가 사람들에게 사랑받는 이유가 무엇인가? 우리를 보면 무척 반가워하며 꼬리 치기 때문이다. 아이가 엄마를 보고 미소 짓는 것도 이와 똑같은 효과가 있다. 인간관계를 나-너 관계로 단순화시켜 볼 수 있다. 그런데 이 관계가 상대를 나와 같은 인격적인 존재로 대하지 못하고, 마치 물건 취급하듯, 또는 소나 닭 취급하듯 대하는 경우를 많이 본다. 스스로 부정적 관계를 만드는 것이다. 왜 그럴까? 세상에는 2가지 종류의 사람이 있기 때문이다. 즉, 자기보다 강한 사람에게는 비굴하고, 약한 사람에게는 오만하게 구는 유형의 사람은 많은 반면, 자기보다 강한 사람에게 당당하고, 약한 사람에게 관대한 유형의 사람은 드물기 때문이다. 세상은 그렇게 돌아가는 곳이기 때문이다. 그런데 자기는 그중 어떤 사람인지 자기는 잘 모른다.

"100명의 친구를 만들기보다 한 사람의 적을 만들지 말라"고 했다. 사람들의 심보는 대개 남을 칭찬하는 쪽보다 남을 흉보는 쪽으로 치우쳐 있기 때문이다. 그런 부정적 인간관계가 만들어지면, 나도 불행해지고 상대도 불행해진다. 그러니 부정적 관계를 만들지 않도록 의식적으로 노력해야 한다. 물론 비굴하고 오만하게 구는 사람은 처음에는 자기의 행동에서 스스로 쾌감을 느끼거나 자기 과시욕을 흠뻑 맛볼 수도 있다. 그러나 상대방에게는 마음의 상처와 인격의 모독을 안겨준다. 소위 상대방의 손상정보를 만들어 낸다. 그러한 손상정보에 그냥 있을 사람이 어디 있겠는가? 상대방은 그 사람을 더욱 멀리하거나 물건 취급하듯 무시하게 될 것이다. 그렇게 되면 결국 자기는 고립되어 외롭게 살아가야 한다. 고독과 고립으로 외로운 사람은 다른 사람보다 건강이 빨리 나빠진다. 고독·고립 상태가 사망 위험을 최대 1.9배나 높일 정도로 치명적이라는 연구 결과도 있다. 또한 고독으로 인한 스트레스가 신체에 염증을 일으켜서, 심혈관이나 뇌혈관 질환의 위험을 높이고, 당뇨병이나 우울증, 암, 치매, 자살 등의 원인이 된다는 사실을 밝힌 연구 결과도 많다.

이타적 자존감으로 얻는 행복이 이기적 자존감에 의한 행복보다 더 높은 행복감을 준다. 따라서 한 사람의 적을 만들지 않는 것이 무척 중요하다. 이타적 자존감은 나와 너의 관계에서만이 아니라 가까운 사람들 간에도 적용된다. 그리고 가족보다 돈을 우선시하는 나라가 한국이라는 조사 결과도 직시하자. 따라서 형제간에도 서로 으르렁대고 싸우지 말아야 한다. 그리고 상속재산을 두고도 죽자 살자 싸우지 않아야 한다. 부모와 자식 간에도 서로 상처 주는 행위를 하지 말아야 한다.

이와 관련한 비극적인 실화 하나를 보자. 전교 1등생 고등학교 3학년 학생이 2011년 11월, 잠자던 어머니를 흉기로 살해한 사건이다. 그 학생은 당초 착한 아이였다. 공부도 잘했다. 학업 성적이 우수했고, 전교 1등을 3번이나 했을 정도였다. 그런데 어머니도 대단하고 귀한 사람이었지만 아버지와는 별거 중이었다. 그리고는 항상 아들을 최우수 학생이 되어야 한다는 강압과 압박 속에 가두고 오직 공부만을 강요했다. 성적에 대한 불안과 두려움 때문에 어머니는 아들을 골프채로 때리고 고통을 주었다. 급기야는 밥도 못 먹게 하고, 잠도 못 자게 했다. 그런 일이 8개월 동안이나 지속되었다. 아들은 엄마한테 맞아서 죽겠구나 생각을 했다. 엄마가 너무 무서웠고 그다음으로는 죽기 싫다는 생각을 했다고 한다. 아들에게는 죽고 사는 문제였던 것이다. 계속 폭행을 당해왔고 그 누구에게도 도움을 받을 수도 없었고 요청할 수도 없는 극한 상황이었다. 그래서 아이는 어머니의 폭행으로부터 자신의 생명을 지키기 위해 최후의 수단을 선택했던 것이다. 법원은 고3 아들에게 징역을 선고했고, 아들은 3년 만에 출소했다. 출소 후 고등학교 때부터 사귀던 여자친구를 만났고 그녀에게 모든 것을 다 털어 놓았다. 그리고 그녀와 결혼했다. 여자친구 입장에서는 쉬운 결정이 아니었을 텐데 아들의 상황을 진정으로 이해해 준 듯하다. 어머니와 아들이 다 같이 가해자요 피해자가 되었지만, 아들은 어머니를 위로해 드리지 못한 게 진짜 후회된다며 한없이 흐느꼈다. 그리고 꼭 하고 싶은 말이 있어 용기를 내서 카메라 앞에 섰다고 한다. 혹시라도 지금 18세의 자기와 같은 시간을 견뎌 내고 있는 분이 있다면 부디 자신과 같은 선택을, 자신과 같은 후회를, 하지 않았으면 한다고.

사회적 심리적 고통이나 신체적 고통은 둘 다 인간의 생존을 위협한다는 점에서 별 차이가 없다고 했다. 그리고 그 두 고통은 동일한 뇌 부위에서 발생한다는 사실도 뇌과학으로 밝혀내었다. 따라서 심리적 사회적인 외로움이나 배신감 등의 고통을 만들지 말아야 한다. 또한 상대가 나를 증오하거나 물건 취급하듯 대하지 않기를 바란다면 나도 상대를 사랑으로 대해야 한다. 사람과의 긍정적 관계를 만드는 것이 중요한 행복의 원천이기도 하지만, 한편으로 고립되어 산다는 것은 스트레스요 죽음이기 때문이다.

법칙 3: 인격적으로 대접하라

"남에게 대접받고자 하는 대로 남을 대접하라"(예수, 존 코맥넬), "자기가 원치 않는 것을 남에게 베풀지 말라"(공자), "상대방이 원치 않는 것을 상대방에게 베풀지 말라"(귀곡자). 수천 년을 거친 인관관계의 법칙 중 가장 중요한 법칙일 것이다. 그렇다. 그렇게 살아야 한다.

그런데 인간은 모두들 나 자신의 이익을 위해 산다. 그래야 자신이 행복해진다고 느끼기 때문이다. 이기주의자는 자신만을 위해 살기에 인격을 못 가진다. 인격이란 인간관계에서 나오는 선한 가치다. 따라서 인격성을 인정받지 못한 사람이 행복할 수 없다. 따라서 성숙한 자기의식으로 '나 = 우리'임을 깨닫고 서로 인정하고 존중하는 길만이 진정한 행복을 얻는 길이라 할 것이다.(헤겔)

　　인간은 나 개인의 능력도 중요하지만 개인적인 능력만으로 살아갈 수는 없다. 이것보다 더 중요한 것은 다른 사람과의 관계이다. 더 깊은 만남과 관계를 유지하기 위해서는 감성적 표현과 교감이 필요하다. 표면적인 대화만 아니라 그 배후에 있는 배경까지 설명하지 않아도 이해하고 공감할 수 있을 때 우리는 대화가 되는 사람이라고 한다. 물론 의식적 대화는 2차원적 정보만으로 충분하다. 그러나 2차 정보만으로 자신이 말하고 싶은 모든 것을 전달하기 쉽지 않다. 2차 정보만으로는 계약적인 관계밖에 맺을 수 없다. 인간관계에 있어서 가장 중요한 서로의 신뢰는 2차 정보가 아닌 고차 정보의 교감과 공감이 뒷받침 되어야만 가능하다. 깊은 관계나 절친한 친구가 되기 위해서는 3, 4차 정보가 필연적이다. 4차 정보가 바로 정서이기 때문이다. 결국 대인관계에 문제가 있다는 것은 고차 정보가 원활히 교류되고 있지 않다는 것을 말한다고 볼 수 있을 것이다.

　　감정은 이처럼 현실 적응에 있어 생명의 상태와 반응을 전달하고 사람과의 관계를 더 깊게 하는 중요한 역할을 한다. 그러나 감성의 역할이 4차 정보에만 국한되는 것은 아니다. 이를 넘어 보편적이고 초월적인 기능까지도 가능하게 한다. 감정이 4차 정보이지만 그 이상의 5, 6차 고차 정보를 전달하는 매개체 역할까지 할 수 있다는 말이다. 즉 감성은 고차 정보인 예술과 영성의 중요한 매개체가 되기도 한다.

　그렇다면 실제적으로 각기 다른 차원의 자기들과 어떻게 소통하고 교류할까? 아무리 다르고 다양한 인간들이라도 소통하고 교류하려면 인격이라는 문이 필요하다. 따라서 정보적으로도 역시 자기가 있는 인격으로 접근하면 될 것이다. 인격은 고차 정보 특히 양자 정보의 성격을 띤다. 인격적으로 접근하면 방어벽은 열리고 소통이 가능해진다. 동물도 식물도 진정어린 사랑을 가지고 인격으로 대할 때 소통이 가능해진다. 이때 이타적 자존감을 느끼게 된다. 화초 키우기가 우울증이나 PTSD(외상후 스트레스 장애) 치료에 도움이 된다고 한다. 힘을 잃고 수풀 옆에 떨어져 있는 어린 새 한 마리를 손으로 감싸 안고 집으로 들어와 물과 좁쌀을 먹이며 보살폈더니 힘 있게 파닥거려 다시 날려 보낸 일도 이타적 자존감을 느끼게 만들었다. 기계도 그러한 사랑과 인격에 반응할 수 있다. 13년 이상 동안 15만 Km 이상을 큰 고장 없이 안전하게 실어 날라 주며 큰 만족을 주고 있는 나의 한국산 자동차가 항상 고맙고 소중하기만 하다. 늘 나의 자동차에게 고맙고 감사한 마음을 사랑의 말로 전한다.

　인격적으로 대한다는 것은 그 인격이 어떠한 모습이든지 간에 그의 판단과 선택, 그 행동의 주체성과 자율적 의지를 존중하고, 그 가치와 존엄성을 인정하는 것이라고 말할 수 있다. 즉 그 드러나는 모습이 어떠하든 생명의 전체성과 주체성을 인격이라고 말할 수 있다. 정보이론으로 보면 인격이란, 개체가 가진 부분적 정보들이 모여 하나의 정체성과 전체성을 갖는 그러한 고차 정보다. 이처럼 고차 정보를 단지 무생물적이고 물리적인 정보로만 대하지 않고, 그 속에 주체적인 자기와 전체성을 갖는 존재로 소중히 사랑으로 대하는 자세와 마음을 말한다. 그렇다면 우리가 쉽게 접근할 수 없는 고차 정보라도 소통이 가능할 것이다. 2차 정보의 대화에서도 우리는 인격적이어야 한다. 그 정보가 잘못되었다고 무조건 공격하거나 무시하면 상대 정보는 자기를 방어하며 다시 되받아친다. 정보는 집단적으로 자기를 보호하고 방어하려고 하기 때문이다. 따라서 어느 정도 상대를 인정하며 자기 생각을 말하는 방법으로 소통해야 대화가 통하는 것이다.

　2차 정보의 대화에서 인격적인 문제가 이 정도라면, 고차 정보에서는 그 문제가 더 심각하다는 것이 분명하다. 인격 모독에 가만히 있을 사람이 누가 있겠는가? 자기가 형성되면 누구든지 자기의 존재를 인정받고 싶어 한다. 나아가 자기를 지지하고 격려해 주기를 원한다. 그리고 혹시 잘못하더라도 믿어주고 이해하며 관대하게 받아들여 주기를 바란다. 즉 사랑받기를 바란다는 것이다. 그래서 사랑이 묘약이다. 이해, 관대함, 수용, 용서, 기다림, 신뢰, 사랑 등의 인격적인 대우는 하나의 결로 전체를 이해하고 받아들이는 고차 정보의 현상이라고 볼 수 있기 때문이다.

　인격적으로 대우한다는 것을 총체적으로 표현하면 사랑이라고 말할 수 있다. 자녀를 양육하고 키울 때 가장 기초가 되는 원리이다. 사랑은 다양한 모습을 하나의 결로 이해하고 수용하는 결 공명을 가장 총체적으로 표현하는 정보적 상태를 말한다. 그동안 우리는 2차 정보가 너무 팽배해져서 몸 속의 고차 정보를 무시하고 억누르며 살아왔다. 그 기준에 따라 여태껏 뇌의 2차정보가 최고인 줄 잘못 알고 몸의 정보와 정서를 함부로 대하며 무시했다. 세상과 교류하는 합리적이고 도덕적인 정보만 우선했지 내 속에 더 높은 수준의 고차 정보가 있는지도 몰랐다. 그 고차 정보를 존중하고 소중히 여기기는 커녕 그 소리를 잘 들으려고 하지도 않았다. 물론 나의 몸이기에 겉으로는 보호하고 잘해 주는 것 같았지만 몸의 소리와 정보를 인격적으로 대해 주지 못한 것이 사실이다.

인간관계에 있어서 관계 설정의 주체는 바로 나다. 그러기에 상호존중의 관계를 내가 먼저 만들어야 한다. 나와 관계를 맺는 사람들을 내가 먼저 인격적으로 대해 주는 것이 가장 먼저 할 일이다. 인간관계를 나-너 관계와 나-그것의 관계의 2종류로 나누어 볼 때, 나-너가 맺는 인격적인 관계를 나-그것이 맺는 수단적 관계로 대하면 인간 존중과 사랑 의식도 상처를 받아 결국 나도 상대도 불행해진다. 내가 누군가의 수단으로 전락하고 싶지 않다면 상대도 사랑으로 대해야 한다. (마르틴 부버)

이에 관한 단적인 예를 들어 보자. 필자는 2018년 러시아를 방문한 적이 있다. 러시아 하면 세계 최대의 걸작《전쟁과 평화》,《안나 카레니나》를 쓴 불멸의 작가 레오 톨스토이를 떠올리지 않을 수 없다. 그런데 마침 이때 야스나야 폴랴나에 있는 톨스토이의 생가를 방문할 기회를 가진 것이다. 대영백과사전에 따르면 그의 생애 최후의 20년(1890-1910년까지)은 세계에서 가장 존경받는 사람이었다. 그러나 그의 48년간의 가정생활은 톨스토이의 말 그대로 '정신병동'이었다. 그의 나이 38세에 그가 무척이나 사랑했던 16세의 소녀 소피아와 결혼했다. 그런데 그녀는 질투심이 매우 강했다고 한다. 그녀는 산속까지 따라가 남편의 행동을 감시했으며 홧김에 딸의 사진에 총을 쏘아 구멍 낸 일도 있었고 아편 병을 입에 물고 침상 위를 뒹굴면서 자살하겠다고 으름장을 놓은 일도 있었다. 톨스토이는 흥분하여 가구들을 부쉈다. 심지어는 비밀일기에다 무엇이든 아내가 전적으로 나쁘다고 적었다. 그러자 아내는 남편의 일기를 빼앗아 불태워버렸다. 그리고 그녀도 일기를 써서 남편을 악한으로 기록했고, 《누구의 죄》라는 소설에서 남편을 가정의 악마로 만들고 자기는 희생자라고 썼다. 두 부부는 자신들의 가정을 지옥으로 만든 것이다. 사랑의 실천이 없었기 때문이다. 부부라 하더라도 서로 공감으로 감싸안지 못하고 불행만을 키운 셈이다. 서로 자신들의 행동에 대한 최저선과 적당한 균형점을 두지 못한 것이다. 이 또한 행복부등식에서의 균형점을 찾는 일이 얼마나 중요한 행복의 처방인지를 깨닫게 해주는 좋은 예가 아닐 수 없다.

5.

인간 삶(Life)의
행복을 위한 3가지 법칙

인간은 사회 속에서 그 구성원으로 살아가기 마련이다. 따라서 개인의 행복은 그가 속한 사회와 집단과 문화에 따라 큰 영향을 받게 된다. 이것은 행복의 5대 결정요인 중 하나다. 이런 사회적, 문화적 여건이 바로 개인의 행복에 큰 영향을 미치는 환경적 요인인 것이다. 자신이 속한 사회와 집단은 목적론적인 삶과 진화론적인 삶, 물질적 삶과 정신적 삶, 개인주의적 삶과 집단주의적 삶 등 각각의 차원에서 그 지향점의 비중이 다르게 나타나기 마련이다. 따라서 그 속에서 개인의 행복과의 균형점을 찾기 위해 어떠한 지혜를 발휘할 것인지를 잘 살펴야 할 것이다.

법칙 1: 가치 있는 삶과 행복한 삶과의 균형을 찾아라

여기서 잠깐 '목적론'에 대한 얘기부터 해 보자. 환경 윤리 분야의 최고 권위자인 미국의 철학자 폴 테일러에 의하면 모든 생명체가 '목적론적 삶의 중심'이라고 한다. 여기서 '목적론'은 아리스토텔레스의 목적론적 세계관과 관련이 있다. 목적론적 세계관이란, 세계의 모든 것이 저마다 자신의 목적을 지향하며 추구하고 있다고 보는 관점을 말한다. 그렇다면, 테일러가 말하는 '목적론적 삶의 중심'은 무엇을 의미하는 것일까? 그는 모든 생명체가 의식을 가지고 있느냐 없느냐와는 상관없이, 저마다 생존, 성장, 번식이라는 목적을 지향하고, 그 목적을 실현하기 위해 환경에 적응하려고 애쓰는 존재라고 한다. 따라서 모든 생명체는 인간이 자연에게 부여하는 가치와 관계없이 내재적 가치를 지니고 있으므로, 그들 모두를 도덕적으로 고려해야 한다는 것이다.

여기에 비추어 보면 인간은 정신적 존재이기는 하지만 그렇다고 다른 존재들보다 우위에 있다고 보는 종전의 사유 방식도 되짚어 봐야 한다. 한 송이 꽃, 나비, 인간, 이 셋 중에 어느 것이 더 가치 있는 존재일까? 자기 보존의 힘을 갖는 한에서 만물은 동등하다는 것이다. 만물은 모두가 자기를 보존하는 힘 즉 코나투스를 갖고 있기 때문이다. 예를 들면 식물은 광합성이라는 독특한 능력으로 생명을 이어 가고, 나비는 식물이 갖지 못한 이동 능력을 가지고 있으며, 카멜레온은 자신을 보호하기 위해 주위 환경과 동일하게 피부색을 바꾼다. 인간도 자기 보존의 힘이 작동하는데, 그 힘이 정신에 관계될 때는 의지, 정신과 육체 모두에 관계될 때는 욕구와 욕망이 된다. (스피노자)

목적론은 인간의 삶을 원인이 아닌 목적에 있다고 보는 이론이다. "나는 불행한 가정에서 태어나서 불행해"라는 생각은 나의 불행의 이유가 '불행한 가정에서 태어나서'이다. 하지만 목적론적으로 바라보면 사실 '나는 불행해'라는 목적을 두고, 그 이유는 '불행한 가정'에 있다고 본 것이다. 따라서 어떤 관점에서 세상을 바라보느냐에 따라 행복의 내용은 달라지는 것이다. 모든 원인은 타인이나 내 주변 환경에 있는 것이 아니라 사실 내가 만드는 것임을 깨닫는 것과의 차이다.

인간은 생존과 번식을 위해 존재하는가? 아니면 행복해지기 위해 존재하는가? 또한 행복이 인간의 목적인가? 아니면 생존목적을 달성하기 위한 수단인가? 인간을 어떤 존재로 보느냐에 따라 행복의 정체도 크게 달라질 것이다.

삶의 궁극적 목적이 행복이냐 아니면 생존과 번식이냐를 놓고 대립적인 입장이 있다는 것을 앞서 살펴본 바 있다. 하나는 인간의 삶의 궁극적 목적은 행복이며, 행복이라는 목적을 위해서는 의미 있고 가치 있는 도덕적, 윤리적인 삶을 살아야 한다는 도덕적, 목적론적 행복론이다. 다른 하나는 인간은 행복하기 위해 존재하는 것이 아니라 생존과 번식을 위해서 행복이라는 수단을 활용한다는 진화론적 관점의 행복론이다.

행복에 관한 목적론적 사고의 원조가 바로 아리스토텔레스다. 그는 인간이 추구하는 궁극적 목적은 곧 행복이라고 말한다. 행복이 최고의 선이라는 것이다. 이런 관점에서 보면 인간의 모든 일상의 행위는 그 자체가 목적이 아니라 행복 실현을 위한 수단 또는 과정이다. 그는 '행복(eudaimonia)이란 인간의 고유한 기능이 덕(arete)에 따라 탁월하게 발휘되는 영혼의 활동'이라고 말한다. 인간의 행복을 "덕스러운 삶"에서 찾을 수 있다고 보는 것이다. 이러한 입장에서는 윤리와 도덕이 인간의 이성에 의해 이룰 수 있는 중요한 행복의 수단이기에 윤리적 도덕적 행복론으로 해석 가능한 것이라 생각된다.

윤리적인 행복의 관점에서 우리가 취할 수 있는 방식에는 두 가지가 있을 것이다. 첫째 방식은, 각자의 이익을 고려하여 상대방에게 도움을 줄 수 있다면 그렇게 하되, 도움이 되지 않으면 해를 끼치지 않도록 스스로 절제하는 것이다. 또 하나의 다른 방식은, 다른 사람의 이익을 고려하여 도울 수 있다면 그렇게 하되, 도움을 주지 못한다면 적어도 다른 사람들에게 해를 끼치는 것만큼은 하지 말아야 하는 것이다. 이런 것이 윤리적 삶의 본질이라 할 것이다. 인간은 당초 목적과 이유를 가지고 태어난 것은 아니다. 그러나 고도의 의식을 가지고 삶의 목적과 이유를 가지고 삶을 헤쳐 나간다. 인간이 추구하는 이상적 가치가 바로 행복이다. 따라서 행복이 없으면 인간 삶의 의미가 없다고 여기는 사람도 있을 것이다.

현대에 와서는, 전통적인 윤리적 도덕적 행복론의 대척점에(?) 서서 진화론적 관점의 행복론도 큰 힘을 얻고 있다. 행복은 본질적으로 생각이 아니고, 가치나 이상 또는 도덕적 지침이 아니며, 천연의 행복은 구체적인 경험이라는 것이다. 그리고 쾌락적 즐거움이 그 중심에 있다고 한다.(Diener, E., Sapyta, J.J. & Suh) 즉 행복은 주관적 즐거움과 기쁨이라고 한다. 따라서 행복하기 위해 다소 쾌락주의자가 될 필요가 있다는 것이다. 행복은 진화의 산물로서, '뇌에서 만드는 소리'이며, 쾌감은 바로 뇌가 고안한 보상이라는 것이다. 인류가 살아온 시간을 1년으로 압축해 보면 문명생활은 한 시간은 고작 2시간에 불과하며, 나머지 364일 22시간은 싸움, 사냥, 짝짓기에 전념해 온 것이라고 한다. 그렇게 쌓인 생존본능은 우리의 유전자에 깊숙이 저장되어 있다는 것이다. 인간의 모든 생각과 행위의 이유는 결국 생존을 위함이며, 심지어 인간이 현재 가진 신체적 모습과 생각, 감정도 모두 생존에 도움 되기 때문에 보유하게 된 특성이라고 한다. 다윈의 진화론적 관점에서 행복에 대한 생물학적인 측면을 강조한 것이라 할 수 있다.

그러나 진화론적 관점에서 행복 문제를 논할 때 간과해서는 안 될 것이 하나 있다. 이 관점의 행복론이 꼭 윤리적 도덕적 행복론과 대척점에 서있다고 볼 것이냐는 점이다. 오히려 윤리적 도덕적 행복론도 사실 진화론적 행복론의 한 계보로 보는 관점이 더 설득력을 얻을 수 있다는 생각이 든다. 인간의 도덕성과 이타성, 사회성 등도 궁극적으로는 다윈의 진화론적 과정을 통한 유전자의 설계에 따라 만들어진다는 연구들이 설득력을 얻고 있기 때문이다. 그 대표적인 학자로서 유명한 저서 《이타적 유전자》를 내놓은 옥스퍼드대학교 매트 리들리 교수, 《인간 본성에 대하여》를 저술한 세계적 사회생물학자인 하버드대학 에드워드 윌슨 교수, 그리고 세계적인 진화생물학자이자 진화인류학자인 뉴욕주립대 데이비드 윌슨 교수 등을 들 수 있다.

물론 일면 인간이 생존과 번식을 위해 행복이라는 수단을 활용하는 것도 사실이다. 하지만 인간은 삶의 목적을 가지고 가치 있고 의미 있게 살아가고자 한다는 점을 간과해서는 안 될 것이다. 인간에게 있어서 현실적인 생존이 중요하지만 그것만이 전부는 아니기 때문이다. 현실이 아무리 어렵고 힘들어도 그것을 뛰어넘는 이상을 추구하며 살고 있다. 인간은 창의적인 문화 예술 활동을 할 뿐만 아니라 사회적 관계를 중시하는 존재로서 이타적인 봉사활동 등을 통해서도 행복을 느끼는 존재이다.

사회적 봉사활동으로 행복의 뿌듯함을 이야기할 때 빼놓을 수 없는 사람이 있다. 바로 노벨평화상 수상자로서 해비타트 운동의 골수 자원봉사자인 지미 카터 전 미국 대통령이다. 사랑의 집짓기 운동이라고 불리는 '해비타트' 운동은 가난한 사람들을 위한 집짓기 운동으로서 1976년 미국의 밀러드 풀러 부부(Millard Fuller & Lindar Fuller)가 창시했다. 운동이 시작된 이후 35년간 전 세계 90개국에서 20만 채 이상의 집을 지어 집 없는 이들에게 제공했다고 한다. 2001년에는 해비타트 운동의 일환으로 한국에서 카터 전 대통령이 직접 참여한 가운데 '지미 카터 특별건축사업(JCWP)'이 펼쳐져 6000여 명의 국내 자원봉사자와 800여 명의 외국인 자원봉사자가 참여해 모두 136세대의 집을 지어 주기도 했다.(정진홍, 31-32)

삶의 목적을 가진 인간은 이상과 가치를 추구하며 살기에 행복한 삶을 영위할 수 있다. 행복도 씨앗을 뿌려야만 열매를 거둘 수 있는 것이기 때문이다. 즉 행복도 가치추구적 노력이 필요한 것이라는 말이다. 부정적인 감정과 정서를 극복하는 것도 행복이라는 것을 우리는 알고 있다. 그러한 중요한 방법 중의 하나가 바로 행복의 중요한 요소 중의 하나인 '일'에 몰두하는 것이다. 일에 사랑을 베푸는 것이다. 일이 걱정과 고민에 대한 약이기 때문이다. 과학자 파스퇴르도 도서관과 실험실에서 연구에 몰두함으로써 고민할 여유가 없었기 때문에 행복을 느꼈다고 한다. 헨리 롱펠로우도 젊은 아내를 잃고서 괴로워하다가 보살펴야 할 어린 세 자녀가 있다는 사실을 깨닫고 아이들을 위해 단테의 《신곡》을 번역함으로써 마음의 평화를 얻었다고 한다. 존 쿠퍼 포이스는 그의 《불안을 망각하는 기술》에서 "온갖 즐거운 행복감이나 깊은 내면적 평화는 정해진 일에 몰두할 때 찾아온다. 몰두할 때, 신경이 진정되니까 말이다"라고 말했다. 하버드 대학교 임상학 교수였던 리처드 캐보트는 《인간은 무엇으로 사는가?》라는 저서에서 불안과 공포로 사람들은 고민하지만, 일에 몰두하는 것이 용기를 얻고, 자기 신화를 쓰는 방법이라고 말했다. 걱정과 고민에 대한 최고의 치료법이 바로 건설적인 일에 몰두하는 것이 아닐까? 필자가 '몰입감'이 바로 행복이라고 말하지 않았던가? 정신병학 분야에서도 정원 가꾸기, 사진 찍기, 야구나 골프 등 계속적으로 활동하게 만드는 '일'을 그 처방으로 내놓는다. (데일 카네기, 94-100) 목적 없는 나날이 계속되면 삶 자체가 무너질 것이다. 이성에 의한 가치 추구적 노력 없이 살아가게 될 가능성이 높기 때문이다. 마약과 약물에 중독되어 쾌감(快感)의 느낌에 취한 삶이 꼭 행복한 삶일까?

　가치 있는 삶을 살 것이냐 행복한 삶을 살 것이냐는 개인의 선택에 달려 있다. 그리고 사실 그 선택은 상호 별개의 문제가 아니라 어찌 보면 하나라고 볼 수 있다. 삶의 목적 함수에서 보면, 생존과 번식이 원초적인 행복의 시발점이지만, 행복 그 자체가 삶의 목적이 될 수도 있기 때문이며, 또한 윤리적 도덕적인 행위도 인간 진화에 의한 것이라는 사실이 밝혀지고 있기 때문이다. 따라서 양자의 차이를 인정하면서도 서로 배타적일 수 없는 중요한 가치라는 점도 인정하면서 그 균형을 잘 찾아야 할 것이다.

법칙 2: 물질적 삶보다 정신적 삶이 더 가성비가 높다

"우리는 욕망을 억누르기 때문에 행복한 것이 아니라 그 반대로 행복과 기쁨에 차있기 때문에 욕망을 억제할 수 있다." 스피노자의 말이다. 물질적 삶이냐 정신적 삶이냐를 다룰 때 가슴으로 새겨야 하는 행동기준이라 생각되어 이 말부터 꺼냈다.

성급하기도 하지만, 필자가 먼저 확실히 밝히고 싶은 것이 또 하나 있다. 나에게 가장 가성비 높은 행복의 비밀은 바로 돈으로 헤아릴 수 없을 만큼 값진 지식정보와 지혜를 담은 학자들과 현인(賢人)들의 책과 연구 결과들을 접하고 읽을 수 있다는 데 있다. 필자에게는 일생에서 최고로 가성비 높은 투자가 바로 이러한 정신적인 행복임에 틀림없다.

물질로부터 얻는 행복이 중요하냐 정신이 주는 행복이 값지냐 하는 것은 항상 세상 사람들의 논쟁거리가 되어 왔다. 그만큼 삶의 중요한 문제를 차지한다는 말이다. 행복은 물질적 쾌락을 추구함으로써 얻어지는 것만이 아니라, 라면 끓여먹는 궁핍한 상황에서도 좋아하는 일을 함으로써 느끼는 정신적 행복감도 크지 아니한가?

혼히들 행복은 외적인 물질적 조건에 의해 좌우된다고 생각하는 사람이 많다. 돈, 권력, 명예, 학력, 집, 직장과 배우자 등이 내 인생을 행복하게 만든다고 생각하는 것이다. 그 무엇을 가졌느냐 못 가졌느냐의 차이가 행복의 크기를 결정한다고 인식하는 것이다. 행복의 대상을 물질적인 것에 두고 그것을 얻고자 노력한다. 그리고 그 목표를 달성하면 그 결과를 행복하다고 생각한다. 그러나 그 행복은 시간이 흘러가면 빛이 바래기 마련이고 지속적이지도 않다. 그런데도 사람들은 세상을 나의 눈으로 보기보다는 타인의 눈을 통해 매사를 판단하고 평가하려는 습관이 있기 때문에 물질적 조건을 손에 넣으려고 한다. 따라서 나의 행복까지도 남들로부터 인정받아야 된다고 생각한다. 그래서 결혼식은 어떤 특급호텔에서 하는지, 와인은 얼마짜리인지, 끌고 오는 자동차는 얼마나 고급차인지에 더 관심이 쏠린다. 그리고 이런 행복의 외적 증거물을 드러내 보이기 위한 것이 결국 돈으로 귀결되고 돈이 인생의 중요한 목표가 되어 버리는 것이다. 그러나 여기서 한번 잘 새겨 보자. 새나 말이 불행하지 않는 것은 다른 새나 말에게 잘 보이려고 애쓰지 않기 때문이다. (데일 카네기)

2021년 미국의 여론조사 기관 퓨리서치센터(Pew Research Center)의 설문조사 결과가 흥미롭다. 한국을 포함한 미국·영국·프랑스·독일·일본 등 17개 주요국의 성인 1만9천여 명을 대상으로 '당신의 삶에서 가장 가치 있다고 생각하는 것은 무엇인가?'를 묻는 설문조사다. 응답 내용은 물질적 행복(돈), 가족, 건강, 직업, 취미 등 19가지로 분류했다. '물질적 행복'을 1순위로 꼽은 국가는 어디였을까? 한국이 유일했다. 17개국 중 14개국(82%)에서 1순위로 '가족'을 선택한 것과는 너무나 대조적이다. 미국, 영국, 프랑스, 그리고 일본까지도 가장 중요하다고 답한 1순위는 '가족'이었다. 하루 세 끼조차 먹지 못하는 아프리카 사람들보다 한국인이 돈을 더 중요시 한다고 한다. 당신의 행복에는 돈이 더 중요한가, 가족이 더 중요한가?

많은 한국인이 결혼문제와 관련하여 사랑이냐 돈이냐를 놓고 고민하는 것을 많이 본다. 사람 보고 결혼하지 돈 보고 결혼하냐는 사람도 있고, 돈이 잘났지 사람이 잘났느냐는 사람도 있다. 그런데 보면 결국 돈을 선택한다는 생각이 든다. 사랑 때문에 사람 보고 결혼한다고 이야기는 하지만 결국 돈과 외모 등 외적인 조건을 따져 결혼하는 경우가 대부분이기 때문이다. 흔히 듣는 이야기 하나를 소개한다. "솔직히 나도 처음에는 그놈의 사랑 때문에 다른 것 안 보고 그 사람만 보고 결혼했어. 하지만, 지금 내 꼴 좀 봐. 돈 없으니까 너무 힘들어. 돈이 최고 아니야? 난 내 아들딸 고생 안 시키게 부잣집으로 시집 장가 보낼 거야. 우리 애들도 걱정이 태산이야, 결혼은 해야 할 텐데 돈이 없는데 어떡하냐……"

그렇다면 우리가 끊임없이 돈을 더 벌려고 애쓰는 이유는 무엇일까? 그 하나는 소유욕에는 만족이 없기 때문이요, 다른 하나는 그러한 소유의 정도를 다른 사람과 비교하여 생각하려는 습관이 아닐까? 자신은 땅 사서 방 세 개나 되는 집 짓고 행복하게 살고 있으면서도, 사촌이 대저택 짓겠다고 땅 사면 갑자기 혈압이 오르고 배가 아파진다. 자신의 집이 초라하게만 느껴진다. 가난의 최저한계선을 벗어나 적당한 정도의 만족을 누리고 있다면, 정신적인 요소들이 우리의 행복을 결정한다는 사실로 위안을 삼자. 앞서 살펴 본 '이스털린의 역설'도 결국 정신적 행복을 말한다고 볼 수 있지 않은가? 우리는 1~2만 원짜리 치킨에는 밤마다 돈을 쓰면서 1~2만 원짜리 책 한 권 사보는 일에는 너무도 인색하다는 취지의 글을 많이 보아 왔다. 신체적 허기는 신경 쓰면서, 정신적 허기는 채우려 하지도 않는 것이다.

살아가는 데 있어 필요한 만큼의 물질적 충족을 가져야만 인간다운 삶을 살아갈 수 있는 것은 물론이다. 따라서 어느 정도의 물질적 조건은 삶의 필요조건이다. 그러나 삶의 충분조건은 되지 못한다. 인간의 물질에 대한 욕망은 끝이 없기 때문이다. 따라서 물질에 대한 소유에 삶의 기준을 두는 사람은 그 탐욕이 끝이 없다. 그래서 만족을 모르고 행복을 느끼지 못한다. 그리고 그 탐욕은 때로 타인의 행복을 짓밟을 수도 있다. 사람들은 돈을 버는 것, 굴리는 것, 모으는 것에는 끊임없이 신경 쓰지만 돈을 즐기는 법은 잘 알지 못한다.

복권 당첨, 돈, 권력. 그건 가지면 가질수록 더 목마르고, 더 배고프다. 거기에는 '만족'이 없기 때문이다. 행복하기 위한 필요충분조건은 자기만족이라고 했던 것을 기억하자. 정신적 가치를 모르는 사람은 만족을 모르기에 결국 행복한 삶을 살수 없을 것이다. 시간이 흘러도 빛이 바래지 않고 가치가 변하지 않으며 새로운 가치를 끊임없이 창조해 나가는 것이 바로 정신적 가치다. 지혜와 지식, 재능과 기능, 철학과 사상 등 영구적인 가치를 추구하는 것을 행복의 대상으로 삼는 것이 바로 정신적 행복이다. 정신적 가치를 모르는 사람이 명예, 권력, 재산을 거머쥘 때도 있지만 그로 인해 결국 불행해지는 경우를 많이 보게 된다. 그 이유는, 만족과 감사를 모르기 때문이요, 가성비 높은 새로운 가치를 모르기 때문이다.

흔히들 부의 상징으로써 명품 시계나 명품 백을 소유하고 싶어한다. 그 명품 시계나 명품 가방을 갖게 되었을 때는 그 순간의 행복이 얼마나 큰지 모른다. 그러나 소유하고 난 이후부터는 사실 많은 걱정을 안고 산다. 혹시 흠집이 나지는 않을까, 잃어버리지나 않을까 등 신경 쓰는 게 한두 가지가 아니다. 급기야는 두려움을 느끼기도 한다. 세상에는 그것을 강탈하고 심지어는 신체상의 상해까지 입히는 강도나 소매치기도 있기 때문이다. 그리고 때로는 그 소유자에 대한 증오의 보복도 있기 때문이다.

물질로부터 얻는 행복과 관련하여, 식당을 경영함으로서 뉴욕의 전설이 된 사람을 떠올려 보자. 나는 뉴욕의 UN본부에서 근무한 경험이 있는데 세계적인 외식가이드 '자갓 서베이(Zagat Survey)'는 2005년부터 3년 연속, Danny Meyer가 경영하는 레스토랑을 각각 뉴욕 최고의 레스토랑 1위, 2위로 선정했다. 그가 로스쿨 입학시험 바로 전날, "평생 동안 하고 싶은 일을 찾으라"는 외삼촌의 말 한마디에 어릴 때부터 너무나 하고 싶었던 음식과 요리 일에 인생을 걸기로 작정했다. 불과 27세 때 뉴욕 변두리에 '유니언스퀘어 카페'를 오픈한 이후 정통 프랑스 레스토랑, 바비큐 전문점을 여는 등 매번 새로운 도전을 했다. 그는 질 좋은 음식을 값싸게 판 것만이 아니라, 최상의 서비스, 정성 어린 배려, 그리고 친절을 팔았다. 야외 매점에서 2500원짜리 핫도그를 사먹는 고객도 프랑스 식당 '그래머시 태번'의 고급 손님처럼 환대했다. 맛없는 요리는 아예 돈을 받지 않았다. 실수로 직원이 손님 옷에 음식을 쏟으면 즉시 초고속 드라이클리닝 가게로 뛰어갔다. 붐비는 시간에 혼자와 독상을 받는 손님도 오히려 귀빈 대접을 하니 다음에 다른 사람과 다시 찾아왔다. 직원을 뽑을 때도 친절하고 배려할 줄 알며 발랄한 감성적 재능을 51%의 비중을 두어 뽑았다. 고객에게 가성비 높은 행복을 얻게 하는 그의 행복의 비법이 그를 '뉴욕의 전설'로 만든 것이다.

그런데 이와는 상반되는 방법으로 자영업을 하고 있는 사람도 보았다. 성남 위례신도시 주변 산책길 근처의 한 가게 주인이다. 그 주인은 웃음도 팔지 않고 친절도 팔지 않는다. 아침부터 밤늦게까지 똑같이 높은 가격표를 붙여 놓고 어떻게든 야채와 과일만 팔아 보겠다고 생각하는 것 같다. 당연히 손님은 없고 돈은 벌리지 않는다. 상품이 불만족스러워 반품하러 온 고객에게는 욕설을 하며 싸우려고 달려든 적이 한두 번도 아니다. 그래서 다시 강조하는 것이다. 행복부등식의 원리를 찾아 그 최저치, 목표치, 최대 한계치를 균형 있게 조절하며 살아야 한다고. 꼭 펜 놓고 계산기 두들겨 가며 그렇게 하라는 말이 아니다. 인간은 알고리즘이기에 조금만 의식수준을 높이고 지혜를 발휘하면 자동으로 실행된다.

우리는 대부분 행복이 눈에 보이는 물질적인 외적 조건에서 온다고 생각한다. 그러나 그것은 뇌가 만든 가상의 행복이다. Diener & Biswas-Diener 등을 비롯한 많은 연구들에서도, 어느 정도의 경제 수준이 되면, 돈을 중요시 여기는 물질주의적 태도 자체가 행복을 저해한다고 결론짓고 있다. 기본적인 욕구가 채워지면 물질적으로 더 풍요로워진다 하더라도 행복에는 별다른 영향을 미치지 않는다는 '이스털린의 역설'도 살펴보았다. 물론 처음에는 그런 외적인 물질적 정보가 중요하다. 하지만 계속 사람을 만나다 보면 그 사람의 됨됨이와 성품이 중요하다. 그런데도 인간은 계속 눈에 보이는 외적인 것과 뇌의 가상회로에 따라 판단하려 한다.

더 큰 물질적 행복을 얻기 위한 비법이 있다. 가지고 있는 행복에 감사하고, 뺄셈의 기술을 활용하는 것이다. (롤프 도벨리, 266) 가지고 있지 않은 것들을 갖겠다고 욕심을 부리는 대신, 이미 가지고 있는 것들을 잃으면 얼마나 아쉬울까를 생각하는 것이 더 가성비가 높다. 즉 가지고 있는 것에 만족하고 감사해하며, 마음의 뺄셈의 기술을 활용할 줄 알아야 한다는 말이다. 행복은 자기만족에 있기 때문이다. 예를 들어, 길거리를 가다가 다리가 없는 사람이 휠체어를 타고 밝게 웃으며 오고 있는 것을 보았다고 하자. 그 순간 멀쩡한 나 자신은 부끄러움을 느끼고, 또 사실 내가 얼마나 행복한가를 깨닫게 된다. 나에게는 걸을 수 있는 두 발이 있기 때문이다. 내 오른발이 없다고 생각해 보라. 다음 왼발도 잃었다고 생각해 보라. 그 다음 시력도 상실

했다고 생각해 보라. 이것이 뺄셈의 기술이다. 쇼펜하우어의 말처럼 우리는 이미 가진 것에 대해서는 좀처럼 생각하지 않고 언제나 없는 것만 생각한다. 곰곰이 생각해 보면 가지고 있는 것 자체만으로도 행복을 느낄 수 있지 아니한가? 그렇다고 하더라도 적당한 정도의 경제적 안정도 확보되어야 하기에, 그 최저점을 두어야 할 것이다. 행복부등식에 적용할 수 있는 단순한 기준 하나를 들어 보자. 만약 월수입이 300만 원인 사람이 있다고 치자. 지출이 290만 원이라면 그 사람은 행복하다. 그러나 350만 원을 쓴다면 그때부터 그 사람의 불행은 시작된다.

이제 정신적 삶으로부터 얻는 행복을 생각해 볼 차례다. 인간은 이성에 의해 행복이라는 가치를 추구하기 위해 노력하는 동물이다. 이 동물이 추구하는 이상은 행복이다. 예전에 영국 런던 타임스에서 '가장 행복한 사람'에 대한 정의를 공모하였다고 한다. 그 결과 1위 모래성을 막 완성한 아이, 2위 아기를 목욕시킨 후 눈을 마주치고 있는 엄마, 3위 세밀한 공예품을 만족스럽게 완성한 후 휘파람을 부는 목공, 4위 어려운 수술에 성공하고 막 죽어 가던 생명을 구한 의사로 조사되었다. 모두 다 정신적인 만족감과 행복감을 제시한 것을 볼 수 있다.

정신적 행복의 예를 들어 보자. 우리 주변에는 마약과 정신성 의약품을 복용하는 경우가 참 많아졌다. 때로는 먹고 자는 것까지도 팽개친 채 게임에 몰두하는 경우도 참 많이 본다. 정신적 쾌감을 얻기 위한 것임은 말할 것도 없다. 그런데 그들은 그로부터 오는 쾌감의 행복감만 크게 계산했지, 그것이 가져오는 부작용이나 중독성 등 더 큰 괴로움과 고통은 헤아리지 못하는 것이다. 마약에 중독돼서 몸과 마음이 피폐해지고, 마약중독자 거리가 생기는가 하면, 심지어는 죽음까지 택하는 것을 본다. 행복을 얻겠다면서 하는 일인데 죽고 나면 무슨 소용이 있겠는가? 이성을 발휘하지 못하고 의식이 그만큼 낮은 수준에 있는 것이다. 그래서 균형과 조화의 원리에 의해 작동하는 행복부등식이 주는 지혜를 알고 실천해야 한다는 말이다.

여기 〈민지의 꽃〉이라는 정희성 시인의 시 하나를 보자.

다섯 살배기 딸 민지/ 민지가 아침 일찍 눈 비비고 일어나/ 저보다 큰 물뿌리개를 나한테 들리고/ 질경이 나싱개 토끼풀 억새……/
이런 풀들에게 물을 주며/ 잘 잤니, 인사를 하는 것이었다. /
그게 뭔데 거기다 물을 주니?/ 꽃이야, 하고 민지가 대답했다./
그건 잡초야, 라고 말하려던 내 입이 다물어졌다.

그렇다. 우리는 이 시를 읽고 행복한 그림을 그려 볼 수 있다. 해맑고 아름다운 행복을 느낄 수 있을 것이다. 속세의 사람들은 이분법적인 생각으로 그 존재의 가치를 평가해 버린다. 이분법적으로 세상을 나누는 관점은 물질주의적 가치관이 더해져서 더욱 심화되고 있다. 마치 돈이 모든 행복을 가져다주는 것처럼 생각하는 편견과 오만에서 벗어나야 하지 않겠는가? 다섯 살 난 꼬마는 심지어 잡초에게까지도 생명의 소중함을 느끼며 인격적으로 대하는 태도를 보인다.

정신적인 행복은 그 자체로서가 행복이다. 인간 내면의 만족감과 자존감, 사랑, 용서와 배려, 감사의 마음, 그리고 타인에 대한 신뢰와 다양한 재능에 대한 존중 등에서 얻는 행복은 행복 그 자체다. 그리고 그 행복의 크기는 비할 바 없이 클 수도 있다. 가족이나 친구 및 사랑하는 사람과 시간 보내기, 자신의 가치관과 열정에 맞는 의미 있는 일의 실행, 스포츠나 여행, 취미생활 등 즐거움과 흥분을 주는 활동, 명상이나 영성과 같은 마음 챙김 연습이나 깨달음의 경험, 사회에 대한 봉사활동 등이 정신적 삶을 위한 좋은 예라고 말했다. 그중에는 돈 없이도 할 수 있는 일들도 많다. 그리고 웃을 때 웃음호르몬(또는 행복호르몬)이라고 불리는 엔돌핀 분비를 증가시키고 고통과 불안 스트레스를 줄인다고 한다. 한편 감사한 마음을 가질 때, 감동을 받거나 즐거울 때 다이돌핀이라는 억제신경전달 물질이 분비된다고 한다. 그래서 다이돌핀을 흔히 감사호르몬 또는 감동호르몬이라고 부르기도 한다. 그러니 많이 웃고 많이 감사하자. 그러면 행복하게 될 것이다.

여기에서 정신적인 삶으로부터 얻는 행복의 기술도 도출될 수 있다. 바로 가지고 있지 않은 가치 있는 것들을 얻으면 얼마나 좋을까를 의식하고, 마음의 덧셈의 기술을 활용하는 것이다. 그러나 만족에는 포화점이 없기에 최고 한계선을 두는 것이 중요하다.

법칙 3: 집단적 파당주의의 함정에 빠지지 말라

개인의 행복수준은 그가 살고 있는 사회의 문화적 요인에 의해서도 크게 영향을 받는다. 왜냐하면 개인은 사회 문화라는 환경적인 요인에 귀속되어 살아가기 때문이다. 개인의 삶은 그러한 환경과 문화 속에서 개인적 특질을 발휘하면서 살아가는 것이기 때문이다. 개인과 집단의 뜻이 정면 충돌할 때 누구의 손을 들어주느냐가 두 문화의 핵심적 차이다. 개인주의 문화에서는 개인과 집단 간에 갈등이 발생할 경우 집단의 목표와는 관계없이 자신의 목표를 성취하는 것이 당연히 우선시된다. 반면 집단주의 문화에서는 개인은 집단의 뜻에 따라 집단의 기대와 요구대로 실행하는 것이 당연시 된다. 집단주의 문화가 강한 한국에서는, 특히 집단주의, 전체주의를 경계해야할 것이다. 집단주의, 전체주의는 개인의 자유와 행복을 저해하기 때문이다.

결혼을 예로 들어 보자. 개인주의에서는 결혼도 일종의 계약으로 받아들인다. 그래서 결혼식에서 혼인서약서에 서명한다. 결혼이 두 사람의 이해관계로 성립하는 것이므로 이해관계가 깨지면 이혼하는 것이 당연하다고 생각한다. 집단주의에서는 결혼은 인륜지대사요, 부부는 하늘이 맺어 준 인연이다. 부부로서의 책임과 의무가 강조되고, 더 이상 관계를 유지하기 어려운 경우에도 정 때문에, 자식들 때문에, 살아야 한다는 입장을 보인다.

호칭에서도 그 예를 찾아볼 수 있다. 이름은 상대의 정체성을 나타낸다. 개인주의가 발달되어 있는 서양에서는 상대의 성이나 이름을 부르는 경우가 많다. '관계'가 아니라 상대의 이름을 호칭으로 사용하는 것이다. 한국에서 '선생님'이라고 부르는 것도, 그들은 'Mr. OOO'라고 이름을 부른다. 그런데 동양사회 특히 한국에서는 친구가 아닌 이상 서로 이름을 부르는 경우가 별로 없다. 관계가 더 중시되는 집단주의 문화에서는 상대를 직접 부르는 행위는 부자연스럽다. 그래서 사회에서는 고객님, 회원님, 선배님, 후배님, 회사에서는 부장님, 회장님, 학교에서도 교장 선생님, 담임 선생님 등으로 부른다.

개인주의와 집단주의적 사고가 자기 안에 혼재하는 경우 갈등의 새로운 불씨가 생기기도 한다. 가장 흔히 보는 경우가 결혼문제다. 자식의 결혼문제에 부모가 적극 개입하는 역설적인 현상이 발생하는 경우가 많다. 자식은 "엄마, 저 결혼 안 한다니까요!"라며 자기의 선택권을 주장하는데도, 엄마는 자식에게 선택권을 맡겨 두지 않고 개입을 한다. "집안을 생각해서라도 결혼은 해야 돼. 그 사람하고 결혼해서는 안 돼. 넌 어떻게 니 생각만 하니?"라며 개입한다.

집단주의의 획일적 사고를 중시하는 문화 속에서는 자칫 '파당적 의견'이 전체 집단의 의견을 구성하는 끔찍한 상황으로 가는 경우가 많다. 독립적인 자신의 판단에 따르는 것이 아니라 맹목적으로 자신이 속한 정당이나 동일 직업군, 스포츠 집단 또는 패거리 집단과 같은 준거집단의 의견을 따르게 되는 경우다. 가짜뉴스로 판명됐는데도 이념에 의해 그것을 진실이라고 믿고 우기는 경우가 그 예이다. 집단지식의 함정에 빠져드는 것이다. 이러한 함정은 이데올로기의 함정으로 빠져들고 더 나아가 도그마의 함정을 불러오기도 한다. 맹목적으로 이러한 준거집단의 집단지식을 따르는 것이 나 개인에게 행복을 느끼게 만드는가?

따라서 개인주의와 집단주의 문화가 빚은 갈등 속에서 그 비용과 이익을 서로 견주어 자기 스스로 그 균형점을 찾아야 할 것이다. 남을 의식하는 집단주의 문화에서는 아무리 내 행복을 찾으려 애써도 행복이 오는 것이 아니라 스트레스가 오는 경우가 많기 때문이다.

행복의 문제와 관련하여, 이제 개인은 자기의 '행복을 추구할 권리'에서 '행복할 권리'를 가진 존재로 변화되었다. 그리고 행복의 문제는 종전에는 개인의 문제로써 개인이 해결해야 할 문제였지만, 현대 국가에 와서는 그와 동시에 국가가 해결해야 할 문제이기도 하다. 따라서 사회가 개인주의 문화이든 집단주의 문화를 가진 것이든 국가는 조화롭고 균형 있게 개인의 행복권을 보장해야 할 책무가 있다는 점을 직시해야 한다. 건강도 망가진 후에 치료하고 회복하기보다는 사전에 건강을 지킬 수 있도록 다지고 훈련하는 것이 더 가성비가 높고 더 큰 행복이다. 의학도 요즈음에는 사후 치유의학보다는 훨씬 더 가성비 높은 예방의학에 더 큰 비중을 두고 있다. 행복의 구성요소들을 체크하고 점검하여 사전에 행복을 확보할 수 있어야, 삶도 풍요로워지고 건강도 챙겨지며 공공 이익과 복지도 늘어난다. 불행을 치유하는 사후 처방적 행복이 되면 가성비는 훨씬 떨어질 것이다. 이런 차원에서 국가도 개인의 행복권 보장을 위한 구체적인 정책목표를 정하고 그 실천전략의 실행에 노력하여야 할 것이다.

〈에필로그〉

행복은 내 마음속의 쿼렌시아(Querencia)!
나는 뇌와 몸의 뗏목을 타고 행복을 낚는 어부다!

지금 인류는 AI 시대, 의식혁명의 시대를 살고 있다. 과거의 이성적이고 합리적인 권위에서 벗어나 이제 감성과 공감의 시대로 진화하고 있다. 정보는 스스로 진화를 거듭하여 드디어 자신이 인류의 지배자임을 선포해 가고 있다. 정보에 의해 정보의 미래가 결정되고 인류의 미래도 결정된다.

저명한《창조적 진화》의 저자 앙리 베르그송도, 논리적인 접근을 하는 우리의 사유로는 생명의 참 본성과 창조적으로 진화하는 생명 운동의 의미를 설명할 수 없다고 했다. 세상과 우주는 창조적 진화가 자유롭게 지속되는 살아 있는 무대다. 모든 생명은 앨랑 비탈이기 때문이다. 즉 생명은 약동하고 도약하는 힘, 창조하는 힘이다. 창조적 과정은 2차 정보 중심의 강한 보존성에서 벗어나 의식을 통한 고차 정보로의 해체성에 의해 이루어진다.

고차 정보의 몸과 정서는 꽃피우지 못하고 오직 2차 정보 중심의 인간만이 존재하는 신인류의 유토피아를 꿈꾸는 사람은 아무도 없을 것이다. 몸과 의식과 우주가 하나 되어, 몸의 미세한 정보나 무의식적 몸의 정보까지도 의식의 수면 위로 끌어올려 놓고 몸을 이해하고 수용하고 공감할 수 있는 행복, 관통적 의식을 통하여 전체와 인격으로 보는 참 행복을 얻어야 할 것이다. 뇌 의식이 몸의 고차 정보를 무시하거나 억압하도록 방치하지 말고, 양자적 성질을 가진 의식의 진화를 통하여 뇌와 몸이 하나 되는 정보과학적 행복을 얻어야 한다는 말이다.

그리고 그에 기반하여 인간관계와 삶에 균형을 이루기 위한 행복 방정식의 실천적 지혜와 비법을 익혀야 할 것이다. 그것이 중용(中庸)의 원리에 의한 균형의 행복이다. 그리고 그것이 바로 나 스스로뿐만 아니라, 나의 몸과 모든 생명체를 인격적으로 존중하고 사랑하는 균형의 삶이다.

개개인이 의식의 확장을 연습하고, 다른 사람의 공감과 참여로 더욱 확장되며, 더 거대한 우주의 의식이 같이 참여한다면 인류는 새로운 창조적 진화의 길에서 그에 걸맞은 균형과 조화의 행복을 얻게 될 것이다.

이 책을 쓰면서 많은 명저들을 읽고 탐구했다. 그리고 많은 서적과 문헌과 자료를 참조하였다. 가능한 객관적이고 근거를 갖춘 과학적인 문헌과 자료를 인용하고자 각별히 노력하였다. 그런 과정에서 불현듯 정현종 시인의 〈방문객〉이란 시를 떠올렸다. 사람이 온다는 것은 실은 어마어마한 일이라는 것을 깨달았다. 진정 그의 과거와 현재와 그의 미래와 함께 오기 때문이다. 한 사람의 일생이 오기 때문이다. 그렇다. 비록 여기 참고한 많은 학자들과 현인(賢人)들을 직접 만나 보지 못한 경우가 많지만, 그분들의 저서와 연구 결과들은 그들의 생각과 일생을 함께 만날 수 있게 해 준 나의 방문객이 되어 주었다. 그분들의 저서와 연구 결과를 만날 수 있다는 것이 나에게는 생애 최고의 가성비 높은 투자임에 틀림없다.

따라서 이 책을 쓰는 데 많은 통찰과 지혜를 제공해 준, 그분들(방문객)에게 감사드리지 않을 수 없다. 특히 스스로 '정보'와 사랑에 빠지게 되었다며 정보 및 정보과학과 관련한 여러 저서를 내시고, 자신의 전공인 의학과 신경정신학은 물론 정보과학과 인문학을 넘나들며 명실상부한 융합학자로서 생명의 존재원리와 뇌정보, 몸정보에 대한 많은 비밀을 알려주신 이성훈 교수님, 진화론에 기반한 깊고 폭넓은 연구로 행복의 기원을 파헤쳐주신 서은국 교수님, 예리한 통찰과 분석 능력으로 인간의 행복과, 인류의 역사와 미래를 논한 유발 하라리 교수님, 마음과 의식에 대하여 실증적이고도 실제적으로 깊이 있게 조사하고 탐구하거나 마음을 다스리는 기술을 전수해 준 이영돈 PD님과 김정빈 작가님, 예술적 영감으로 행복의 영역을 더욱 넓혀주신 시인님과 작가님 등 많은 분들께 깊은 감사를 드린다.

제대로 된 학습과 교육을 받아 보지도 못했으면서도 강인한 생명에 대한 의지로 사랑과 헌신의 감동을 뼛속 깊이 새기게 해 준 나의 어머님(최정언)께도 가슴 깊은 사랑을 전하고 싶다. 한편 원래부터 좋은 책을 많이 읽는 데다가《지적 행복론》,《100세 철학자의 행복론》(100세를 넘겨서도 끊임없이 행복의 철학을 가르치신 철학자 김형석 교수의 행복론을 말한다),《꾸뻬씨의 행복여행》,《카네기 행복론》등 여러 행복론을 탐독해 가며, 나에게 실천적인 행복의 가치를 일깨우는가 하면, 독자들에게 가치 없는 책은 내놓지도 말라며 큰소리쳐 온(?) 아내(최영애)에게도 사랑과 고마움을 전하지 않을 수 없다. 그리고 나에게 깊은 정보과학적 의식과 알고리즘의 세계에 빠져들게 해 준 나의 뇌와 몸 의식과 행복(?)에 절로 감사의 마음을 전하고 싶다.

그리고 한결같이 좋은 책을 만들겠다는 경영철학을 몸소 실천하시는 좋은땅 출판사의 이기봉 대표님을 비롯하여, 이 책의 출간을 위해 교정, 디자인, 편집 등 모든 과정에서 수고를 아끼지 않으신 출판사 직원 여러분께도 고마움을 전하고 싶다.

이 책이, 이들에 대한 감사가 빛나게 하고 그 감사의 마음에 대한 보답이 되기를 바랄 뿐이다. 그리고 이 시대를 살아가며 미래를 꿈꾸는 사랑하는 독자들에게 인간의 참 행복은 무엇일까에 대한 많은 통찰과 지혜와 공감을 듬뿍 안겨 주는 방문객이 되어 주기를 바랄 뿐이다.

책을 저술하는 과정에서 많은 생각들이 꼬리에 꼬리를 물어 헤매 보기도 하고, 때로는 하나의 의문에 몰입돼 유레카를 외치며 희열을 느껴 보기도 하고, 생각의 통섭을 위한 아이디어들이 문득 문득 떠오를 때마다 잠에서도 깨어나 그것들을 정리하느라 잠을 설친 날들도 많았다는 사실을 고백하지 않을 수 없다. 심지어는 꿈에서조차 고민했던 문제에 대한 생각들이 번뜩 번뜩 스쳐 지나갈 때마다 벌떡 일어나 메모하는 일이 하룻밤 새에도 몇 번이나 있었다. 유발 하라리처럼, 그러한 과정에서 생각이 열매를 맺고, 우리에게 값진 지식과 지혜와 영감의 선물을 준다는 것을 깨달았다.

여조삭비(如鳥數飛)라고 했다. 새도 날기 위해 수없이 날갯짓을 반복하여 날아간다는 말이다. 행복한 삶을 위해 사회생활, 직장생활 중에도 늘 조깅과 63층 계단 걷기 및 근육운동 등으로 건강과 체력을 다져야 하듯이, 행복도 반복적인 훈련과 연습을 통해 얻어야 하는 것임이 틀림없는 사실이다.

"이 생각만 하면, 이 일만 하면, 이 사람과 함께라면, 이러한 환경과 여건을 내가 갖춘다면, 나는 행복해지기 시작할 거야!"라고 생각되는 행복의 목표를 정하고, 꾸준한 훈련과 연습을 실행해 보자. 그러면 참 행복과 즐거움의 기운이 포근하게 독자 여러분을 감싸안을 것이다.

〈참고문헌 및 자료〉

김대식, 인간 vs 기계, 인공지능은 무엇인가, 동아시아, 2016. 2.

김동희, 바벨탑의 힉스 사냥꾼, 사이언스 북스, 2014.

김병보, 동종요법, 한미의학, 2004.

김상근, 사람의 마음을 얻는 법, 21세기북스, 2011.

김정빈, 마음을 다스리는 법, 둥지, 1997.

김진형, AI 최강의 수업, 매일경제신문사, 2020.

김학진, 뇌는 어떻게 자존감을 설계하는가, 갈매나무, 2023.

김형석, "절대 행복할 수 없는 두 부류", 중앙일보, 2021. 1. 29.

대니얼 길버트, 행복에 걸려 비틀거리다 (서은국외 옮김), 김영사, 2006.

대니얼 데닛, 직관 펌프, 동아시아, 2015.

데이비드 버스, 욕망의 진화, 사이언스북스, 2013.

데이비드 봄, 전체와 접힌 질서 (이정민 옮김), 시스테마, 2010.

데이비드 호킨스, 의식혁명 (이종수 옮김), 한문화, 2008.

데일 카네기, 인간관계론 (최염순 옮김), 씨앗을 뿌리는 사람, 2010.

데일 카네기, 카네기행복론 (최염순 옮김), 씨앗을 뿌리는 사람, 2010.

도스토예프스키, 우스운 자의 꿈 (고일 옮김), 작가정신, 2014.

론다 번, 시크릿 Secret, 살림출판사, 2008.

롤프 도벨리, 불행 피하기 기술 (유영미 옮김), 인플루엔셜, 2017.

루소, 사회계약론 (정영하 옮김), 산수야, 2015.

루크레티우스, 사물의 본성에 관하여 (강대진 옮김), 아카넷, 2012.

리처드 도킨스, 이기적 유전자 (홍영남 외 옮김), 을유문화사, 2023.

리처드 레이어드, 행복의 함정 (정은아 옮김), 북하이브, 2011.

마르쿠제, 에로스와 문명 (김인환 옮김), 나남, 2004.

마르틴 부버, 나와 너 (표재명 옮김), 문예출판사, 2014.

마이클 D. 거슨, 제2의 뇌 (김홍표 옮김), 지식을 만드는 지식, 2013.

마이클 캐플런, 뇌의 거짓말 (이지선 옮김), 이상, 2010.

마티유 리카르, 이타심: 자신과 세상을 바꾸는 위대한 힘, 하루헌. 2019.

마티유 리카르, 나를 넘다: 뇌과학과 명상, 지성과 영성의 만남, 샘앤파커스,
     2017.

매트 리들리, 이타적 유전자, 사이언스북스, 2001.

메를로 퐁티, 지각현상학 (류의근 옮김), 문학과지성사, 2002.

모기 겐이치로, 뇌와 가상 (손성애 옮김), 양문, 2007.

미국 국립과학원 회보(Proc Natl Acad Sci USA, PNAS), 2014. Jan 14, 111(2)

미셸 르 방 키앵, 자연이 우리를 행복하게 만들 수 있다면 (김수영 옮김), 프런트
     페이지, 2023.

박경철, 시골의사 박경철의 자기혁명, 리더스북, 2012.

박문호, 뇌과학의 모든것, 휴머니스트, 2013.

박영욱, 데니다와 들뢰즈, 김영사, 2009.

베카리아, 범죄와 형벌 (한인섭 신역), 박영사, 2010.

브루스 로젠블룸, 프레드 커트너, 양자 불가사의 (전대호 옮김), 지양사, 2012.

비트켄슈타인, 논리철학논고 (이영철 옮김), 책세상, 2020.

삐에르 드샤르댕, 인격적 우주와 인간 에너지 (이문희 옮김), 분도출판사, 2013.

사르트르, 존재와 무 (정소성 옮김), 동서문화사, 2016.

샐리 켐튼, 명상, 한문화, 2012.

서은국, 행복의 기원, 21세기 북스, 2014.

션 B. 캐럴, 이보디보, 생명의 블랙박스를 열다 (김명남 옮김), 지호, 2007.

쇼펜하우어, 의지와 표상으로서의 세계 (권기철 옮김), 동서문화사, 2008.

수전 데이비드, 감정이라는 무기 (이경식 옮김), 북하우스, 2017.

수전 블랙모어, 밈 (김명남 옮김), 바다출판사, 2010.

스벤 브링크만, 절제의 기술 (강경이 옮김), 다산초당, 2020.

스티브 와인버그, 최종이론의 꿈 (이종필 옮김), 사이언스 북스, 2007.

스피노자, 에티카 (황태연 옮김), 비홍출판사, 2014.

아놀드 토인비, 역사의 연구, 바른북스, 2017.

아리스토텔레스, 니코마코스 윤리학 (조대웅 옮김), 2015.

안데르스 한센, 마음을 돌보는 뇌과학 (이수경 옮김), 한국경제신문, 2013.

안톤 차일링거, 아인슈타인의 베일 (진대호 옮김), 승산, 2007.

앙리 베르그송, 창조적 진화 (황수영 옮김), 아카넷, 2005.

애덤 그랜트, Give and Take (윤태준 옮김), 생각연구소, 2013.

앤드루 오즈월드 & 데이비드 블랜치플라워, 인생주기에서 안녕감은 U자 곡선
   을 그리는가, 사회과학과 의학저널. 2008.

앤드류 스마트, 뇌의 배신 (윤태경 옮김), 미디어 윌, 2014.

앨러나 콜렌, 10퍼센트 인간 (조은영 옮김), 시공사, 2016.

양민영, 서양미술사를 보다, 리베르스쿨, 2016.

에르빈 슈뢰딩거, 생명이란 무엇인가 (전대호 옮김), 궁리, 2007.

에리히 프롬, 불복종에 관하여 (김승진 옮김), 마농지, 2020.

에리히 프롬, 소유냐 존재냐 (최혁순 옮김), 범우사, 1999.

에리히 프롬, 자유로부터의 도피 (김철수 옮김), 계명대학교 출판부, 1998.

에릭 슈미트, 새로운 디지털 시대 (이진원 옮김), 알키, 2013.

유발 하라리, 극한의 경험, 옥당, 2017.

유발 하라리, 사피엔스 (조현욱 옮김), 김영사, 2015.

호모데우스 (김명주 옮김), 김영사, 2017.

윤석철, 삶의 정도, 위즈덤하우스, 2011.

이기훈, 도파민 혁명, 클레버니스, 2024.

이덕무, 문장의 온도, 다산초당, 2018.

이명옥, 아침미술관, 21세기북스, 2009.

이민수, 사서오경입문, 홍익신서, 1994.

EBS 제작진 (EBS 다큐 프라임), 기억력의 비밀, 북 폴리오, 2011.

이상준, 자존감과 행복, 서울대학신문, 2021.

이성훈[1], 정보인류: 뇌정보, 몸정보, 성인덕, 2019.

이성훈[2], 정보과학과 인문학, 성인덕, 2019.

이영돈, 마음, 위즈덤하우스, 2006.

이중원, 동역학의 인식론적 구조에 기초한 양자이론 해석, 박사학위 논문, 1997.

장영희, 문학의 숲을 거닐다, 샘터, 2009.

장자, 장자 (오강남 풀이), 현암사, 2005.

정진홍, 사람이 기적이 되는 순간, 21세기북스, 2012.

제럴드 에델만, 신경과학과 마음의 세계 (황희숙 옮김), 범양사, 1988.

제임스 글릭, 카오스 (박래서, 김상위 옮김), 동아시아, 2013.

제프리 새티노버, 퀀텀 브레인 (김기웅 옮김), 시스테마, 2010.

조너던 라우시, 인생은 왜 50부터 반등하는가 (김고명 옮김), 부키, 2021.

조지 베일런트, 행복의 비밀 (최원석 옮김), 21세기북스, 2012.

조지 베일런트, 행복의 조건 (이덕남 옮김), 프런티어, 2010.

존 러벅, 성찰 (노지양 옮김), 21세기북스, 2010.

존 롤스, 사회정의론 (황경식 옮김), 서광사, 1985.

지그문트 프로이트, 쾌락원칙을 넘어서 (박찬부 옮김), 열린책들, 1997.

G. W. 라이프니츠, 모나드론 외 (배신복 옮김), 책세상, 2007.

짐 토머스, 협상의 기술 (이현우 옮김), 세종서적, 2007.

찰스 다윈, 인간과 동물의 감정표현 (김홍표 옮김), 지식을 만드는 지식, 2014.

찰스 다윈, 종의 기원 (김관선 옮김), 한길사, 2014.

최은수, 넥스트 패러다임, 이미디어그룹, 2012.

최진석, 도덕경, 소나무, 2012.

최재천, 통섭의 식탁, 명진출판, 2012.

카를로 로벨리, 보이는 세상은 실제가 아니다 (김정훈 옮김), 쌤앤파커스, 2018.

칸트, 순수이성 비판 (이명성 옮김), 홍신문화사, 2006.

칸트, 실천이성 비판 (백종현 옮김), 아카넷, 2019.

칸트, 판단력 비판, (백종현 옮김), 아카넷, 2009.

코엘류, 연금술사 (최정수 옮김), 문학동네, 2001.

크리스토프 코흐, 의식 (이정진 옮김), 알마, 2012.

토머스 S. 쿤. 과학혁명의 구조 (김명자 옮김), 까치, 1999.

톰 하트만, 우리문명의 마지막 시간들 (김옥수 옮김), 아름드리미디어, 2003.

폴 테일러, 자연에 대한 존중 (김영 옮김), 교보문고, 2020.

프랑수아 를로르, 꾸뻬씨의 행복여행 (오유란 옮김), 오래된 미래, 2004.

프리드리히 니체, 도덕의 계보 (강태원 옮김), 다락원, 2009.

프리드리히 니체, 차라투스트라는 이렇게 말했다 (장희창 옮김), 민음사, 2004.

피터 싱어, 실천윤리학 (황경식, 김성동 옮김), 연암서가, 2013.

필립 맥그로, 자아 Self Matters (장석훈 옮김), 청림출판, 2002.

하이데거, 존재와 시간 (이기상 옮김), 까치, 2005.

한나 아렌트, 예루살렘의 아이히만 (김선욱 옮김), 한길사, 2006.

한스 게오르그 가다머, 진리와 방법 (이길우 외 옮김), 문학동네, 2012.

한스 크리스천 폰 베이어, 정보 (정대호 옮김), 승산, 2007.

헤겔, 정신현상학 (김양순 옮김), 동서문화사, 2011.

헤르만 헤세, 데미안 (전영애 옮김), 민음사, 2009.

호이젤, 뇌, 욕망의 비밀을 풀다 (강영옥 외 옮김), 비즈니스북스, 2019.

A. S. Fleming, D. H. O'Day and G. W. Kraemer, *Neurobiology of Mother-Infant Interactions : Experience and Central Nervous System Plasticity Across Development and Generations*, Neuroscience and Biobehavioral Reviews, 1999.

Baumeister, R. F. *Is there anything goodabout men? How cultures flourish by exploiting men*. New York, NY: Oxford University Press, 2010.

Bertrand Russell, *The Conquest of Happiness*, Liveright Publishing Corporation, New York, 1973.

Daniel kahneman, *Thinking Fast and Slow*, New York: Farrar, Straus & Giroux, 2013.

Daniel kahneman & D. A. Schkade, *Does Living in California Make People Happy? A Focusing Illusion in Judgements of Life Satisfaction*, Psychological Science, 2016. Bd. 9, Nr. 5.

DeWall, C. N. et al., *Acetaminophen reduces social pain behavioral and neural evidence*, Psychological science, 21, 2010.

Diener, E. & Biswas-Diener, R. *Will money increase subjective well-being? A litereature and guide on needed research*. Social Indicators Research, 2002.

Diener, E., Sapyta, J. J. & Suh, E. *Subjective well-Abeing is essential to well-being*. PsychologicalInquiry, 1998.

Diener, E. & Seligman, M.E., *Very Happy People*, Psychological Science, 2002.

Diener, E., Suh, E. M., Kim-Prieto, C., Biswas-Diener, R., & Tay, L. S. *Unhappiness inSouth Korea: Why it is high and what might be done about it*, Keynote Adress, 2010 Annual Meeting of the Korean Psychological Association, Seoul, Korea, 2010.

E. Bianconi et al., *An Estimation of the Number of Cells in the Human Body*, Annals of Human Biology 40:6, 2013.

Eisenberger, N. I., Liberman, M.D., Williams, K. D. *Does rejecion hurt? An fMRI study of social exclusion*. Science, 302. 2003.

Eran Chajut dt al., *In Pain Thou Shalt Bring Forth Children: The Peak-and-End Rule in Recallof Labor Pain*, Psychological Science 25:12, 2014.

Eric Schwitzgebel & Joshua Rust, *The Behavior of Ethicists*, The Blackwell Companion to Experimental Philosophy, Wiley-Blackwell, 2014.

Hannes Schwandt, *Unmet Aspiration as an Explanation for the Age U-shape in Wellbeing*, Journal of Economic Behavior & Organization, 2016, Bd. 122.

http://www.munhwa.com/news/view.htm?no=2008040201035230024001

http://www.m.mk.co.kr/news/cultrure/10007382

http://www.yna.co.kr/view/AKR20231226080500017 (11.28. 2022)

https://de.wikipedia.org/wiki/Eudaimonie (9.7. 2017)

https://de.wikipedia.org/wiki/Fliegendes Spaghettimonster (12.7. 2017)

https://m.blog.naver.com/hyk9614/222201276611 (1.8. 2021)

https://en.wikipedia.org/wiki/Ivan Illich(7.7. 2017)

https://search.pstatic.net/common/?src=http%3A%2F%2Fimgnews.naver.net%2Fimage%2F021%2F2008%2F04%2F02%2F2008040201035230024001_b.jpg&type=sc960_832)

https://search.naver.com/p/crd/rd?m=1&px=405&py=625&sx=405&sy=425&vw=1536&vh=678&p=iz7DVlqVN8CssuzfgC0ssssstbV-295872&q=%EC%9D%98%EC%8B%9D+%ED%98%81%EB%AA%85&ie=utf8&rev=1&ssc=tab.blog.all&f=&w=&s=loO28QOyDvXpw3SLwcfKBQ%3D%3D&time=1731388859487&a=blg*a.nblg&r=3&i=90000003_0000000000000033EA3ADE88&u=https%3A%2F%2Fblog.naver.com%2Frarage4%2F222973058696

https://search.naver.com/p/crd/rd?m=1&px=420&py=775&sx=420&sy=275&vw=1536&vh=678&p=iz7kQlqVN8Cssu1Vl0hssssstd4-011527&q=DMN.&ie=utf8&rev=1&ssc=tab.nx.all&f=nexearch&w=nexearch&s=bx8d84NrHlEST95frpsV7A%3D%3D&time=1731386250058&a=web_gen*w.link&r=3&i=a00000fa_e87b641090f5784732268ec7%5EfaG&u=https%3A%2F%2Ftrivia-starage.tistory.com%2F164&cr=2

James W. Kalat, Michelle N. Shiota, 정서 심리학(민경환외 옮김), Cengage Learing, 2007.

Janet Polivy, *The False Hope Syndrome: Unrealistic Expections of Self-Change*, International Journal of Obestiy and Related Metabolic Disorders, May 2001.

Janet Polivy & Peter Herman, *If at First You Don't Succeed False Hopes of Self-Change*, American Psychologist, September 2002. Bd. 57, Nr. 9.

Geoffrey Miller, *Spent: Sex, Evolution, and Consumer Behavior*, Penguin USA, 2010.

Jia Wei Zhang & Ryan T. Howel, *Do Time Perspectives Predict Unique Variance in Life Satisfaction Beyond Personality Traits?* Personality and Individual Differences, June 2011, Bd, 50, Nr. 8.

Joel Gold, *Morbid Anxiety, In: Brockman, What Should We Be Warried About?* Harper Perennial, 2014.

Kevin Kelly, *What Technology Wants*, New York: Viking Press, 2010.

Luciano Floridi, *Information*, New York: Oxford, 2010.

Maslow, A. *Motivation and personality*, New York: Harper & Row, 1970.

Michael Gazzaniga, *Human: The science behind whatmakes you unique*. New York: NY. Harper, 2008.

Michael Sandal, *What Money Can't Buy*, Farrar, Straus and Giroux, 2012.

Paul Dolan, *Happiness by Design*, Penguin, 2015.

Robert Lustig, *The Hacking of the American Mind*, 2017.

Robert Plutchik, *정서 심리학(박권생 옮김)*, 학지사, 2004.

Robin Dunbar, *The Sosial Brain Hypothesis*, Evolutionary Anthropology, 6, 1998.

Roger Penrose, Stuart Hameroff, *Consciousness in the Universe: Neuroscience,Quantun Space-Time Geometry and Orch OR Theory*, Journal of Cosmology, 2011, vol 14.

Rolf Landauer, *Information is Physical*, Physics Today, May, 1991.

Sally Adee, *How Electrical Brain Stimulation Can Change the Way We Think*, TheWeek, 30 March 2012, accessed 22 December 2014.

Satyajit Das, *A World Without Growth?* In: Brockman, *What Should We Be Warried About?* Harper Perennial, 2014.

Terry Pearce, *Leading out Loud*, Jossey-Bass, 2013.

Thomas Nagel, *What Is It Like to Be a Bat?*, Philosophical Review 83: 4, 1974.

Wu Youyou, Michal Kosinski and David Stillwell, *Computer-Based Personality Judgements Are More Accurate Than Those Made by Humans*, PNAS 112:4, 2015.

뇌행복과
몸행복의
비밀

ⓒ 윤영일, 2025

초판 1쇄 발행 2025년 3월 5일

지은이   윤영일
펴낸이   이기봉
편집   좋은땅 편집팀
펴낸곳   도서출판 좋은땅
주소   서울특별시 마포구 양화로12길 26 지월드빌딩 (서교동 395-7)
전화   02)374-8616~7
팩스   02)374-8614
이메일   gworldbook@naver.com
홈페이지 www.g-world.co.kr

ISBN   979-11-388-4046-0 (03300)